普通高等教育"十一五"国家级规划教材
国家级教学成果二等奖课程配套教材
国家级一流本科课程配套教材
国家精品资源共享课程配套教材、国家精品课程配套教材
全国高校教师网络培训中心"信息检索与利用能力提升"课程配套教材

SHIYONG WANGLUO XINXI JIANSUO

实用网络信息检索

（第八版）

主　编　葛敬民

副主编　吴　红　孙　震　冯晓娜

中国教育出版传媒集团
高等教育出版社·北京

内容提要

本书是普通高等教育"十一五"国家级规划教材,国家级一流本科课程配套教材。

本书根据《教育部关于加快建设高水平本科教育 全面提高人才培养能力的意见》编写。全书围绕大学生对课程、新闻、数据、文献和工具的信息需求展开叙述,主要内容包括:信息资源概述、知识构建与信息检索、互联网信息检索、政府文献检索、网络课程资源、图书文献检索、期刊论文检索、学位论文检索、技术文献检索、国家科学基金介绍等。

本书适合用作普通高等学校公共课或专业必修课教材,也可作为学习信息检索相关知识的参考用书。

图书在版编目(CIP)数据

实用网络信息检索 / 葛敬民主编. -- 8 版.
北京:高等教育出版社,2024.8(2025.7 重印). -- ISBN 978-7-04-062327-7

Ⅰ. G254. 92

中国国家版本馆 CIP 数据核字第 20242FW147 号

策划编辑	朱争争	责任编辑	朱争争	封面设计	张文豪	责任印制	高忠富

出版发行	高等教育出版社	网 址	http://www.hep.edu.cn
社 址	北京市西城区德外大街 4 号		http://www.hep.com.cn
邮政编码	100120	网上订购	http://www.hepmall.com.cn
印 刷	上海叶大印务发展有限公司		http://www.hepmall.com
开 本	787mm×1092mm 1/16		http://www.hepmall.cn
印 张	16.25	版 次	2005 年 8 月第 1 版
字 数	330 千字		2024 年 8 月第 8 版
购书热线	010-58581118	印 次	2025 年 7 月第 2 次印刷
咨询电话	400-810-0598	定 价	38.00 元

本书如有缺页、倒页、脱页等质量问题,请到所购图书销售部门联系调换

版权所有 侵权必究
物 料 号 62327-00

第八版修订说明

本版教材的修订正值我国高校开设检索课40周年。40年来,文献电子化和网络通信技术的快速发展,网络信息资源的激增,以及西方信息素养教育的影响,使得检索课在名称、内容、教学理念和教学方法等方面发生了许多变化,主要表现在图书馆特征的淡化、课程名称的泛化、课程归属的位移和教学对象的调整等方面。因高校类型、学科设置和馆藏文献不同,检索课难以形成全国统一的教学大纲,故检索课教材百花齐放,版本众多。

40年的经验证明,紧跟网络资源和网络技术的发展,同时坚持课程的文献特征、时代特色和跨学科特征并发展成课程的特有优势,是检索课生存和发展的关键。因此,本教材坚持两年修订一次,以便紧跟网络的发展,保持课程内容和数据的新颖;同时不断接受先进的教学理念,吸收图情学科的理论精髓,以保持课程的特色和竞争力。

本版教材进一步完善了体系架构,注重将价值塑造、知识传授和能力培养融为一体。在内容上更新了上一版的图文和数据,补充了新知识和新技术。其主旨是彰显高校公共必修课的综合"接口"功能。

一、立德树人

高等教育的根本任务是立德树人。

(一) 榜样立德

育人之本,立德铸魂。习近平总书记在全国教育大会上强调:要把立德树人融入思想道德教育、文化知识教育、社会实践教育各环节。

本教材把为国家做出突出贡献的科学家的事迹融入各章节检索示例和课后习题,

让大学生在课程学习和独立完成作业的过程中,不断加深对屠呦呦、袁隆平、王选、钟南山等模范人物的全面了解,"安装"人生"指南针"。

(二) 自强树人

终身之计,莫如树人。教材设计兼顾"授之以鱼+授之以渔+学习动力"。教材介绍了国家奖学金政策,强调国家对人才培养的重视;介绍了国家政府网站上的高等教育政策文件,启发大学生的好胜心和内驱力;还介绍了国家青年基金,强调国家对青年科技人才的资助,鼓励大学生志存高远,为国争光。

二、完善体系

(一) 以课程体系为线

检索课初期主要介绍外文检索工具,后来对中文检索工具的介绍虽然逐年增加,但依然只是一门技能课和工具课。在纸质文献时代,课程依赖图书馆,"近水楼台",无后顾之忧,然而随着网络时代的到来和电子文献的兴起,图书馆资源可直达师生桌面,检索课处境逐渐尴尬。如何检索和利用网络海洋中的文献孤岛和知识碎片,是时代给检索课打开的另一扇窗。

因此,检索课必须与时俱进,随网络发展不断更新,在课程特征的基础上建设新型知识体系,在网络知识检索和利用方面形成特有优势,并与其他课程形成互补,才能立足高校课程之林。

(二) 以知识构建为纲

本版教材在上一版引入知识构建理论和情报学理论的基础上,以知识构建的理念为主线,对教材的章节进行了梳理,把各种文献的特点和用途与大学生不同阶段的知识构建相结合,使得课程内容编排更加有的放矢,提升了教材的系统性和实用性。

本版教材将继续把英国哲学家波普尔"三个世界"的理论、瑞士心理学家皮亚杰的认知发展四阶段理论、英国情报学家布鲁克斯的"知识构建"方程和计量学的三大基本定律(布拉德福、洛特卡和齐普夫)作为课程的理论指导。

三、内容更新

(一) 更新章序言

以大学生的知识构建为主线,改写了全书十个章节的序言。

（二）更新数据

全部数据更新至2023年10月1日。

（三）更新章节

第一章第一节：重新改写。

第二章第一节：大部分改写。

第三章第一节：2022年9月，谷歌翻译在中国大陆区停用，本版用百度翻译取代了谷歌翻译。另外，对目前流行的人工智能聊天机器人ChatGPT和"文心一言"予以了简单介绍。

第四章第一节：2023年3月，中国政府网新版网站取消了传统的标题栏设计。

第五章第三节：2022年3月智慧高教上线，本版增加了智慧高教的介绍；删掉了国家精品课程部分。

第六章第一节：由介绍超星阅读器改为介绍EPUB阅读，补充了智慧图书馆的介绍。第六章第三节：2023年，读秀搜索页面取消了外文搜索按钮，只保留中文搜索功能。

第七章第一节：2023年知网期刊检索字段代码由17种减为16种，取消了被引批次（CF）。第七章第二节：2023年EV2的文档类型增加了预印本（Preprint）和撤回（Retracted）；搜索代码增加了第一作者（FIRSTAU）。

第八章第一节：更新了知网学位论文检索的高级检索页面。

第九章第一节：专利部分更新了新专利法，更新了高级检索页面和美国专利检索页面。第九章第二节：2023年，知网的标准数据库由3种变成了2种，取消了职业标准。

第十章：2022年起，博士后基金由一、二级补助改为二级补助，取消了一级补助。

四、习题设计

本版教材仍在各章节后设置了3种习题：讨论题用于每节课的课间互动，有助于调节课堂气氛，加深学生对课堂知识的理解；思考题用于翻转课堂教学，便于学生课后复习教材内容；实践操作题必须上网完成，用于课后在机房实训。

本版教材的修订得到了教务处和信息管理研究院领导的大力支持，孙震博士修订了第七章中文期刊数据库和外文期刊数据库两节，吴红教授修订了第九章专利文献检索一节。

感谢中国科学院科学图书馆的王立学副研究员提供了最新的国家标准文献,感谢河北大学黄令贺副教授提出的修改建议。还有对教材修订做出各种帮助的其他老师,在此一并表示感谢!

最后,感谢高等教育出版社的相关人员,正是他们20年来的一贯支持和辛勤努力,才使得本教材长期保持着新面貌和新气象。

葛敬民

2024年6月

第一版编写说明

《实用网络信息检索》是献给普通高校大学生用于熟悉网络资源的实用性教材。本书依据编者多年的教学和教改经验,归纳网络信息资源对大学生知识构成的影响,对2005年版《信息检索实用教程》进行了大幅改动,删去了印刷型文献部分,压缩了理论性描述,增加了网络教学资源、数据资源、事实资源、软件资源、翻译网站和工具书网站的介绍,使得教材针对性更强,系统性更好。

目前,文献检索课没有统一的教学大纲,同类教材很多,内容差异较大。本书的出发点是以学生为本,特点是突出实用,目的是教学生把网络资源作为"新老师"和"超外脑"。

一、教材主要特点

(一)从学生兴趣点开始 逐步进入课程

学生是网民的主体。本书第一章首先从因特网入手,通过三个概念的阐述,使学生理解无限的信息可以浓缩为有限的文献,再将图书馆文献按用途进行分类,然后依据大学生的两大需求方向对网络资源进行归纳。课程的重要性不言而喻,也利于增强学生的信息意识。

大学生普遍会用搜索引擎。第二章介绍搜索引擎的强大功能,考虑到学生基础不一,采用提纲挈领式的介绍,注意强调搜索引擎不是万能的,搜索引擎对搜索结果并不负责,要善于思考,不能对搜索引擎绝对信任和依赖。

(二)从大学生需求出发 安排教学内容

知识就是力量,构建知识大厦需要科学材料和时代效率。让学生知道终身学习关键是学会学习,在校应尽量多看教学参考书,毕业后需注重期刊论文,读研要熟悉学位论文,就业要了解专利知识。另外,浏览新闻站点可知天下大事,政府网站提供权威数据和政策法规,软件学院能解决计算机操作难题,翻译站点有助于多语种互译及浏览世界各国的网站。

(三)重点介绍馆藏数据库 发挥资源优势

高校图书馆数据库很多,但利用率都偏低,必须加强宣传。因为数据库页面呆板,内容枯燥,大同小异,所以切忌逐一介绍。应该利用学生最初的好奇心理,重点介绍某一种数据库,讲深讲透,起到举一反三的作用。同时布置作业,以巩固教学效果。

(四)区分科学和技术文献　与国外概念接轨

国内习惯把科学技术文献简称为"科技文献",本书则按照西方的习惯将"科技文献"划分为科学文献和技术文献两大部分:把期刊论文、会议论文、学位论文和图书等归入科学文献,把专利文献和标准文献连同产品样本和技术档案一起归入技术文献,从而把章节设计与大学生考研和就业的信息需要结合起来。

(五)减少抽象的专业概念　使用大众化语言

同类教材中有许多图情专业化的名词,如检索语言、检索工具、一二三次文献等。这些专业化术语对于非图情专业的学生往往艰涩难懂,大多数学生在课程结束后仍不明白其含义。为了解除学生学习过程中的拦路虎,本书从实用角度考虑,尽可能将专业化术语用大众用语所取代。

(六)注意全书的系统性　落脚于综合利用

本书旨在从茫茫的信息海洋中为学生指明学习的方向。首先从学生熟悉的搜索引擎开始,为学生提供网络学习的软件、工具和翻译站点,进而告诉学生国内外课程资源丰富的重要网站,然后重点介绍各高校图书馆为学生购置但学生却不熟悉的常用数据库,最后引导学生登录国内著名的中国知识资源总库的数字化学习平台和数字化研究平台。特别是最后一章,主要介绍中国知识资源总库的最新服务功能。

二、教学内容安排

调查表明:多数高校的文献检索课授课时数为16~32学时。其中实习时数约占1/3,授课、复习和考试共计10~20学时,实际授课次数只有4~8次。

(一)授课内容安排参考

授课次序	教学内容	教学时数	备　注
1	第一章第1节	2	可合为2学时
2	第一章第2—3节	2	
3	第二章	2	可　略
4	第三章	2	
5	第四章第1—2节	2	可合为2学时
6	第四章第3—5节	2	
7	第五章	2	
8	第六章	2	可　略

(二)实习内容安排参考

实习次序	实习内容	实习时数	备注
1	第二章搜索引擎实习	2	可略
2	第三章实用网站实习	2	
3	第四章中文期刊实习	2	可合为2学时
4	第四章外文期刊实习	2	
5	第五章网络工具实习	2	
6	第六章综合能力实习	2	可略

本书由信息检索与利用国家精品课程教学团队集体讨论、编写。

本书编写过程中,征求过北京、天津和山东数所高校的文献检索课教师的修改建议和审阅帮助,在此表示衷心的感谢。

由于编者专业理论水平和文字编辑能力有限,书中难免存在缺陷和错误,衷心希望国内同行给予批评指正。

编 者
2009年1月

目 录

第一章　信息资源概述　1
第一节　知识的产生　3
第二节　文献的类型　9

第二章　知识构建与信息检索　17
第一节　知识的构建　19
第二节　信息的检索　25

第三章　互联网信息检索　33
第一节　互联网的信息资源　35
第二节　网络工具的利用　42

第四章　政府文献检索　57
第一节　中央人民政府网　59
第二节　教育部网　65
第三节　国家统计局网　75

第五章　网络课程资源　83
第一节　爱课程网　85
第二节　学堂在线　93
第三节　智慧高教平台　98
第四节　MeTeL教学平台　103

第六章　图书文献检索　113
第一节　高校图书馆利用　115
第二节　常用中文数字图书馆　123
第三节　读秀学术平台　131

第七章　期刊论文检索　139
第一节　中文期刊数据库　141

第二节　外文期刊数据库　152

第八章　学位论文检索　169
第一节　知网学位论文数据库　171
第二节　万方学位论文数据库　176

第九章　技术文献检索　185
第一节　专利文献检索　187
第二节　标准文献检索　200

第十章　国家科学基金介绍　217
第一节　国家自然科学基金　219
第二节　国家社会科学基金　226
第三节　中国博士后科学基金　232

附录：网络信息检索常用网站　241

参考文献　243

第一章
信息资源概述

信息资源是指人类社会在生产、生活中所涉及的各种信息,这些信息既存在于真实世界中,也存在于虚拟世界中。对于人类知识生产而言,信息资源的开发和利用是至关重要的。

过去,人们主要从真实世界中获取信息,例如通过阅读书籍、报纸、杂志或者与他人交流来获取信息,在这种途径中,由于受到时空的限制,人们获取的信息量是有限的。然而,随着互联网和数字技术的不断发展,虚拟世界的信息量高速增长,人们获取信息的方式已经发生了巨大的变化。现在,虚拟世界不仅可以提供文本、图像、视频、音频等各种形式的信息,而且可以随时增加和更新这些信息,更重要的是,人们可以随时随地获取这些信息。近年来,机器翻译技术的快速发展,也使得信息资源能够解除语障,极大地方便了各国各民族之间的信息交流和共享。

网络信息来自数千万计的种类不同的信息网站,能够满足各种信息需求。尤其是教育、科技类网站和为教育、科研服务的商业网站,这些网站的信息资源是无数知识分子心血的结晶,包含了人类的知识、技能、经验和智慧。

对于大学生而言,信息资源对知识构建和学术能力培养有着不可或缺的支持作用:第一,信息资源提供了大量网络工具(如维基百科、翻译软件、计算器等),有助于大学生自学;第二,信息资源提供了多样的信息媒体(如数字图书馆、视频教程、在线课程等),有助于低年级学生加深对课程的理解;第三,信息资源提供了大量的学术资料(如期刊论文数据库、会议文献数据库、学位论文数据库等),有助于高年级学生和研究生的学术研究;第四,信息资源提供了与世界各地的专家、学者进行交流的渠道,有助于大学生寻求支持和指导。此外,信息资源还给大学生提供了学习的楷模和榜样(如国家英模、著名科学家等),有助于大学生不断提升学习的动力并实现个人的奋斗目标。

总之,充分利用好信息资源,对大学生的成功和成才至关重要。因此,学习如何高效利用信息资源是大学教育的重要组成部分。

第一节 知识的产生

本节重点：文献的重要作用
主要内容：信息及相关概念
教学目的：理解知识的产生过程

中共中央、国务院《关于深化教育改革、全面推进素质教育的决定》指出："要让学生感受、理解知识产生和发展的过程，培养学生的科学精神和创新思维习惯，重视培养学生收集处理信息的能力、获取新知识的能力、分析和解决问题的能力、语言文字表达能力以及团结协作和社会活动的能力。"

理解知识的产生和发展，首先要理解信息、知识和文献的概念及相互关系。

一、信息（Information）

信息是当代最活跃的词汇，但如何定义信息却是21世纪的难题之一。信息虽然有无数"特解"，但至今没有一个众人信服的"通解"。

（一）信息的含义

首先，从字词角度来说，信息二字可从结构上解释："信"是人言务经，"息"是自心悟之，意为学习经典、用心感悟。其次，信息也可从组词上解释："信"指信号，"息"指消息，信息即通过眼睛和耳朵传入大脑的信号和消息。

1. 国内工具书的解释

《辞海》的定义为：信息是对观察对象形态、运动状态和方式的反映，它是事物的一种普遍属性。

《中国大百科全书》认为：按照狭义的理解，信息是用来消除不定性的东西。按照广义的理解，又有两种认识：从本体论意义上说，信息泛指一切事物（物质的，精神的）运动的状态和运动的方式，包括事物内部结构及内部联系的状态和方式；从认识论意义上说，信息是关于事物运动状态和运动方式的反映。

2. 国外权威人士的解释

信息论的创始人香农认为，信息是对事物不清晰性的表述（information entropy as a measure of the uncertainty in a message）。这个定义主要适用于通信过程中的信息传递。

控制论的创始人维纳认为：信息是人们在适应外部世界并且使这种适应反作用于外部世界的过程中，与外部世界进行互相交换的内容和名称。

"维基百科"的释义为：信息是一个抽象概念，指的是具有告知能力的事物。信息本身并不是知识,而是通过解释从表示中得出的含义。

此外,网络上还有许多对信息的解释。因为信息是一个跨学科、跨专业、有着无限外延的通用概念,而人们受到时间、空间的局限性以及知识结构差异性的影响,对信息的解释都存在一定的片面性。

（二）信息的来源

信息可来自整个宇宙,因此信息是无限的。英国哲学家波普尔把宇宙分成三部分:客观的物质世界称为"世界1",人类的精神世界称为"世界2",人类的生产世界称为"世界3"。

"世界1"产生的是物质信息,物质信息反映了物理世界的客观存在,如物体的颜色、大小、位置、形态等;"世界2"产生的是精神信息,精神信息则来源于人们的精神世界,如思想、知识、情感、信仰等;"世界3"既产生物质信息也产生精神信息。

互联网是人类生产的"虚拟世界",是客观世界的网络形式,为全球网民提供了极为丰富的物质信息和精神信息,是当今世界最为丰富的信息资源,包括全球的虚拟学校、虚拟课堂、虚拟教授、虚拟图书馆和虚拟实验室等,这些虚拟的学习资源是网络时代赋予大学生的特殊礼物。需要注意的是,虽然互联网提供了大量的信息,但并非所有的信息都是准确、真实和有价值的。

（三）信息的特点

1. 无限性

客观世界是不停变化的,产生的信息也是无穷的。而且,信息在传播过程中会产生"衍射",从而产生更多的新信息。

2. 传播性

信息可以通过多种载体和媒介进行传播。传统的信息载体主要是实体物质(如纸张),信息的传播受到客观条件的限制;而电子信息的载体则是借助设备阅读的电子器件,电子信息通过网络传播,基本不受时空的限制。

3. 共享性

信息可以同时为广大使用者所共享,不会因为使用者数量的变化而变化,这是信息特有的优势之一。网络课程就是利用了信息的这一特性,使得全球的教学资源得以共享。

4. 依附性

信息需要依附某种介质进行传播,并会随着传播介质的消失而消失。

（四）信息的种类

信息的种类有不同的划分方法,从学科分类和大学生知识构建的角度来看,信息资源可分为政治、经济、教育、科学、技术等类型。

1. 政治信息

政治信息主要是指政府管理方面的信息,它影响着人们的政治价值观,也会对社会全局产生重大影响,因此是各类信息中最重要的信息。政治信息与其他信息相比,具有社会性、动态性、敏感性、连续性、预测性等特点。中国政府网是政治信息的权威来源。

2. 经济信息

经济信息是指社会经济活动所产生的、反映经济活动并为之服务的信息,包括消息、事实、数据、知识等。经济信息是经济状况变化和特征的真实反映,具体表现为经济活动中的各种数据、情报与资料。国家统计局网站是提供经济信息的权威网站。

3. 教育信息

教育信息是指通过一定的教育教学形式传递的信息,涵盖了人们在生产生活中积累的认识世界、改造世界、教育后人的各种经验和知识。传统教育信息的载体主要是教材和教学参考书,当今获取教育信息的重要途径是网络课程。相比于白纸黑字的图书,网络课程有着多媒体的优势,有助于多种感官同时接收更多的信息。

4. 科学信息

科学信息是指在科学研究和探索中获取的信息,包括实验数据、观察结果、研究结论等。科学信息具有可靠性、客观性、可重复性和可验证性等特征。科学信息的主要载体是科学期刊,电子期刊数据库是获取科学信息的主要途径。

5. 技术信息

技术信息是指与特定技术相关的知识和技能,既包含图纸、标准和规范等显性知识,也包含技能、技巧和经验等隐性知识。技术信息具有目的性、针对性、保密性和延续性等特征。技术信息的主要载体是专利文献和标准文献。

二、知识(Knowledge)

人们常说,知识就是力量。知识被誉为"宝贵的财富"和"智慧的总结"。相比于信息,知识的解释更容易理解。

(一)知识的含义

1. 国外著名学者的几种解释

(1)瑞士心理学家皮亚杰认为,知识的产生需要大脑的辛勤劳动,输入大脑的信息需要经过图式、同化、顺应、平衡4个阶段才能形成新的知识。

(2)英国哲学家迈克尔·波兰尼把知识分成显性知识和隐性知识。显性知识是指可以记录和传播的知识;隐性知识是指难以用语言和行为表达的经验诀窍。

(3)英国情报学家布鲁克斯则用数学方程式解释了知识的构建过程:

$$K[S]+\Delta I = K[S+\Delta S]$$

式中:$K[S]$为原有知识结构;ΔI为吸收的新知识;$K[S+\Delta S]$为新的知识结构。

2. 国内权威工具书的几种解释

（1）《辞海》：知识是人类在社会实践中积累起来的经验。

（2）《中国大百科全书（哲学）》：知识是人们在日常生活、社会活动和科学研究中所获得的对事物的了解，其中可靠的成分就是知识。

（3）《中国大百科全书（教育）》：所谓知识，就它反映的内容而言，是客观事物的属性与联系的反映，是客观世界在人脑中的主观映像。

归纳上述多种解释可以确定，知识是信息的下位类概念。知识来源于信息，但知识不是信息简单的叠加和堆砌，而是大脑辛勤劳动的产物。知识一旦生成就隐含在人们的大脑之中，并能够指导人们的行为。

（二）知识的种类

知识有多种分类方法：

1. 按照获得方式，分为直接知识和间接知识

直接知识来自个体的亲身体验，优势是能够获得更真实更生动的印象和体验，不足之处是具有很大的局限性；间接知识主要通过书本或其他媒介获得，优势在于其广泛性和便捷性，但由于来自别人的总结，难免具有一定的片面性。

2. 按照反映深度，分为感性知识和理性知识

感性知识是对事物的外部特征和外部联系的反映，理性知识则反映事物的本质特征与内在联系。感性知识是理性知识的基础和来源，理性知识是对感性知识的升华和深化。

3. 按照客观与否，分为主观知识和客观知识

主观知识是基于个人的经验、信仰、价值观等主观因素而形成的，人与人之间存在较大的差异。客观知识是基于事实和证据，通过科学方法和逻辑推理得出的，不受个人主观因素的影响。

4. 按照知识与语言的关系，分为显性知识和隐性知识

显性知识是指能够被广泛使用和传播的知识，可通过语言文字记录并存在于纸质载体和计算机数据库中。隐性知识则是指难以被表达和传递的知识，例如技能、默契、信仰、价值观等。

三、文献（Document/Literature）

文献通常指有历史价值和研究价值的图书、期刊、典章等文字资料。随着电子文献的兴起，网上的电子文献常常被割裂成无数"碎片"，这些包含着知识的文献碎片与其他信息混杂在一起进行传播，混淆了信息与文献的传统概念。

（一）文献的含义

（1）《大不列颠百科全书》的定义为：一种书面、印刷或电子形式的信息记录，旨

在传递有关个人、事件、概念或对象的知识、想法或数据。

（2）《中国大百科全书》的定义为：文献记载着人类世世代代认识世界改造社会的知识和经验，汇集着大量的科学理论方法、假设、定律、数据和事实，反映着科学技术的成就和水平，是人类从事生产活动社会实践和科学实验的历史记录。

（3）国家推荐标准《信息与文献 资源描述》（GB/T 3792—2021）的定义为：资源是包含知识内容和/或艺术内容的有形或无形的实体，它作为一个单元被构想、制作和/或发行，形成单一书目描述的基础。资源包括文字资源、乐谱、静画和动画、图形、地图、录音资源和录像资源、电子数据或程序，也包括连续发行的资源。

从长远观点来看，国家推荐标准把"文献"的范畴扩大到"资源"，是基于网上的电子文献与各种信息交相融合，产生出海量的知识碎片，已经难以用传统的文献概念来进行定义的现状，将"知识碎片"改称为"信息资源"也是可以理解的。

（二）文献的介质

图书馆是传统的文献收集、整理、保存和服务机构。高校图书馆的馆藏主要包括纸质文献和电子资源。两种馆藏资源各有特点，优势互补。

1. 纸质文献

纸质文献是以纸张为载体，用书写或印刷等方式记录知识的文献。

纸质文献的优点是符合传统的阅读习惯，具有良好的阅读效果和思维空间。含有抽象性知识和隐性知识，且需要理解和思考时间的理工类图书，尤其适合采用纸质文献的方式来呈现。由于纸质图书的阅读效果好，图书馆常常座无虚席，所以图书馆侧重购置纸质书，仅购置少量电子资源组成"数字图书馆"，作为大学生网络阅读、扩大知识面的补充。

纸质文献的不足之处是体积大、存储密度低，占用大量物质资源。

2. 电子资源

国家推荐标准《信息与文献 资源描述》（GB/T 3792—2021）：电子资源是由计算机控制（包括需要使用计算机附加外围设备如只读光盘驱动器）的资料组成的资源，这种资源可以是交互式和非交互式。包括两种类型的资源：数据（以数字、字母、图形、图像和声音或其组合构成的信息）和程序（指令或用于执行某种任务的程序）以及数据、程序的组合体（如带文字、图形和程序的教育软件）。

与纸质资源相比，电子文献有音频、视频、投影、缩微等多媒体优势，能够记录真实声音、实物图像、运动影像等，刺激人的视觉和听觉，有助于提升人们的学习兴趣，便于理解和接受知识。而且，电子资源在检索和通信方面简单快捷，几乎不受时空的影响。

电子文献的不足之处是缺乏实物感，过于依赖设备，也容易丢失或被更改。

（三）文献的特点

文献与信息的不同点在于：

1. 文献有责任者

文献的形成过程至少包括创作、审阅、发表等环节,经过了上述环节的文献就增加了责任者的标签,如作者、编辑等。

2. 文献分级别

文献的作者有个人作者也有单位作者,有权威人士也有普通学生,有中央机构也有地方部门。因此,文献的级别是不同的,包括中央文件、专家综述、博士论文、报纸杂谈等。

3. 文献分类型

文献有不同的划分方法,通常按照出版类型可分为:图书、期刊、会议论文、学位论文、研究报告、专利文献、标准文献和政府文献等。

四、信息、知识、文献的关系

信息是产生知识的原料,知识是大脑加工信息的产物,而文献是存储、传递知识和信息的载体。三者的关系如图 1.1.1 所示。

图 1.1.1 中,信息的概念最大,是无限的,信息的知识含量是有限的,而文献只能记录部分知识(显性知识)。

例如:教材的书名、作者、出版社以及内容的文字、图表、公式都是信息形式,教师对教材的讲解也是信息形式(语言和动作);大学生认真听课(接收信息)理解了书中的内容,就获得了知识;而教材本身就是一种文献形式。

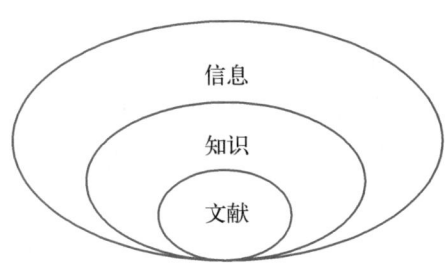

图 1.1.1 信息、知识和文献的关系

小 结

本节阐述了信息、知识和文献的概念。

信息来源于整个宇宙。信息无穷无尽且无处不在,既是知识生产的原料又是知识的表达形式。人们通过获得、加工自然界和社会不同的信息,可以认识世界和改造世界。

知识是大脑加工信息的产物。人们所在的时空存在差异,对信息的接收也千差万别,因此人们头脑中产生的知识也不相同。知识产生于人的大脑之中,并不断更新。

文献是记录知识的载体,能够长期保存。文献是知识构建的主要信息来源,可以分成多种类型,不同类型的文献用途也不相同。大学生常用的文献类型有图书、期刊、会议文献、学位论文、科技报告、专利文献、标准文献和政府文献等。

习 题

一、实践操作题
1. 注册登录中国大百科全书数据库并浏览不同分册中对信息的解释。
2. 注册登录辞海官方网站并浏览其对信息的解释。
3. 查询波普尔三个世界理论的解释。
4. 查询布鲁克斯方程式。
5. 查询皮亚杰发生认识论的解释。

二、讨论题
1. 为什么本节只选择信息、知识和文献的概念?
2. 纸质文献和电子文献对知识构建的优缺点。

三、思考题
1. 大学阶段应该如何规划奋斗目标?
2. 按照布鲁克斯方程,如何获取△I?

第二节 文献的类型

本节重点: 图书和期刊
主要内容: 常见的文献种类
教学目的: 理解文献类型与学历层次的对应关系

国家推荐标准《信息与文献 资源描述》(GB/T 3792—2021)和《信息与文献 参考文献著录规则》(GB/T 7714—2015)将资源(文献)的类型划分为专著(图书)、连续出版物(期刊)、会议文献、学位论文、技术报告、专利文献、标准文献、报纸、古籍、手稿、拓片等。

一、专著(图书)

《中国大百科全书(第二版)》的定义为:图书是"用文字、图画或其他符号,在纸张等载体上记录各种知识、思想和技艺,并且制装成卷册的出版物",是"传播知识和思想、积累人类文化的重要工具"。

图书系统阐述知识的产生,是最基本的文献形式,许多重要的学术理论成果以图书形式出现。要想对某些知识门类做系统的认识,或是了解事物的变迁,图书具有不

图 1.2.1　图书封面

可替代的优越性。图书是对广大学生知识构建帮助最大的出版物,也是高校图书馆收藏最多的文献种类。

（一）图书的外部特征

图书包括封面(图 1.2.1)、书名页、目录、正文、参考文献和封底等部分。封面和封底能够清晰地展示图书的外部特征,目录可以粗略揭示图书的内容特征。

（二）图书的内容特点

图书的主要特点是单独成册、内容系统成熟、有正规的出版部门且出版周期较长。正因为图书的内容完整系统,可为读者提供某学科或某专业比较全面的知识,并且有单独携带或阅读的方便之处,所以图书是大学生的主要阅读对象。

图书详细的内容特征和学科归属则需要借助图书分类法展示,我国图书馆使用最多的分类法是《中国图书馆分类法》。

（三）图书的身份标识

图书的身份标识是国际标准书号(ISBN),ISBN 号由 13 位数字组成,分为 5 组,中间用"-"隔开。如:978-7-04-059007-4。第 1 组属于国际商品代码;第 2 组是语种代码,7 代表中文;第 3 组是出版社代码,04 代表高等教育出版社;第 4 组是图书种次号;第 5 组是计算机校验码。

（四）图书的馆藏品种

由于高校专业设置涵盖广泛,所以高校图书馆收藏相当全面,图书总数往往以百万计,占据了图书馆的大部分面积。图书馆收藏的图书不仅有教学参考书(指与上课内容相关的教材或辅助教材),也包括文学作品、名人传记、科技博览等类别的图书,同时图书馆也注意收藏各种工具书和政府文献。

二、连续出版物(期刊)

《信息与文献　资源描述》(GB/T 3792—2021)的定义为:连续出版物是一种具有接续关系、以独立的卷期或部分以定期、不定期的方式发行的连续性资源,通常具有编号,没有事先确定的结束日期。连续出版物包括期刊(含电子期刊)、连续性名录、年度报告、报纸、单行丛编等。期刊是连续出版物的主体部分,也是高校图书馆仅次于图书的收藏文献品种,其中科技期刊更是受到广大师生的关注。

科技期刊都是由科技界有影响的学术团体编辑、出版的,一般由著名的学者组成编辑委员会,有一套严格的审稿制度。在科技期刊上发表研究论文,意味着科技界对作者研究成果的承认,是科学技术成就的正式记录。

科技期刊还起着汇集其他类型文献的作用,即其他类型文献所提供的重要情报,常在期刊中出现,如会议论文、科技报告和学位论文,往往都会经过改写发表在科技期刊上。

（一）期刊的外部特征

期刊包括封面（图 1.2.2）、封二、目录（题目和作者）、正文、封三和封底等部分。封面和封底反映了期刊的外部特征,期刊刊名和出版形式一般很少变化,只是期号逐期增加。

（二）期刊的内容特点

图 1.2.2　期刊封面

期刊的主要特点是作者众多、格式统一、内容精选、栏目设置清晰等。作者众多体现了期刊百花齐放、百家争鸣的原则;格式统一便于稿件编辑,也便于读者阅读;内容精选是指期刊对文章的字数、内容和质量有一定的要求;期刊的栏目设置是反映期刊特色的重要标志,期刊可以有多个栏目,所以期刊也称作"杂志"。

（三）期刊的身份标识

期刊的标识是国际连续出版物编号（ISSN）。ISSN 号由 8 位数字组成,分为两组,中间用"－"隔开。如果是国内期刊,还要加上国内刊号（CN）和分类号。国内刊号由 6 位数字组成,前 2 位代表地区,后 4 位是期刊代码;分类号是《中国图书资料分类法》的大类（字母）,位于国内刊号的后边,用"／"隔开。如中国科学院院刊：ISSN 1000－3045,CN 11－1806/N。

（四）期刊的主要读者

期刊既是研究成果的主要载体,又是了解和获取同行研究进度和成果的主要情报源,因此是高校师生青睐的主要文献形式。国内期刊约上万种,大部分高校图书馆选择订购部分纸质版供馆内阅读,另外订购功能强大的电子期刊数据库供师生上网查阅。

（五）期刊论文的检索

国内主要的电子期刊数据库有 3 个：中国知网、万方数据知识服务平台、维普中文期刊服务平台。

知名的外文期刊数据库有：Engineering Village 工程信息数据库、Elsevier ScienceDirect 期刊全文数据库、SpringerLink 期刊全文数据库、EBSCO 期刊全文数据库等。

三、会议文献

《中国大百科全书（第二版）》的定义为：会议文献是在会议上宣读和交流的论文、报告及其他有关资料。会议文献多数以会议录的形式出现。随着科学技术迅速发展,世界各国的学会、协会、研究机构及国际性学术组织举办的各种学术会议日益增多,会议文献也日益增加。会议文献的特点是传递情报比较及时,内容新颖,专业性和针对性强,种类繁多,出版形式多样。

会议论文的格式与期刊论文相近,学术会议产生的会议文献包括会议录、会议论文汇编、会议论文集(图1.2.3)、会议出版物以及会议辑要等。会议文献不一定公开出版。

图 1.2.3　会议论文集

（一）会议文献的特点

会议文献一般有四个特点：① 探讨的专业领域集中,针对性强,内容专深,往往反映出一门学科或专业的发展水平和趋势;② 一些重要成果一般通过会议文献向社会公布;③ 新兴学科专业文献集中,能反映具有代表性的观点;④ 有时能透露出一些不宜成文或不宜公开的内部信息。

（二）会议文献的检索

大多数高校图书馆对纸质的会议文献收藏不多,但一般均会购置会议论文数据库。会议论文的检索主要使用中国知网和万方数据知识服务平台。

四、学位论文

根据《学位论文编写规则》(GB/T 7713.1－2006),学位论文是表明作者从事科学研究取得的创造性成果和创新见解,并以此为内容撰写的、作为提出申请授予相应的学位评审用的学术论文。学位论文是培养本科生和研究生掌握科学研究基本方法和独立进行科学研究能力的一个重要环节,是授予学位的一个主要依据。

一般来说,学位论文数据库收录博士学位论文(图1.2.4)和硕士学位论文两种。学位论文的内容一般从对已有研究的评述开始,详细介绍研究的经过、实验的记录和具体的数据等。一般来说,博士学位论文的学术价值更高。

（一）学位论文的特点

学位论文的主要特点是质量有保障、具有独创性、参考文献多。

学位论文属非卖品,不公开出版。

（二）学位论文的检索

大多数高校图书馆只收藏本校的纸质版学位论文,

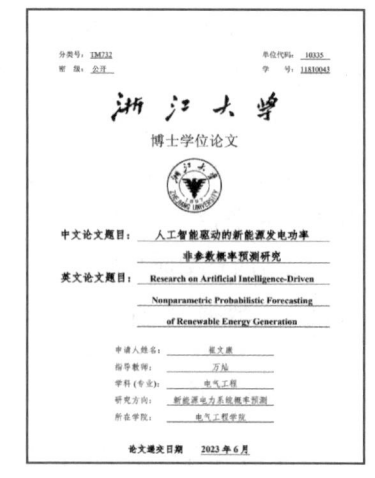

图 1.2.4　学位论文封面

并且购置学位论文数据库。国内知名的学位论文数据库有中国知网和万方数据知识服务平台。

五、科技报告

《中国大百科全书(第二版)》的定义为:科技报告是对科学、技术研究结果或研究进展的记录。又称研究报告、报告文献。

科技报告是研究单位、设计单位或个人以书面形式,向提供经费和资助的部门或组织汇报其研究设计和开发项目的成果或进展的报告。科技报告往往以内部资料的形式出现,或在一定时期后公开发表。

（一）科技报告的特点

科技报告的主要特点是:统一编号、内容新颖、前瞻性强、如实撰写、资料保密。

（二）科技报告的检索

鉴于科技报告的保密特性,高校图书馆很少收藏纸质的科技报告,但国家科研部门和重点高校会购置一些解密的科研报告数据库。

六、专利文献

《中国大百科全书(第二版)》的定义为:专利文献是记录有关发明创造信息的文献。广义的专利文献包括专利申请书、专利说明书、专利公报、专利检索工具以及与专利有关的一切资料;狭义的专利报告仅指各国(地区)专利局出版的专利说明书或发明说明书。

（一）专利文献的特点

专利文献(图1.2.5)的主要特点:一是集技术、法律、经济情报信息于一体;二是数量庞大,内容广博新颖,所反映的新技术详尽可靠、实用性强。

充分利用专利文献中的技术信息,有利于启迪激发科技人员的创造性思维,提高科研水平。科技人员通过查阅专利文献,对各种技术方案进行比较,可了解相关领域的变化动态,并为确立科技发展方向提供可靠的依据。在技术引进中,专利文献能提供技术评价和技术法律状态等情报信息,掌握这些信息,有利于在国际贸易和技术交流中处于主动地位。在商业竞争中,通过了解竞争对手的专利状况,可摸清竞争对手在技术或产品方面的开发、研制情况。

图1.2.5 专利文献

（二）专利文献的检索

专利文献是一种特殊的文献类型,世界各国的专利文献都可以通过登录相关网站免费获取。国家知识产权局网站提供中国专利文献的检索,同时提供世界各国专利文献相关网站的链接。

七、标准文献

《中国大百科全书(第二版)》的定义为:狭义的标准文献是指按规定程序制定,经公认权威机构(主管机关)批准的一整套在特定范围(领域)内必须执行的规格、规则、技术要求等规范性文献,简称标准。广义的标准文献是指与标准化工作有关的一切文献,包括标准形成过程中产生的各种档案、宣传推广标准的手册及其他出版物、揭示报道标准文献信息的名录、索引等。

图 1.2.6　标准文献

(一)标准文献的特点

标准文献(图 1.2.6)的主要特点是:结构严谨、实用性强、有约束力、更新频繁。

标准文献往往能反映出某个国家或某个地区、某个集团的技术经济政策、生产技术水平、管理水平、标准化水平、科学研究水平以及自然条件、资源情况等。

(二)标准文献的检索

国家标准化管理委员会网站提供国内各种标准的检索和国外标准组织的网站链接,除强制性国家标准和推荐性国家标准可免费获得外,获取其他标准均需付费。

网上有提供标准服务的商业网站,高校图书馆购置的中国知网数据库和读秀搜索也提供标准的检索。

八、政府文献

政府文献指各国政府部门及其所属机构出版的多种形式的文献(如图书、期刊等)。政府文献的内容广泛,按性质可分为行政性文献和科技性文献两大类。前者涉及国家宏观管理的战略规划和大政方针,以及微观管理的有关政策和计划等;后者包括各政府部门的研究报告、技术文件等。政府文献对于了解各国政治、经济、文化、教育、科技发展情况,有重要的参考价值。

政府文献按其性质可分为公开、保密和绝密三种。

(一)政府文献的特点

政府文献(图 1.2.7)的特点是内容广泛、可靠、真

图 1.2.7　政府文献

实,权威性和政策性强。

(二) 政府文献的检索

按照《中华人民共和国政府信息公开条例》,政府部门网站会及时提供对社会公开的文献。因此,可以登录有关政府网站进行政府文献的查询。

小 结

文献按出版类型主要分为图书、期刊、会议论文、学位论文、科技报告、专利文献、标准文献和政府文献等。每种文献类型都有其独特的优势和功能,为大学生的知识构建提供了不同层次和维度的支持。

图书提供系统全面的知识,教材是课程的主要教学资源,满足大学生的基本学习需求,教学参考书是高校图书馆收藏最多的文献类型;期刊提供学科领域的最新研究进展,是高校教师和研究生青睐的主要文献形式,大学生阅读期刊可熟悉学术写作的格式;会议论文提供最新研究成果,大学生可通过阅读会议论文了解特定领域的研究焦点;科研报告提供详细的研究或实验过程数据和结论,可作为高年级学生的科研参考;学位论文展现了以往研究的方法和成果,可为大学生构思学位论文提供灵感和借鉴;专利文献和标准文献都属于技术性文献的范畴,前者提供工程技术领域的最新进展,后者提供最新的规范性文件;政府文献的权威性和政策性强,能够指导高校师生聚焦正确的人生目标和科研方向。

习 题

一、实践操作题

1. 熟悉教材封面、书名页、版权页和封底的内容。
2. 比较图书和期刊封面内容的不同。
3. 熟悉学位论文封面的内容。
4. 比较专利文献和标准文献的主要异同点。
5. 熟悉本专业图书和期刊在图书馆的楼层和位置。

二、讨论题

1. 为什么图书是大学生的主要知识来源?
2. 在大学的不同阶段,应对应学习哪些类型的文献?

三、思考题

1. 为什么高校教师和研究生更加关注学术期刊?
2. 为什么把政府文献作为特殊文献类型?

第二章
知识构建与信息检索

知识构建是现代教育理论和实践中的一个关键概念。知识构建要求大学生主动获取信息,通过批判性思考、提出问题、讨论和实验来形成新的知识,而不只是被动地接收教育信息。知识构建涉及对信息的深度处理,如分析、合成、批判和评估,而不仅仅是表面的记忆。

知识构建的理念与传统的"单向式"教育模式相对立。在传统教育模式中,大学生通常被视为被动的知识接收者,而在知识构建的观念中,大学生被视为主动的知识创造者。

计算机网络技术的发展,为知识构建提供了现代化的工具和平台,使大学生能够方便地登录文献信息网站,获取所需知识信息,并进行文献传递和研究合作。

知识构建的过程,是一个从点到面、从无序到有序、从低级到高级,不断发展变化的知识积累过程,随着知识量的增加,进而把知识进行组合、融合,逐步形成独立的知识大厦。大学生必须经过数年的高校研学经历,才能建立起独有的知识结构,形成多元复合的、动态协调的、与众不同的知识体系,这也是未来竞争的利器和生存的法宝。

信息检索是查找和获取存储在数据库、图书馆、网络和其他信息资源中的相关信息的过程,这个过程包含对信息的准确性、可靠性和相关性的评估。

知识构建需要取之不尽、用之不竭的文献信息,而齐夫定律(省力法则)表明,立志成才的大学生都希望高效地建设理想的知识大厦。要想在高效进行知识构建的同时保证知识构建的质量,就必须获取高纯度、正能量、高契合度的文献信息。因此,掌握信息检索的知识和能力是必要的也是至关重要的。

知识构建和信息检索是密切关联的,有效的信息检索为知识构建提供了必要的"建材",而知识构建过程中形成的新问题和需求又会推动信息检索更加深入。

第一节 知识的构建

本节重点：大学生的知识构建
主要内容：高等教育与知识构建
授课目的：实施知识构建

高等院校提供了人才培养的重要条件，大学生应根据自己的兴趣、爱好、特长设立人生目标并制订人生规划，通过被动（上课）和主动（自学）的学习方式进行知识构建，逐渐形成具有自身特色的知识体系。

被动学习是通过高校的课程设置进行学科基础知识和专业知识构建，教师授课有助于学生对基础知识的理解和掌握，但学生由此形成的知识框架是基本相同的；主动学习是充分利用图书馆馆藏和网络资源，通过自学将课堂知识融会贯通，理顺知识脉络，拓宽知识面，这样形成的知识结构是因人而异的。

一、高等教育的培养要求

《中华人民共和国高等教育法》第十六条：高等学历教育分为专科教育、本科教育和研究生教育。

（1）专科教育应当使学生掌握本专业必备的基础理论、专门知识，具有从事本专业实际工作的基本技能和初步能力。

（2）本科教育应当使学生比较系统地掌握本学科、专业必需的基础理论、基本知识，掌握本专业必要的基本技能、方法和相关知识，具有从事本专业实际工作和研究工作的初步能力。

（3）硕士研究生教育应当使学生掌握本学科坚实的基础理论、系统的专业知识，掌握相应的技能、方法和相关知识，具有从事本专业实际工作和科学研究工作的能力。博士研究生教育应当使学生掌握本学科坚实宽广的基础理论、系统深入的专业知识、相应的技能和方法，具有独立从事本学科创造性科学研究工作和实际工作的能力（表 2.1.1）。

表 2.1.1 不同学历层次的培养要求

学历层次	基础理论要求	专业知识要求	技能要求	能力要求
专科	掌握本专业必备的基础理论	掌握本专业必备的专门知识	从事本专业实际工作的基本技能	从事本专业实际工作的初步能力

续　表

学历层次	基础理论要求	专业知识要求	技能要求	能力要求
本科	比较系统地掌握本学科、专业必需的基础理论	掌握本学科、专业必需的基本知识	掌握本专业必要的基本技能、方法和相关知识	从事本专业实际工作和研究工作的初步能力
硕士	掌握本学科坚实的基础理论	掌握本学科系统的专业知识	掌握相应的技能、方法和相关知识	从事本专业实际工作和科研工作的能力
博士	掌握本学科坚实宽广的基础理论	掌握本学科系统深入的专业知识	掌握相应的技能和方法	独立从事本学科创造性科研工作和实际工作的能力

二、高等院校的培养条件

高等学校有不同的级别和类型,分别实施不同学历和不同学科的教育。无论培养什么学历和哪些专业的人才,高校必须提供如下培养条件。

（一）制订培养方案

培养方案是根据学生的培养目标制订的一系列教育举措,它是实施知识构建的纲领性文件。主要包括：培养目标、培养要求、课程设置、学分要求、论文要求、学习年限等内容。

（二）设置课程体系

课程体系是指按照某学科知识的内在联系和规律,由基础课（公共基础和专业基础）、专业课和其他课程按照某种比例合理组成的、系统而完整的统一体。

课程设置分为必修课和选修课两部分。必修课是必须学习的基础课（包括检索课）和专业课程,选修课是为了满足不同研究方向和扩大知识面设立的其他课程。

（三）保证教学条件

教学条件包括师资配备、教室安排、机房条件等。

1. 教师的数量和学历

教育部《普通高等学校基本办学条件指标（试行）》要求教师的数量和学生数量必须符合一定的生师比（如普通工、农、林院校不高于18∶1）,高校招聘并选择青年教师的要求是博士毕业且成果突出。

2. 教室的现代化要求

高校的正常教学集中在教学楼进行,教室配备统一的多媒体设备,多媒体管理办公室能够记录每个教室的整个教学过程。

3. 计算机网络中心

高校的计算机网络中心配备相当数量的计算机,以满足网络教学及实习环节的

（四）提供图书资料

高校图书馆是高等学校的重要标志,图书馆的馆藏是衡量一所大学教学质量的重要标准之一。高校图书馆必须符合评估指标的要求,否则不允许招生。

（五）提供科研条件

按照不同的学历层次和不同学科专业的要求,高校为高年级学生提供科研或实习条件,以培养和提升学生的科研能力和社会实践能力。

（六）实施教学奖励

《中华人民共和国高等教育法》第五十五条:"国家设立奖学金,并鼓励高等学校、企业事业组织、社会团体以及其他社会组织和个人按照国家有关规定设立各种形式的奖学金,对品学兼优的学生、国家规定的专业的学生以及到国家规定的地区工作的学生给予奖励。"

国家奖学金每年奖励5万名特别优秀的在校学生(本、专科8 000元/年);奖励4.5万名在读研究生(博士研究生1万名,3万元/年;硕士研究生3.5万名,2万元/年)。

三、大学生的知识构建

成功的人生离不开科学的规划,大学生追逐自己的梦想从制订发展规划开始。哈佛大学的调查研究表明:高目标与成功的人生呈正相关。科学的人生规划用于指导知识体系的设计和知识构建的过程,重点是制订不同阶段的发展目标。发展规划还应包括良好的学习方法和习惯,如建立思维导图、使用艾宾浩斯记忆曲线制订合理的学习计划、充分利用现代学习平台、熟悉文献资源、科学管理时间、形成健康的生活方式等。

大学的学习模式是从被动学习向主动学习的转变过程,知识构建是一个从低到高,由点到面的终身学习和积累的过程。从低到高是指从基础知识到专业技术知识,直至前沿科技知识的学习;由点到面是指从核心知识到外围知识,再到跨学科知识的积累过程。

大学生入学先要完成培养方案规定的课程学习,这是被动学习的阶段。课程体系由基础知识、专业知识和相关知识组成。

（一）学好基础知识

基础知识包括社会科学知识、自然科学知识、人文科学知识和综合素质教育(包括信息素质教育)等方面的基础部分,是大学生知识结构的核心和基础。

基础知识犹如大的基石,宽厚坚实才能合理地建筑起稳固的知识大厦。志在考研的同学,一定要注重基础课的学习,特别是数学、外语、计算机和检索课。

基础知识通用性强,内容成熟,教材编写遵守教学大纲,章节设计系统性好,更新速度比较慢。基础课程安排的学时数较多,可以通过反复练习,加深记忆。

1. 线下学习

基础课程从低年级开始,教学方式与中学差别不大。只是大学授课内容多、速度快、重复少、练习少,学生必须集中精力认真听讲,稍有走神就跟不上课。因此,同学们应当事先预习新课,记下难以理解的内容,在上课的时候特别注意听讲,必要时要求老师重复讲解。

实践证明,对于基础课教学,需要教学双方多途径、多维度地信息交流,线下教学的效果仍然是最好的。

2. 线上学习

网络教学是教学资源共享的重要途径。近年来,慕课教学如火如荼,疫情又为网络教学的普及推广提供了"加速器"。

大学生可以登录本校的教学网站观看主讲教师的教学资源,也可以登录"爱课程""学堂在线""智慧高教"等知名的教学网站,选择观看知名教授的课程视频。

由于网络课程受到时空限制,教师与学生难以进行现实的信息交流,网络教学只能作为传统教学方式的补充,能够起辅助作用,但不能完全取代师生面对面的课堂教学。

3. 课后自学

李开复在《大学最重要的七项学习》中把"自修之道"排在第一位。大学的自习时间就是为学生完成课堂作业、理解课堂内容、扩展基础知识安排的。大学生可以带着问题(作业题或思考题)去图书馆阅读相关的教学参考书,不同的参考书往往会对同一知识点提供多种理解思路,有时会对同一习题提供多个答案,能够引起大学生的多重思考,特别有助于基础知识的巩固。大学生通过查阅参考书,能够加深对课堂知识的掌握,同时也有助于培养自学能力,养成自学习惯。

(二)学活专业知识

专业知识是从事专业工作最直接的知识,专业课程一般安排在高年级开设。专业课教材内容更新较快,但仍然滞后于科技的发展。因此,在专业课的学习过程中,老师们会及时补充该学科和专业发展的新动向、新思想、新成就、新知识和新方法。

高年级学生的学习方法已经从"被动式"向"主动式"转变,随着自学能力的提升,学生们会根据自身的具体情况,扬长避短,广泛涉猎各相邻、交叉和边缘学科知识,建立起独具特色的知识结构。此外,还应做到触类旁通,有效地提高专业能力水平。

(三)掌握工具知识

学生在学习的过程中会遇到一个个"拦路虎",隔行如隔山,这些困难往往来自不同的学科和专业,也可能来自语言的障碍。

工欲善其事,必先利其器。许多跨学科的问题只需使用专门的工具书即可迎刃而解,对于语言障碍则有各种翻译软件可以应对,当然,学好外语知识依然是必需的。

1. 利用搜索引擎

搜索引擎集各类工具书(字典、词典、名录、图册、手册、大全、百科全书等)功能于一体,而且词条数远远超出了图书馆收藏的工具书总和。搜索引擎不仅词条数多,而且查询、更新速度快,是时代提供的强大的学习工具,在学习中充分利用搜索引擎,有助于确保所学知识的新颖性。

2. 利用工具软件

网上的工具软件覆盖各行各业、各个学科,如杀毒软件、压缩软件、办公软件、财务软件、翻译软件等。

四、研究生的知识构建

2021年全国普通、职业本专科毕业生826.5万人,2022年全国共招收研究生124.25万人,在学研究生达到365.36万人。

近年来"考研族"的比例逐年上升,考上研究生并不意味着可以放松学习,研究生毕业也绝不是学习的终点。相反,研究生阶段的学习任务比大学阶段更繁重、更紧张,研究生所承受的压力比大学生更大。

(一)夯实基础知识

研究生第一学年仍然以上课为主,课程设置分必修课和选修课两部分。基础课属于必修,内容几乎与本科专业相同,只是老师授课速度更快,讲授内容更多,要求学生阅读的参考书也更多。硕士论文从开题准备到完成,需要阅读大量的图书、期刊论文和学位论文等文献资料。

(二)加深专业知识

研究生的专业必修课不多,大部分是选修课。老师讲授专业课采用研讨式,要求研究生阅读大量文献,而且要参与演讲,这样有助于强化研究生的自学能力和研究能力。

(三)撰写期刊论文

通常在研二阶段,学术型(部分专业型)研究生开始撰写期刊论文,这是检验研究生自学能力和创新能力的重要一环,也是检验研究生培养质量的重要指标,各高校都非常重视。研究生必须查阅大量专业书籍和期刊论文,充分发挥自己的所学知识,经过刻苦写作和反复修改,将大脑中的知识转化为文献形式。

(四)撰写学位论文

学位论文是研究生独立科研能力的展现,从开题到答辩至少需要一年时间。学位论文不公开出版印刷,但会被知名数据商收藏,高校图书馆购置了大量数据库,其中的一些也可供检索浏览学位论文。如中国知网的学位论文数据库已收录50余万篇博士学位论文和550余万篇硕士学位论文,而且逐年增加。

(五) 参加学术会议

研究生阶段如有机会参加学术会议,可以认识业界专家学者并与同行相互交流,能够获得一些重要的专业前沿信息,对科研生涯大有裨益。

五、就业生的知识储备

2022年全国普通、职业本专科毕业生967.3万人,就业压力无须多言。社会要比学校复杂得多,就业生适应社会也比考研和适应研究生生活困难得多。比尔·盖茨给青年的忠告是:学校会不断地给你机会让你进步,然而走向社会必须埋头做自己的工作,而非像电视里演的那样天天泡在咖啡馆里。

就业生应该有这样的思想准备:

第一,我国的高等教育学科分得太细,大学生就业后需要自己开阔知识领域;

第二,任何企业都不会排斥对企业发展有用的人才,却必定要拒绝没有真才实学的人;

第三,即使暂时找到了工作,如果不注意学习和适应,也会逐步被淘汰。

因此,对本科毕业生而言,如果不考研而选择直接就业,不能认为没有压力就可以放松学习。其实,"就业族"与"考研族"之间,只是在学习的内容和对信息的需求上有所差别而已。

小 结

大学生正处于知识构建的关键时期,科学的人生规划是需要的,接受教师的指导和相互学习是必要的,提升信息的获取能力、分析能力和判断能力是至关重要的。

高校为大学生的知识构建提供了优越的条件和保障。知识构建的途径包括被动学习和主动学习。前者由教师按照各种培养方案进行集中教学,有助于学生构建学科和专业型的知识体系;后者则是发挥学生的主观能动性,通过自学拓宽知识面,努力构建具有个人风格的知识大厦。

在知识构建的不同阶段,需要不同的文献形式提供相应的知识营养。基础知识是大学生知识构建的重点,主要需要教科书和教学参考书的营养,网络课程资源也有助于基础知识的理解和掌握;专业知识则需要专业图书和专业期刊的营养,科学实验也有助于对专业知识点的理解和掌握。研究生知识构建的特点是大量阅读各类学术论文,参加科技项目的研究有助于知识创新。就业生知识构建的特点是需要熟悉所学专业的技术类文献,参加社会实践有助于理论和实践的结合。

习 题

一、实践操作题

1. 简述基础知识对大学生知识构建的重要性。
2. 上网搜集资料,归纳总结良好的学习方式。
3. 查找大学生在校发展规划的范文。
4. 查询国家奖学金的文件。
5. 计算大学生和研究生获得国家奖学金的比例(小数点后两位)。

二、讨论题

1. 大学生应该如何学习?
2. 比较高等教育法对不同学历教育的能力要求。

三、思考题

1. 如何设计在校学习规划?
2. 如何提升自学能力?

第二节 信息的检索

本节重点:主题检索途径

主要内容:信息检索的过程

教学目的:理解和掌握信息检索

知识构建的原料是信息,高质量的知识构建离不开高质量的信息原料,获取高质量的信息需要熟悉高质量的信息源,还要具有信息检索能力,这是一种可以通过主动学习不断提升的自学能力。

检索可理解为查找、查询、搜索的统称。信息检索是借助检索系统从数量庞大、高度分散的各种文献中获取所需知识的查找过程。

信息检索包括信息查询和文献检索两个方面。信息查询主要是利用搜索引擎查询包含"知识碎片"的各种信息,文献检索主要指利用图书馆的检索系统获取各种文献的全文。

信息检索的主要目的是获得所需文献,这需要两方面的知识:一方面是专门的科技知识,另一方面是文献检索方面的知识。

一、信息检索的原理

大学生在知识构建的过程中,需要不断地被动接收信息和主动获取信息。被动接收信息主要是指课堂学习,学习是被动的;主动获取信息是指课余时间的自学,学习是主动的。信息检索属于主动学习的行为。在大学低年级的学习阶段,学习方式是以被动学习为主,主动学习为辅;高年级开始,逐步实现由被动学习到主动学习的转变;研究生阶段基本是以主动学习为主,博士研究生应通过艰苦的科研过程达到知识创新的高度。被动学习能够完成知识构建的基本框架,知识大厦的风格特点和最终完成,需要通过主动学习来实现。

大学生主动获取信息通常采用两种办法:一种是在阅览图书或期刊等文献的过程中增长知识,称为直接检索;另一种是利用数据库的检索界面,通过输入检索词,获取所需的文献,称为间接检索。

(一)直接检索

直接检索是大学生在图书馆阅读的常用方式。直接检索的优点是可以直接选择学习的内容,适合于持续不断地进行某项课程的学习。但是,如果需要解决特定问题,就必须从数量庞大、高度分散的文献中搜索问题的答案或解决方法,这就需要借助检索系统。

(二)间接检索

间接检索是通过检索系统获取所需信息的过程。检索系统是多种多样的,但检索原理大同小异。间接检索的原理就是将检索者的检索词与检索系统中从文献抽取的检索词进行比较,凡是含有相同检索词的文献都被输出,输出的文献按照某种规则进行排列。

1. 选择检索词

间接检索的关键是正确选择检索词,有时需要调整检索词。

倘若检索结果的文献数量不少,但其中有相当部分与课题所需要的信息关系不密切,这就表明检索词的概念可能过宽。

倘若检索结果的文献内容与检索需要很符合,但文献数量太少,说明检索词的概念可能太窄。

倘若获得的检索结果是一些似是而非的文献,甚至根本没有所需要的文献,说明选择的检索词有问题,或者查找的文献类型或选择年代不当。

2. 调整数据库

如果多次调整检索词仍然不能获取满意的检索结果,不要灰心丧气,不要放弃,也不要继续盲目检索,应该冷静地分析原因。如果不是检索词的问题,可能是筛选的文献类型不对,需要调整数据库或检索系统。

二、信息检索的目的

任何检索都是为了解决明确的问题,选择一定的检索范围,然后依据已知线索去找需要的结果。检索目的越明确,检索范围越具体,检索线索越多,获取所需信息的可能性也就越大。

(一) 明确检索的问题

我们每天都会遇到各种问题,有的问题简单,有的问题复杂,也总有问题不能在自己的知识结构中找到答案。检索的目的是通过查找相关知识解开疑问,也就是利用别人的知识找到答案或者运用别人的智慧解决遇到的问题,进而完善自己的知识构建。

对于问题的难易程度,可以进行 5W1H 分析:属于 What(什么)、Who(谁)、When(时间)、Where(地点)的问题相对简单,一般可通过搜索引擎的工具书功能直接获得明确的答案(见第三章);而属于 Why(为什么)、How(如何)的问题就相对复杂,需要查阅图书资料或检索文献数据库(见第四至七章),对检索结果进行阅读、分析、思考,逐步加工出可以接受的参考答案。

(二) 思考答案的出处

对于简单的问题,一定有众多的人知道答案,因此能够通过大众渠道解决问题。如字词解释(What)、人物简介(Who)、事件的时间(When)和地点(Where)等。

对于复杂的问题,则必须请教专家寻求解答。如学科原理(Why)、设备制造(How)。遇到复杂问题时要认真分析:哪些人具有解决问题的知识储备,这类知识是显性知识还是隐性知识,如果是显性知识应该以何种文献形式出现,文献的收藏单位和数据商是谁,通过什么途径可以得到信息并获得相关文献等。

(三) 找出检索的线索

使用任何检索工具都要熟悉其检索入口的要求,不同的检索入口要求不同,应填入对应的检索词,检索词就是查找问题答案的线索。常用的检索词包括书名、人名、地名、单位名、分类号、年号等。

三、文献检索的途径

寻找复杂问题的答案通常需要检索文献并获取原文认真阅读,因此信息检索的重点是文献检索。依据文献的外部特征和内容特征,可将检索的途径分为外表途径和内容途径。

(一) 外表途径

外表途径是依据文献的外部特征进行检索的途径。文献的外部特征主要包括题名、作者、代码和出版项。

1. 题名途径

题名途径是以文献的题名(书名、刊名、篇名等)作为检索词(计算机检索称为字段)进行的检索。

2. 作者途径

作者途径是以文献的作者(编者、著者、发明人、起草人、第一作者、合作者、指导教师等)作为检索词进行的检索。

3. 代码途径

代码途径是以文献的代码(书号、刊号、文献收藏号、专利号、标准号等)作为检索词进行的检索。

4. 出版社途径

出版社途径是以出版项(出版地、出版社、出版年)作为检索范围进行的检索。

(二)内容途径

内容途径是指以反映文献内容特征的主题词和分类号为检索词进行的检索。由于大多数情况下,检索者对所需文献的外表特征往往不太清楚,因而只能根据所需文献的内容特征进行检索,所以内容途径是文献检索的主要途径。不仅文献数据库的检索系统把内容途径设计为主要途径,而且各大网站的主页都设计有检索窗口和导航栏,前者用于主题途径检索,后者用于分类途径检索。

1. 主题途径

主题是指对文献内容的概括,主题途径是使用反映文献内容的检索词进行检索的过程。检索词可以是反映主题内容的叙词和关键词,叙词是选自自然语言和学术词语并编入主题词表的规范用词,关键词是随机使用的检索词。

利用主题途径检索,往往能获得较高的查准率(衡量某一类文献检索系统的信号噪声比的一种指标,它的数值等于 w/m,式中 w 是用户鉴别检出的 m 篇文献时,认为实际对口径的文献篇数)。主题检索的关键在于选准揭示主题内容的检索词,稍有不慎,就会"差之毫厘,谬以千里"。根据计量学三定律之一的"省力法则"(齐普夫定律),如果使用大多数人都用的词进行检索,检索结果事半功倍;如果选择生僻的词进行检索,则事倍功半。

2. 分类途径

分类途径是按照文献内容所属的学科分类进行检索的方法。利用分类途径检索的关键在于熟悉相关的分类表,如中国图书馆分类法、国际专利分类法、国际标准分类法等,需要预先从分类表中查出所需类目的分类号。

利用分类途径检索,往往能获得较高的查全率(衡量某一情报检索系统从特定文献集合中检出相关文献成功度的一项指标,它的数值等于 w/x,式中 w 是用户鉴别检出的 m 篇文献时,认为实际对口径的文献篇数,x 为特定检索系统中所包括的全部 n

篇文献中实际与某一课题相关的文献篇数)。采用这种方法的关键是事先确定准确的文献分类号,但文献主题有时会涉及多个分类号。

对于检索,一般来讲要求既快、又准、又全,但三者之间存在着一定的矛盾。要快,就会影响准和全,要准和全就会影响快。准和全之间也存在着一定的矛盾,要准就会影响全,要全就会影响准,三者难以兼得。大家可以根据需要选择不同的检索途径。

四、文献检索的过程

不同的检索系统提供的检索功能大同小异,都是以主题检索途径为主(包括文献的外表途径),分类途径为辅。

下面分别说明文献数据库检索系统和部门网站的信息检索过程。

(一) 数据库的检索过程

数据库的检索页面设置检索窗口,用于从主题途径快速检索文献。为了加强主题检索功能,通常还设置了高级检索、专家检索等二级检索界面。检索窗口的旁边(通常是左边)设置分类栏,分类栏按照分类法(或大众习惯)自上而下列出了各学科的类目(不列出类号),用于从分类途径检索文献。

1. 主题途径的检索过程

主题途径是数据库检索的主要途径。根据检索要求,需要确定检索过程中查新、查全、查准的重要性排序。如果是查新和查准要求较高,则使用主题检索途径。

(1) 分析课题,明确检索需求。首先要认真分析课题,根据检索目的确定学科范围、文献类型和时间跨度。

(2) 选择检索系统。不同的检索系统收藏的学科范围和文献类型有所不同,检索途径和功能用途也有差异,应该根据检索经验和使用习惯选择相应的检索系统。

(3) 确定检索途径。要根据课题的已知条件和课题要求检索的深度和广度选择检索途径。通常选择最快捷的检索途径,重点保证查准率,适当考虑查全率。

(4) 选择检索词(构造检索式)。检索词来自课题的已知条件,根据检索范围(题名、作者、关键词、文摘、单位、类号、书刊号、全文、参考文献等)来确定。必要时,可把多个检索词组成检索式。

(5) 实施检索。检索词输入后,要正确选择检索范围(字段),防止张冠李戴。检查无误后,点击"检索"按钮,获得检索结果。

(6) 浏览文献信息(调整检索策略)。初次检索结果往往无法预料,可以按照相关度进行排序,如果通过浏览排在前边的文献的文摘,感觉内容比较满意,即可进一步获取文献全文。

如果检索结果过多过少或答非所问,则需要重新调整检索策略。

（7）获取文献全文。文献全文包含着许多数据事实性的信息，如术语、符号、定义、数据、公式、图表、材料、器件、设备、线路、结构等，这些信息所包含的知识具有一定的创造性、新颖性和先进性。因此，获取文献全文是检索的最终目的。

然而，也有的文献中混杂了低质的、无用的、不可靠的信息，这就需要一个复杂的知识加工的过程，即在综合归纳、分析、对比的基础上进行，去粗取精，去伪存真，析出有用的、高质的信息。

需要注意的是，为了宏观掌握课题的发展动向，选择一些述评和综述类的文献是非常必要的。

（8）选择重要文献。重要文献是指在重要期刊上发表的文献，或者知名专家独立撰写的文献。

① 根据计量学三定律中的文献分布定律（布拉德福定律），期刊分为核心期刊和一般期刊。一般在核心期刊上发表的文献可视为具有一定权威性的重要文献。

例如在自然科学领域，世界上最著名的期刊当属 CNS：《细胞》《自然》《科学》。国内期刊按照学科进行年度排名，排名主要依据是期刊的影响因子。社会科学期刊的排名情况可参见《CSSCI 来源期刊（××××－××××）分级目录》，科技期刊的排名情况可参见《我国高质量科技期刊分级目录》。

② 根据计量学的科学生产率定律（洛特卡定律），文献作者的科学生产率与作者数量成反比。各学科都有撰写大量文献的知名专家，这些专家的著述得到业界的普遍认可。因此，大学生关注所学专业知名专家的著述，可获得指南性的知识。

2. 分类途径的检索过程

分类途径是数据库检索的辅助途径。根据检索要求，如果是查全率要求较高，则使用分类检索途径。

（1）在检索窗口输入类号。如果能够查到准确的分类号，则把类号作为检索词输入检索窗口进行检索。

（2）使用主页的分类区。在检索系统设置的分类区内，认真浏览提供的各项类目，先选择合适的大类，在大类下再选择合适的小类目，在小类目中再继续选择细类，以此类推。

数据库通常设置到四级类目（见第七章）。

（二）部门网站的信息查询

部门网站是机关或企事业单位在互联网上的"喉舌"，主要发布新闻、数据、文件等社会公开信息，总信息量不大，但具有权威性和特殊性。

部门网站主页主要显示最新信息，往日信息需要通过检索窗口和导航栏进行查询。导航栏则位于标题栏下方。对于相关部门的信息查询，可以使用主页下方的相关链接功能。

1. 导航栏查询

导航栏查询是部门网站的主要检索途径。导航栏查询相当于分类检索,只不过不使用分类法,而是按照人们的思维习惯进行分类。导航栏通常分成10个以内的栏目,每个栏目下设二级或更多页面,可以按照逐级细分的类目层层展开查询。

2. 检索窗口查询

窗口查询是部门网站的辅助检索途径。窗口查询相当于主题检索,检索窗口通常位于主页右上角,只占据整个网页很小的位置。使用检索窗口查询信息时,只需在窗口输入检索词,点击"查询"按钮即可获得检索结果,一般称为快速检索或简单检索。有的部门网站还在检索窗口右边提供高级检索按钮,点击即可进入相应的二级检索页面。

3. 相关链接

涉及跨部门的信息查询,可以使用部门网站主页下方的网站链接功能。网站链接提供的相关网站大都是该部门的直接上级部门或相关同级部门的网站,可用于扩展信息的查询。

小 结

本节介绍了信息检索的原理、目的、途径和基本检索过程,这是一个根据知识构建要求查询相关信息和文献全文的过程。

大学生通常采用直接检索和间接检索两种办法获取所需信息,两者的区别在于是否利用检索工具(系统)。直接检索是在阅读过程中查阅信息,间接检索是利用检索工具(系统)检索文献全文。

信息检索的主要目的是获取问题的答案或者提供参考答案的文献原文,借助公众的知识信息或专家的经验知识(参考数据),用于克服学习中的困难和解决科研中的问题。因此,信息检索主要是文献检索。检索词的选择来自文献的外部特征和内容特征。

文献数据库是大学生主要的检索对象,数据库的检索系统提供了全面的检索途径,用于各种已知信息的输入,主题检索途径具有专指度高的特点,所以是使用最多的检索途径;同时,检索系统也提供多种检索结果的排列方式,便于对检索结果进行选择。

获取文献原文是检索的最终目标,但阅读文献原文需要花费大量的时间和精力,还需要依据自身知识对文献进行去粗取精、去伪存真的处理。因此,选择文献原文要有一定的针对性。文献出处的级别和作者的知名度是初步选择的重要依据。

习 题

一、实践操作题

1. 查询"信息检索"的含义。
2. 查询"检索词"的解释。
3. 查询"主题检索途径"。
4. 查询"分类检索途径"。
5. 查询"情报学(计量学)三大定律"。

二、讨论题

1. 为什么信息检索主要是文献检索?
2. 直接检索和间接检索的使用背景有哪些?
3. 主题检索途径和分类检索途径对检索结果有哪些影响?

三、思考题

1. 图书馆的图书排架为什么不按书名排序?
2. 数据库文献检索为什么以主题方式为主?
3. 情报学三定律对信息检索有什么指导意义?

第三章
互联网信息检索

互联网是一个由信息汇聚而成的虚拟世界，蕴含着亿万网民的思想、感情、经验和认知，无数的网络"知识碎片"和"知识片段"形成了海量的知识资源，这些资源不分学科和专业，往往以多媒体形式汇集。如新闻信息、文档资料、音频视频、数字图书、文献数据、在线课程、虚拟实验、电子地图等。大学生可以根据自己的需求和兴趣选择合适的学习资源，并根据自己的节奏和时间来安排学习时间。

为了便于利用信息，互联网还提供了很多学习工具。如搜索引擎、维基百科、计算换算、文件管理、数据分析、语种互译、复习助手等，有助于消除学习的"拦路虎"，显著提升学习效率，加速知识构建。

互联网既有无尽的知识资源，又有现代的学习工具，是时代赋予的高科技学习平台，对于大学生学习课程、拓宽知识、获得能力、提升成绩都是非常有利的。因此，大学生应该及早掌握利用互联网获取知识的本领。

然而，亿万网民的思想和知识差异巨大，网络信息良莠不齐，新闻真相与谣言、精华与糟粕同生共存。大学生也必须建立批判性思维，培养独立思考的能力，掌握筛选和评估信息的技巧，同时要做到自强、自律、自尊、自爱，以规范自己的网络行为。

泰山不拒细壤，故能成其高；江海不择细流，故能就其深。作为高学历的网民群体，大学生既是网络世界的重要建设者，又是网络工具的领先使用者，与网络形成了相互依赖的关系。对于大学生个体，其理想、志向、所学专业、兴趣爱好等可能有所不同，对网络信息的需求因人而异，但登上知识的"金字塔"尖却是大家共同的目标。加快知识构建的速度，就能够更快到达"知识金字塔"的塔顶。

第一节　互联网的信息资源

本节重点：互联网的利用
主要内容：互联网与信息资源
教学目的：全面认识互联网

互联网是由无数计算机相互连接而成的通信网络，无数计算机储存的信息交织汇集形成了一个网络虚拟世界。网络世界不受现实世界地域和时域的限制，全球的网民随时可以上网发布、交流、搜索和获取信息产品。

因此，熟悉网络的构成元素、认识网络媒体的种类，进而查询优良信息资源、获取网络知识，是大学生必须具备的基本知识和自学能力。

一、如何认识互联网

计算机屏幕的互联网犹如一个"万花筒"，在鼠标和键盘的操作下变化无穷。受到窗口尺寸的限制，人们只能是"管中窥豹"，既看不到互联网的全貌，也触摸不到它的存在。

互联网完全是一个亦真亦幻的虚拟世界，既然是虚拟世界，就不能用物质世界的立体思维和时空观去解释它。可以根据网络产生的物理依据和技术，并充分发挥想象力，把虚拟世界与现实世界联系起来，分别从宏观和微观的不同角度去客观认识互联网。

（一）宏观联想互联网

用宏观的视野认识互联网，能够扩大网络世界观，有助于大学生发挥战略思维，保持正确的人生导向。有了正确的导向，才能在上网时保持大脑对眼睛和动作的控制，进行正确的信息查询和资源选择。

1. 网络世界是现实世界的映像

网络世界是怎么产生的？是亿万网民通过计算机、利用网络技术把现实世界虚拟化的结果。用现代技术把现实世界以文字、符号、图片、音频、视频等形式信息化传输到网上，日积月累就形成了现实世界的"朦胧映像"。随着网络技术的发展和网络信息的激增，网络世界的"像素"越来越高，与现实世界也越来越"相像"。例如，浏览街景地图犹如亲临其境。

需要提醒的是，网络世界的人物、机构和事件大都有现实世界的原型，没有现实世界的物理依托就没有虚拟的网络世界。

2. 客观世界与网络世界的不同

（1）客观世界是立体空间，网络世界是平面视窗。客观世界是大自然的产物，巨大的空间超出了人们的视野和想象，需要人们不断地探索和发现；而网络世界是人造的,受到技术的限制。

(2)客观世界有时间的局限,网络世界可以跨越时代。客观世界无法实现过去、现在和未来的跨越,网络世界能够跨越时空,同时展现过去和现在的信息。

(3)客观世界是物质世界,网络世界是信息世界。客观世界的任何物体都是唯一的,人的生命也只有一次;网络世界的信息却可以无限复制,网络人物形象也可以千变万化。

(4)客观世界使用国别、距离、体积、重量、温度、深度、厚度、化学成分等物理概念,网络世界的基本元素仅是视觉和听觉能够接受的文字、图片、音频、视频等。

(5)客观世界存在于宇宙之中,网络世界建立在计算机存储器中。客观世界是人类生存的物质家园;网络世界的存在依赖于人类、技术和客观世界,一旦计算机网络出现故障,网络世界也将受到影响。

(二)微观解析互联网

网络是由无数网站相互连接构成的,网站是由众多的网页组成的,网页是互联网的基本单元。微观分析互联网就是逐步将互联网进行分解,先分解成网站,再分解成网页,进而解析网页的组成部分。

1. 网络世界是由网站组成的

网络世界上的各国政府、各高校、各行业甚至个人,都是以网站形式出现的,互联网的网站数量有数亿之多。网站的种类、级别、风格和形象千差万别:政府网站代表政府的形象,外观严肃整洁,设计严谨认真,发布的内容是官方信息(时事新闻、法律法规、政策文件、统计数据等),权威性强;高校网站设计规范,面向高校师生发布信息,有教学科研信息也有行政管理信息;个人网站则良莠不齐,有的甚至仅有一个网页,运营情况也不稳定。

还有一种专门帮助人们查找网站的导航网站。导航网站把各种网站按功能划分成实用工具类、生活服务类、休闲娱乐类、安全健康类等。

2. 网站是由网页组成的

网站是由不同数量的网页相互连接组成的,统领其他网页的页面称为主页。网页是网络的基本单元,每个网页都有网址编码。搜索引擎正是通过存储网页的网址编码进行快速搜索(称为全文搜索)。

网页又是由文字、图片、音频、视频等媒体元素组成的。搜索引擎也提供媒体元素的分类查询途径(称为垂直搜索),常见的网络媒体元素包括文字、图片、地图、音频、视频等。

(1)文字。文字是最基础的信息表现形式,是网页最基本的媒体元素,也是互联网最基本的媒体元素。互联网上的文字超过200个语种,最常用的是英语。

(2)图片。俗话说百闻不如一见,图片也是常见的媒体元素之一。图片具有证实性、装饰性和视觉冲击性。网络图片主要有照片、漫画、图示等形式。

（3）地图。网络地图是利用计算机技术，以数字方式存储和查阅的地图。网络地图具有搜索速度快和功能强大的特点，不仅可以为人们的出行提供便利，更有助于人们对物理世界和虚拟世界的联想。目前，网络地图包括平面图、卫星图、三维图和街景图等。

（4）音频。音频是最受青年学生喜爱的网络媒体元素之一，兴趣让大家无师自通。

（5）视频。网络影视声像俱全，是人们最易接受的媒体形式。在海量的网络视频中，有大量名校名师的教学视频可以免费观看，这些都是大学生自主学习的优质资源。

（三）客观理解互联网

互联网是亿万网民共同建设的产物，网民们都有自己的"小世界"，其思想和知识各不相同，网上的信息必然是精华与糟粕共生共存。

1. 互联网并非无所不包，无所不能

信息媒体对人类思想的展现都是有限的，所以互联网信息不可能穷尽人类大脑的全部思想。

2. 互联网并非完全公开，免费浏览

其一，任何网民、任何单位都有不愿和不宜公开的信息；其二，相当一部分网站是依靠信息收费来维持生存发展的。

二、如何利用互联网

互联网是一个高速膨胀的信息世界，内容包罗万象，知识含量极广。毫无疑问，互联网应该是大学生最大的课外学习空间和最好的高科技自学平台。这个学习平台视野开阔、内容丰富、媒体生动、趣味性强，既有助于学生消化课堂学习的内容，又能够补充和拓展更多的知识。

然而，互联网的娱乐功能异常强大，网络视频和网络游戏对青年人有着强烈的吸引力。调查数据表明，大学生利用互联网学习的时间少于娱乐时间。因此，提升大学生网络学习的自驱力非常关键。

（一）提升信息素养

西方的信息素养(质)教育与我国的信息检索课在内容上相似，都是为了提升信息时代人们的信息素养。信息素养包括信息意识、信息知识、信息能力和信息道德等内容，信息意识尤其重要，这是课程培养的重点目标之一。

1. 信息意识支配行为

信息意识支配信息行为，因此培养和提高信息意识非常重要。良好的信息意识应该是一种持续的人生追求，只有坚持不懈地追求才能进行连续不断的信息行为，只有持续的信息行为才能产生终身受益的学习效果。

2. 信息意识提供动力

周恩来青年时代"为中华之崛起而读书"的豪言曾影响了无数人,我国教育事业的财政预算每年都在增加。大学生也应该增强信息意识,坚持正确的信息行为,把报效祖国、报效父母、立志成才当作自己的责任。

3. 信息意识把握方向

古人云:少壮不努力,老大徒伤悲。大学生只有努力学习才能自强自立,这是颠扑不破的真理。互联网是个百家争鸣的平台,充斥着多元化的价值观,涉世不深的大学生应尽量避免在网上受到不良风气的影响,迷失前进的方向。

大学生应该把握住一条基本原则:经常访问能为学习提供正能量的网站,远离传递不良信息的网站。

(二)提升查询能力

利用网络进行学习,就必须提升查询能力。要从浩如烟海的网络信息中获取所需要的信息并不容易,这需要大学生充分认识和熟悉网络工具,而且要进行大量的查询实践。

1. 掌握网络工具

工欲善其事,必先利其器,获取网络信息需要使用多种网络工具。搜索引擎是综合性的大型网络查询工具,也提供专科类的网络工具。例如,软件站点可提供数以万计的软件工具,翻译站点能提供上百种语言的互译,网络工具书能够提供数百万问题的答案。

2. 锻炼查询技巧

查询技巧是指各种查询工具的操作方法,不同的查询工具设计的功能有所不同。搜索引擎使用的查询技巧主要是布尔逻辑运算符和查询结果限定词,逻辑运算符能够有效地限制查询范围的大小,限定词则能够限制查询的网络区域和查询结果的文件格式等。

(三)熟悉知识资源

常用的知识资源主要包括:

1. 政府文献资源

政府文献包含政治、政策信息以及各行业的宏观发展规划等,是指导大学生知识构建的指南针。国内最权威的政府网站是中华人民共和国中央人民政府网,大学生还需要特别关注的是教育部网站。

2. 经济数据资源

经济数据是反映经济程度的物理量,主要用于国家和地区间经济发展的比较分析或定量分析。经济数据信息具有信息量大、发布速度快、更新频率高等特点,如各种国民经济的统计数据、科技和工程数据等。目前,国内权威的经济数据发布网站是国家统计局网。

3. 网络课程资源

网上的课程资源大都是国内外名校名师的教学视频和教学资料,既有助于大学生理解和消化本专业的知识,也能够帮助大学生自学跨专业的知识。目前,网上的中文课程资源以教育部的"爱课程"资源、清华大学的"学堂在线"和国家高等教育智慧教育平台(简称"智慧高教")为代表,外文优秀课程资源主要是国道数据的 MeTeL 教学资源平台等。

4. 科学文献资源

网上的科学文献资源是指那些同时具有责任者、出版者等信息的学术文献类型。主要包括科技图书、期刊论文、会议论文、学位论文、科研报告等。科学文献资源按照文献类型归属不同的数据库,如数字图书馆、期刊全文数据库、会议论文数据库、学位论文数据库等。文献数据库一般价格昂贵,由高校图书馆选择购买,在校园网范围内免费使用。

5. 技术文献资源

网上的技术文献资源是指各类企业生产实际中使用的应用文献类型。它主要包括专利文献、标准文献和产品资料等。专利文献比较特殊,世界各国的专利文献都可以从网上免费查询和获取;而在标准文献中,中国国家标准是公开免费的,其他标准文献的索取是要收费的。

6. 百科知识资源

百科知识包括事件、人物、地名、术语等各学科的常识,掌握更多的百科知识有助于打通学科壁垒,扩展知识面,丰富和完善自身的知识结构。中国大百科全书出版社网站设有百科全书的电子版供网民使用,但词汇量偏少;搜索引擎提供网民共建的维基百科全书,内容海量,几乎无所不包。

(四) 遵守网络公约

《中华人民共和国全国青少年网络文明公约》要求青少年"要善于网上学习,不浏览不良信息;要诚实友好交流,不侮辱欺诈他人;要增强自护意识,不随意约会网友;要维护网络安全,不破坏网络秩序;要有益身心健康,不沉溺虚拟时空"。

大学生是网民中的高学历群体,长期接受政治思想教育,初步形成了正确的世界观、人生观和价值观,应该带头遵守网络文明公约,自觉维护网络的安全稳定,形成网上学习的良好风气,为其他网民群体做出表率。

1. 尊重他人的劳动

尊重版权,不使用盗版软件、音乐、视频等;引用他人的知识,应标注参考文献;不发表对他人的负面评价或恶意评论。

2. 保护个人的隐私

不轻易公开自己或他人的私人信息,如地址、电话号码、身份证号等。使用强密码并定期更改,以保护自己的账户安全。

3. 发布信息要三思

发布内容要考虑会被永久保存并被他人浏览;避免在公开平台上发布有关政治、宗教或其他敏感话题的极端观点;严禁传播虚假消息或谣言。

三、信息选择与评价

大数据时代,虽然丰富的信息为大学生提供了更多的答案和选择,但也会耗费大家更多的时间和精力,正如诺贝尔经济学奖获得者赫伯特·西蒙所说:"过量的信息会导致注意力的贫乏。"当我们面对搜索引擎提供的成千上万条查询结果时,常常会无所适从,这时候对信息的评价能力就显得至关重要。

(一)如何选择信息源

信息源即信息发布的原始网站,只有原始的信息才能既新颖又真实。因为信息在传递的过程中难免会失真,所以我们更注重原始信息。信息源有着不同的级别,级别越高的信息源稳定性越好,发布的信息权威度越高。

1. 权威度要高

权威性信息源是指社会级别、影响力、知名度和学术水平等方面处于支配地位的信息源,权威性信息源发布的信息具有高端性、原创性、真实性、科学性、完整性和典型性。如国家政府网站、知名教育机构和专家通常被认为是可靠的,可靠的域名有 edu、gov 或 org 等。

2. 稳定性要好

信息源的稳定性是指信息发布的连续性,要求信息来源充足、设备运行正常、网络链接良好。显然,政府部门官网和正规组织的官网级别更高,稳定性也更好。

此外,好的信息源还应该具备查询入口多、信息获取通畅、提供下载和打印、注册登录方便等特征。

(二)如何选择信息

大学生选择信息应该充分调动自己的知识储备,全面系统地分析,冷静思考决定取舍。不应凭兴趣、爱好、情感等个人好恶选择信息,也不应盲目从众,以讹传讹。

1. 看网站

如果网站是一个知名学术团体的宣传平台,网页内容有明确的主题和主要的学科范围,信息内容提供可信的统计数据来支持结论,没有明显的错误和遗漏,也没有商业意图,这样的网站可信度较高。

2. 看作者

如果作者是该主题领域中公认的专家和权威人士,且教育经历、专业背景、研究方向和工作经验与发布的信息内容相关,特别是公开发表的信息,意味着得到了同行们广泛的认可,这样的信息可信度较高。如果另外提供联系方式,则表明其责任心强。

切忌盲目信任网上所谓的"专家"和"大师",尤其是要警惕一切与金钱利益有关的所谓"名人"的具有迷惑性的宣传。

3. 看文献

文献的产生需要经过多级审查过程,所以内容更值得信赖。当然,文献的内容也因作者的不同和产生时间的先后,存在可信度的差异,一般说来:

专业书刊比科普读物可信,科普读物比新闻报道可信;

科技图书比学术期刊可信,学术期刊比学位论文可信;

纸质图书比网络图书可信,百科全书比普通读物可信;

标准文献比专利文献可信,技术档案比公开资料可信。

4. 看内容

中立性:文本不应展现个人情感和偏见,中立、客观的描述通常更值得信赖。

准确性:内容不应存在语法错误和事实错误,撰写严格的文稿可信度高。

小 结

宏观认识互联网,有助于建立客观物理世界与虚拟网络世界的联系。微观认识互联网,有助于理解计算机和网络技术的时代贡献。

互联网虽然是现实世界的映像,但是与人们生活和学习的联系跟现实世界一样密切。互联网是一个高科技学习平台,提供先进的学习工具,为大学生自主学习提供了极大的方便。

互联网拥有海量的信息资源,大学生要学会利用知识含量高的信息资源,包括政府文献、经济数据、网络课程、科学文献、技术文献、百科知识等。

互联网丰富的信息资源固然是时代馈赠的礼物,但也对人们的信息查询、分析、判断能力提出了更高的要求。

习 题

一、实践操作题

1. 搜索阅读李开复的信《大学四年应是这样度过》。
2. 搜索了解大学生常用的信息资源。
3. 搜索浏览中外高等教育信息素养能力标准。
4. 搜索浏览《中华人民共和国全国青少年网络文明公约》。
5. 搜索浏览《新时代青少年网络文明公约》。

二、讨论题

1. 如何从宏观和微观两方面认识互联网？
2. 如何学习利用互联网的信息资源？

三、思考题

1. 如何把互联网当作高科技学习平台？
2. 如何保持网络学习的注意力？

第二节 网络工具的利用

本节重点：搜索引擎的助学功能
主要内容：搜索引擎的常用功能
教学目的：熟悉搜索引擎的助学和助研功能

网络工具泛指帮助人们在网上使用的和解决网络相关问题的工具软件，搜索引擎是最常用的网络工具之一。随着人工智能技术的发展，网上聊天机器人也走入我们的学习生活。

搜索引擎是从互联网搜集信息，经过整理后提供信息查询的软件系统。搜索引擎搜集的信息以网页文字为主，按照媒体分类存入相关的数据库，并在查询页面设置多种搜索频道。当用户查询信息时，首先选择对应的查询频道，然后输入合适的检索词，搜索引擎会在对应的数据库中搜寻，与检索词相匹配的查询结果会按照相关度排列出来。搜索引擎的杰出代表是谷歌和百度。

搜索引擎的功能非常强大，大学生应重点掌握搜索引擎的助学功能和助研功能。

一、搜索引擎的助学功能（以百度为例）

搜索引擎能够帮助大学生答疑解惑，消除学习中的"拦路虎"。搜索引擎擅长针对跨学科跨专业的事物（What）、人物（Who）、时间（When）、地点（Where）等常识性问题，快速给出众多的参考解释。

（一）工具书功能

《辞海》把"工具书"定义为：按一定方式汇编有关知识信息，供检索查考的书籍。工具书包括字典、词典、百科全书、手册、年鉴、表谱、书目、索引、图录、图谱等，其中以词典为最多，用途最广。工具书也被称为"不会讲话的老师"。

过去，当人们在学习中遇到疑问时，往往会选择不同的工具书寻求答案，这是大学生选择图书馆学习的原因之一。但纸质工具书存在以下不足：词汇量有限（中型工书的词汇量大约十几万个);修订周期较长(如《辞海》每 10 年修订一次),新词则难以查到;工具书体积庞大,使用费时费力;工具书是图书馆不允许外借的图书种类。

搜索引擎的出现极大地方便了大学生进行自主学习,搜索引擎的工具书功能集多种工具书之大成(如字典词典、百科知识、计算换算等),词汇量远远超出《辞海》的词汇量,而且可提供最新的、多种相关解释和答案。更重要的是搜索引擎的使用十分简单方便,只需在查询窗口输入合适的检索词,鼠标一点立刻可以得到搜索结果。

1. 使用查询窗口

在查询窗口输入检索词,点击"百度一下",即可得到查询结果。

检索词通常是文字、数字、符号等,可以是中文,也可以是外文。如果对搜索结果有特殊要求,可以在查询窗口输入多个检索词组成的逻辑检索式,也可以把自然语句当作检索词。

(1) 使用单个检索词。使用单个检索词时,必须慎重选择。如果检索词选择不准确,就会出现差之千里的搜索结果。

① 选用专业词汇。选择正规的学术用语,查询的专指度较高。专业词汇越新越专,查询结果越少越准。而通用词汇覆盖许多学科,有的通用词汇有多个同义词和近义词,查询结果往往非常宽泛。

② 选用普通词汇。普通词汇使用的人多,网络提供的答案也多。应尽量避免使用生僻词语,生僻词使用的人少,搜索的结果也少。

③ 选用完整词汇。使用完整词汇术语可以减少歧义,使用缩略语查询则容易导致多学科的解释。

④ 使用姓名。姓名可以作为检索词,如:屠呦呦。

查询示例:查询屠呦呦研究员获得诺贝尔奖的报道

分析课题:与屠呦呦重名的可能性很小,可选择"屠呦呦"作为单一检索词。

第一步:输入检索词。在搜索窗口输入"屠呦呦"(图 3.2.1)。

图 3.2.1 "屠呦呦"的查询结果

图 3.2.2 屠呦呦—百度百科

第二步:选择查询结果。图 3.2.1 显示的查询结果没有出现歧义,可选择第一条

"屠呦呦—百度百科"浏览(图3.2.2)。

(2)使用组合词(检索技巧)。当单个检索词不能完成查询任务时,就要增加检索词。使用多个检索词查询时,需要确定各个词之间的逻辑关系。搜索引擎通用逻辑运算规则(与、或、非),用指定的字符代表逻辑算符,把多个检索词连接起来,组成逻辑检索式进行查询。三种逻辑运算符的含义如图3.2.3所示:

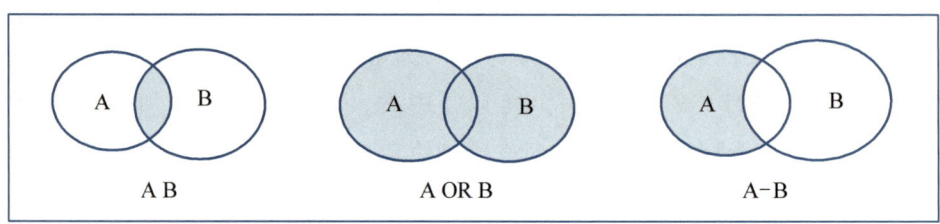

图3.2.3　三种运算示意图

① "与"运算。图3.2.3中,"A B"表示"A 与 B"。"与"的运算符通常用空格或"+"号取代,查询结果要求同时出现A和B两个概念。"与"运算用得越多,查询结果越少。例如,要求"计算机"和"网络"两个词同时出现在查询结果中时,可在查询框中输入"计算机 网络"。

注意:"与"运算可用于多个检索词,检索词之间的空格数量与运算结果无关。

② "或"运算。"A OR B"表示查询结果中包含A或B均可。"或"运算符用"OR"表示,"或"运算用得越多,查询结果越多。例如,要求"计算机"或"网络"任一词出现在查询结果中时,可在查询框中输入"计算机 OR 网络"。

注意:第一个检索词与"OR"之间必须留有空格,否则"OR"不作为运算符使用。

③ "非"运算。"A-B"表示命中信息只包括A,不包括B,也不包括同时包含A和B的信息。"非"运算使用"-"号代替,"非"运算会使查询结果逐步减少。例如,要求查询结果只出现"计算机"而不能出现"网络"时,可在查询框中输入"计算机-网络"。

注意:"-"前边的检索词与"-"之间必须留有空格,"-"后边的检索词与"-"之间不允许留有空格,否则"-"不作为运算符号使用。

(3)使用自然语句。自然语句是由名词、副词、助词、量词等组成的语句。自然语句可长可短,可能包括多个检索词。在难以选择合适检索词的情况下,使用自然语句往往出现奇效。

查询示例:查找"箎"字的读音

分析课题:在不认识"箎"字的情况下,可以根据"箎"字的结构进行查询。

第一步:在搜索窗口输入"一个竹字头一个虎怎么读"。

第二步：点击"百度一下"，得到查询结果(图 3.2.4)。

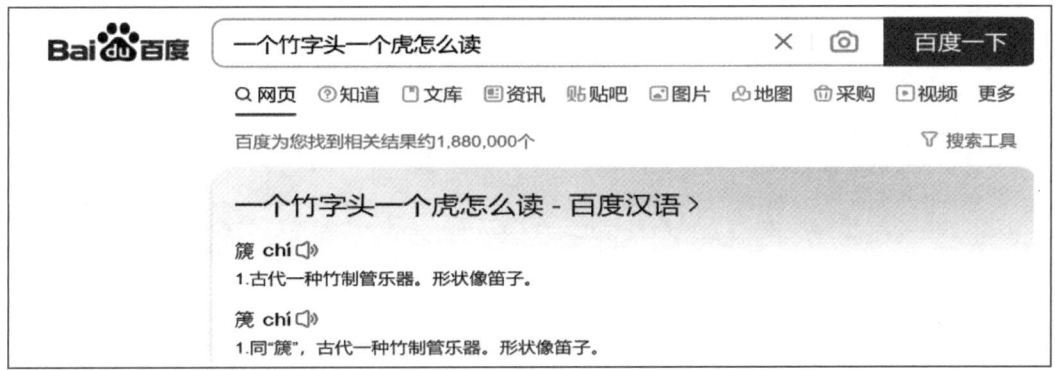

图 3.2.4　自然语句的查询结果

（4）使用精确匹配符。如果希望自然语句在查询结果中完整出现，可以在两端使用精确匹配符——双引号""。例如，在查询框中输入"书籍是人类进步的阶梯"，得到的查询结果必须包含完整的字句(图 3.2.5)。

图 3.2.5　使用精确匹配符的搜索结果

2. 专用栏目介绍

（1）百度百科。百度百科 2006 年上线，旨在调动互联网用户的力量，创造一个涵盖各领域知识的中文信息收集平台，让所有中文互联网用户都能找到自己想要的全面、准确、客观的定义性信息。

百度百科设有一个查询窗口，后边设有"进入词条"和"全站搜索"两个查询按钮（图 3.2.6）和"帮助"二级页面(图 3.2.7)。检索词应选择规范化的词语，点击"进入词条"按钮，可以打开词条释义页面；若点击"全站搜索"按钮，则会得到大量的相关词条。

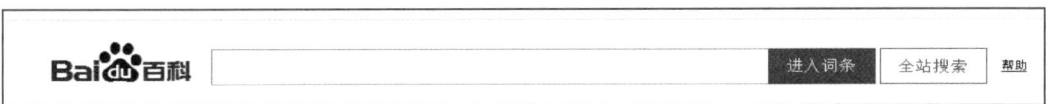

图 3.2.6　百度百科查询窗口

图 3.2.7　百度百科帮助中心

值得注意的是,在词条的可信度和知识含量方面,网络百科全书与正式出版的百科全书有较大差异。《中国大百科全书》有 2 万多名专家参与编著,收录词条仅 7.8 万个,历时 15 年成书;而百度百科有 700 多万网民参与编写,词条数量呈现井喷式增长。不过国内有学者研究表明,百度百科词条更新缓慢,有 50% 以上的词条没有更新过。

（2）百度知道。百度知道 2005 年上线,是一个基于搜索的互动式知识问答分享平台(图 3.2.8),旨在把用户的隐性知识转化成显性知识。用户可根据具体需求有针对性地提出问题,由其他网民来创造该问题的答案,达到分享知识的目的。

百度知道只是提供一些常见问题的参考答案,这些答案仅供参考。大学生可借助自己的知识结构进行优选,进而扩展自己的知识面。

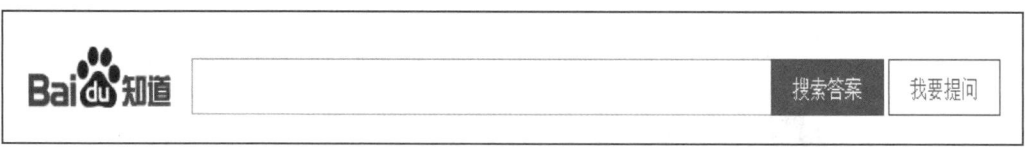

图 3.2.8　百度知道

（3）百度经验。百度经验 2010 年上线,重在解决"具体怎么做"的问题。百度经验通常包括概述、工具/原料、步骤/方法、注意事项、参考资料等几个部分,其中步骤/方法详细地描述了达到目的的操作过程,便于学习和模仿。

例如,输入"如何提高开机速度"(图 3.2.9)。

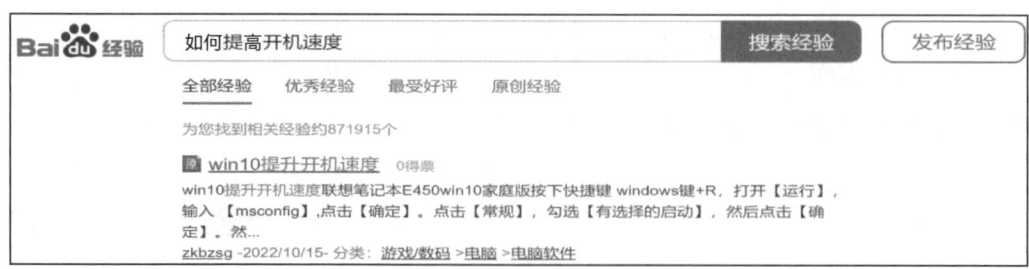

图 3.2.9　百度经验

（4）百度文库。百度文库是百度发布的供网友在线分享文档的平台,虽然文档种类全面、数量庞大,但由于许多文档涉及版权问题,仅供参考,谨慎引用。

（二）计算器功能

1. 计算功能

搜索引擎可以当作计算器使用,只需在搜索窗口输入计算题,点击鼠标就会出现计算器的页面,并得出答案。例如,输入"123 * 123 = ?"（图 3.2.10）。

图 3.2.10　搜索引擎的计算功能

2. 换算功能

搜索引擎提供单位换算,而且增加了计算功能。例如,输入"5 盎司等于多少克"（图 3.2.11）。

图 3.2.11　搜索引擎的单位换算功能

（三）查询结果的限定（查询技巧）

搜索引擎给出的查询结果往往以千万计,令人难以选择。搜索引擎提供两种方式用于限定查询结果。

1. 使用限定词

限定词是指用来限定查询结果的网域、搜索位置、文件类型的英文词。搜索引擎的常用限定词如表 3.2.1 所示。

表 3.2.1　常用限定词一览表

限　定　词	含　　义	示　　例
define：	搜索网上的定义	define：计算机
site：	在指定的网站或网域中搜索	site：moe.edu.cn 教育部
inurl：	该词必须出现在 URL 中	allinurl：足球
intitle：	该词必须出现在网页标题中	intitle：刘翔
intext：	该词必须出现在网页正文中	allintext：清华大学
filetype：	搜索特定的文件类型（支持 ppt、doc、swf 等常用格式）	文献检索 filetype：ppt

使用限定词可以使查询结果尽可能接近查询要求，同时减少查询步骤。例如，在教育部网站（http://www.moe.gov.cn）查找"信息素养教育"的内容，可在查询框输入："信息素养教育"site:moe.gov.cn，即可得到有关查询结果（图 3.2.12）。

图 3.2.12　使用限定词的查询结果

2. 筛选搜索结果

对于成千上万的搜索结果，有没有筛选办法呢？答案是肯定的。百度查询结果页面右上方有一个"搜索工具"按钮，能够对搜索结果的时间段、文件格式和搜索站点进行限定。例如，在百度搜索窗口输入"搜索引擎"，得到 1 亿个查询结果（图 3.2.13）。

点击图 3.2.13 右下角的"搜索工具"，会变成"收起工具"，同时左边出现了 3 个选择下拉菜单，分别是时间不限、所有网页和文件、站点内检索（图 3.2.14）。

图 3.2.13　输入"搜索引擎"的查询结果

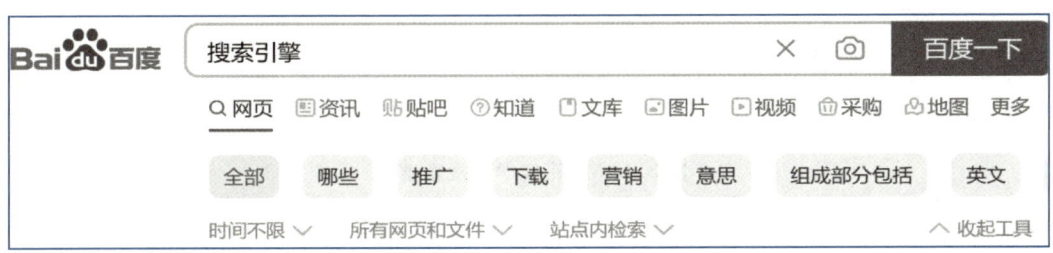

图 3.2.14　查询结果的 3 个下拉菜单

"时间不限"菜单提供一天内、一周内、一月内、一年内和自定义时间范围等 5 种选择;"所有网页和文件"菜单提供 PDF、DOC、XLS、PPT 和 RTF 等 5 种文件格式选择;"站点内检索"提供一个查询窗口,可以输入某站点的网址。

二、搜索引擎的助研功能

搜索引擎的助研功能与助学功能的差别主要在于是否具有学术功能(如文献检索、语言互译、学术会议等),助研功能提供有关"为什么(Why)"和"怎么做(How)"方面的隐性知识。

(一)百度学术

百度学术于 2014 年 6 月上线,是百度旗下的免费学术资源搜索平台。多年来,百度学术设置的项目虽多次变动,但由于不能免费提供文献原文,难以满足用户免费获得完整文献的需求,故其学术功能一直在较低层面徘徊。

尽管如此,百度学术依托搜索引擎的强大功能,展现出了信息来源广、新知识传播快的特点,有助于研究生全方位地了解和获取最新科研信息。

1. 查询功能

(1)简单搜索。百度学术页面只有一个搜索窗口,能够识别并且满足多种不同表达方式的查询需求,只需输入反映文献特征和内容的检索词(如题目、关键词、作者、单位、刊名、DOI 等),点击"百度一下"即可得到查询结果(图 3.2.15)。

(2)高级搜索。如要输入多个检索词,可以点击窗口左边的"高级搜索"进入高级

图 3.2.15　百度学术搜索窗口

搜索页面。高级搜索页面提供包含全部检索词、包含精确检索词、包含至少一个检索词、不包含检索词、出现检索词的位置、作者和机构等 7 个查询窗口，另外提供出版物、发表时间和语言检索范围 3 种选择（图 3.2.16）。

图 3.2.16　高级搜索窗口

2. 其他功能

百度学术页面的设置项目经常变动，最新页面设置了论文查重、学术分析、期刊频道、学者主页、开题分析和文献互助等 6 项功能。

（1）论文查重。百度学术的论文查重是网络各大查重软件的集合平台（不包括知网),提供收费服务。

(2)学术分析。按学科、学者和期刊3个方面提供其学术产出力、学术影响力、合作共创力等分析。

(3)期刊频道。提供查询窗口和按学科分类两种查询途径,用于中文期刊的查询。

(4)学者主页。提供学者查询窗口,可查询学术名人,也报道当今的热门学者及影响力情况。

(5)开题分析。将输入的功能点从研究走势、关联研究、学科渗透、相关学者、相关机构5个方面进行可视化分析。

(6)文献互助。用于网民求助需要的文献,而大学生可以从校园网的数据库免费索取文献,对此功能需求不大。

(二)百度翻译

百度翻译提供文本翻译、文档翻译、人工翻译、AI同传、翻译API等多项在线翻译服务,包括中、英、法、俄、德等多达200余种语言的互译,以及中文繁简体之间的转换。

百度翻译对词汇的收录和更新速度非常快,虽然免费提供的翻译结果难以尽如人意(更加精准的翻译服务需要付费使用),但海量的词汇和极快的翻译速度大大方便了网民的交流沟通。

1. 文本翻译

文本翻译页面提供左右两个窗口(图3.2.17)。先在左边窗口输入待翻译的文字(如"站在巨人的肩膀上"),在窗口上方的下拉菜单中选择对应的语种(如中文);然后在右边窗口上方的下拉菜单中选择翻译的目标语种(如英语),点击右边的"翻译",即可得到翻译结果。

两个窗口的左下角均有喇叭图标,点击喇叭图标即可发出标准读音。

图3.2.17 文本翻译页面

2. 文档翻译

文档翻译页面提供文件上传翻译,对译语种为中文(简体)、英、日、韩4种,文件格式可以是 DOC/DOCX、PDF、XLS/XLSX、PPT 和 TXT 等 5 种（图 3.2.18）。

图 3.2.18　文档翻译页面

3. 百度同传

百度 AI 同传是一种基于人工智能技术的翻译工具，它能够实时将演讲者的讲话内容翻译成听众所选的语种，并输出相应的语音或文字（图 3.2.19）。

图 3.2.19　AI 同传页面

AI同传可以帮助人们更加方便地与不同语言的人进行交流,免去了传统翻译所需的费用和时间。该工具适用于各种场合,如商务会议、学术研讨会、国际会议等。

三、搜索引擎的其他功能

搜索引擎的功能还有很多,下面简单列出百度常用的几种媒体搜索:

(一)图片搜索

对于某些用语言难以表达清楚的细节,图片作为一种特殊的信息媒体能够起到一目了然的作用。百度图片拥有上亿张中文图片,搜索窗口接受文字和图片输入,能够瞬间提供无数幅图片以供选择。

(二)地图搜索

百度地图提供了完备的国内地点搜索、公交搜索和周边搜索等功能,用户可以轻松找到最近的学校、餐馆、银行、公园等。最新推出智能路线规划、路线雷达、路线切换、实时路况等功能,方便了驾车导航,还增加了三维地图,给人以身临其境的感觉。

(三)视频搜索

搜索引擎的视频资源正在快速增长,种类包括电影、电视、动漫、综艺、娱乐、游戏、生活、美食等,供用户搜索选择。

四、聊天机器人简介

聊天机器人是人工智能技术在网上的杰作之一,目前世界上技术领先的聊天机器人是 ChatGPT,国内技术领先的是"文心一言"。

(一)ChatGPT

ChatGPT(Chat Generative Pre-trained Transformer),是美国 OpenAI 研发的聊天机器人程序,于 2022 年 11 月 30 日发布。ChatGPT 是人工智能技术驱动的自然语言处理工具,它能够通过理解和学习人类的语言来进行对话,还能根据聊天的上下文进行互动,甚至能完成撰写邮件、视频脚本、文案、代码、论文和翻译等任务(图 3.2.20)。

(二)文心一言

文心一言是由百度公司开发的人工智能语言模型,于 2023 年 3 月 27 日正式上线。它能够与人对话互动,回答问题,协助创作,高效便捷地帮助人们获取信息、知识和灵感,拥有强大的中文语料库,可模拟人类进行文学创作、文案创作、数理逻辑推算等工作(图 3.2.21,图 3.2.22)。

图 3.2.20　ChatGPT4.0 页面

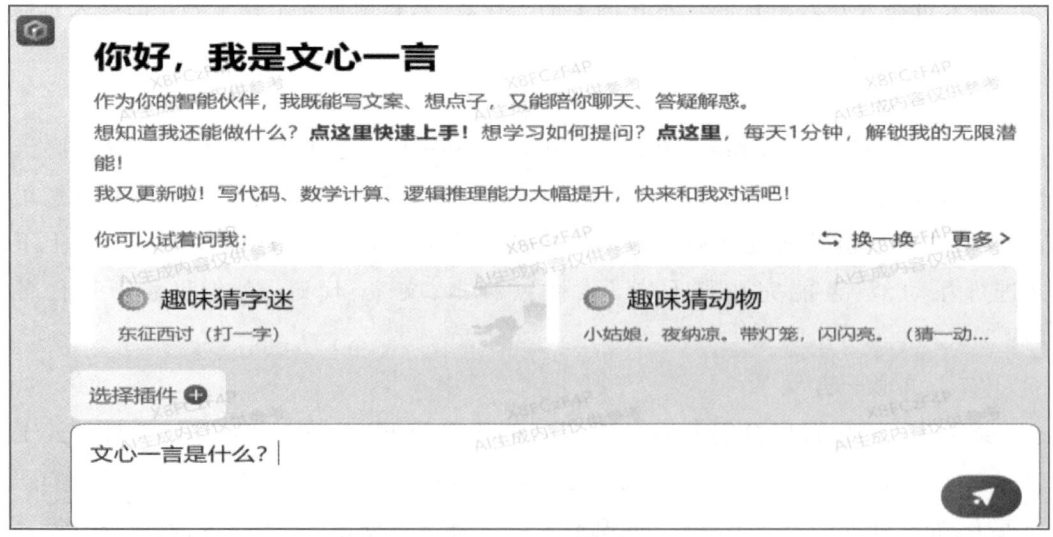

图 3.2.21　文心一言提问页面

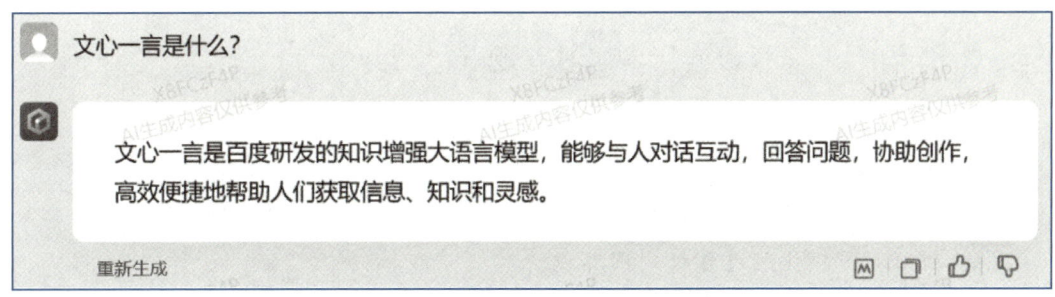

图 3.2.22　文心一言解答页面

小　结

搜索引擎的助学功能主要是工具书功能和计算器功能,能够帮助大学生克服学习中的各种"拦路虎",保持学习兴趣,提升自学能力,扩大知识面。

搜索引擎的助研功能主要是百度学术提供的宏观科技信息,有助于大学生跨专业获取学术资料和专家信息,便于有的放矢地选择主攻方向,为进一步深造打下基础。同时,也能够帮助研究生及时获取最新科研信息并掌握科研动向。

搜索引擎的最大优势是信息来源广,搜索速度快。但网上信息大多以"知识碎片"的形式出现,这些"知识碎片"往往只是各个学科的基本常识,虽有助于扩大知识面,但对于提升知识构建的高度帮助不大。因此,大学生只有通过正规的课程学习,建立起系统的知识架构,才能更好地吸收和利用来自搜索引擎的知识营养。

我们可以从百度知道、百度百科和百度经验先后上线的时间了解三者之间的关系。百度知道最先上线,最大限度发掘网民的隐性知识;百度百科随后上线,对网民提供的知识进行集中归纳;百度经验最后上线,内容来源于知识水平较高的用户的亲身经验。

百度学术提供文献信息查询,有助于科研选题和论文写作;百度翻译可提供200多种语言的互译,并提供国际会议的翻译服务。

聊天机器人程序能够进行人机对话,好像一个无所不知的"万事通",甚至能够按照人们的要求完成基本的文本写作。但是,聊天机器人依赖训练数据对话,超出训练问题就会"说谎";此外,过于相信机器人会导致大脑"懒惰",批判性思维缺失,不愿深入思考问题,最终影响知识大厦的构建。因此,大学生在充分利用互联网资源的同时,也要培养独立思考的能力。

习 题

一、实践操作题

1. 利用百度翻译练习多语种互译。
2. 利用地图软件熟悉学校周围环境。
3. 利用搜索引擎查询袁隆平为何获得"共和国勋章"。
4. 利用搜索引擎查询世界密码领域"神一般存在"的人是谁。
5. 利用搜索引擎查询我国量子纠缠技术的领军人物是谁。

二、讨论题

1. 搜索引擎对大学生知识构建有什么帮助?
2. 搜索引擎和聊天机器人程序的优缺点有哪些?

三、思考题

1. 有了翻译软件还需要学外语吗?
2. 有了聊天机器人还要请教老师吗?

第四章
政府文献检索

政府文献是由政府机关、部门或其他官方机构发布的正式文件和出版物，包括公开文件、报告、统计数据、政策、法规等。

政府文献可以提供权威、准确和及时的信息，对大学生的知识构建和学术研究有着以下重要作用：第一，政府文献提供的是官方的权威数据，对于学术研究和论文写作来说是非常重要的资料来源；第二，政府文献能够帮助大学生更好地理解国家的政策走向、经济发展、社会问题等，提高社会认知，增强国家意识；第三，政府文献提供了最新的法律法规和政策，有助于培养和提升大学生的法治观念和公民意识；第四，政府文献往往涉及政治、经济、文化等多个领域和学科，有助于大学生综合性知识的学习和积累；第五，政府文献包含着国家发展规划、行业规划和发展趋势等信息，是大学生学业规划和职业规划的重要参考。

国家政府网站实时发布多种信息，这些信息具有宏观指导性强、数据可靠、事实客观、内容新颖、知识含量高、信息杂质少等特点，对于在校大学生明确努力的方向、夯实知识的基础、完善健康的心灵、形成健全的人生观，都是非常需要的。经常关注国家政府网站，浏览权威信息，了解最新政策，有助于大学生高瞻远瞩，保持理性，不受网络谣言迷惑，进而形成超前意识，少走或避免走人生弯路。

本章主要介绍中央人民政府网、教育部网站、国家统计局网站，旨在引导大学生关注权威的政治、经济和教育信息。

第一节　中央人民政府网

本节重点：中国政府网的主页
主要内容：中国政府网的信息查询
教学目的：树立政府文献的权威意识

中华人民共和国中央人民政府门户网站（以下简称中国政府网，http://www.gov.cn/）2006年1月1日正式开通，是国务院和国务院各部门，以及各省、自治区、直辖市人民政府在国际互联网上发布政府信息和提供在线服务的综合平台。中国政府网第一时间权威发布国务院重大决策部署和重要政策文件，以及国务院公报、行政法规和国家规章等，同时面向社会提供与政府业务相关的服务（图4.1.1）。

图 4.1.1　中国政府网主页

一、中国政府网的信息查询

中国政府网主页的搜索窗口提供关键词检索途径。快速搜索窗口位于主页右上方，可用于回溯检索中国政府网以往发布过的信息。

检索示例：查找《中华人民共和国高等教育法》对大学生的要求
课题分析：大学生应该熟悉《中华人民共和国高等教育法》，提升遵纪守法意识。
第一步：输入检索词。在检索窗口输入"高等教育法"（图4.1.1），点击检索镜（图4.1.2）。

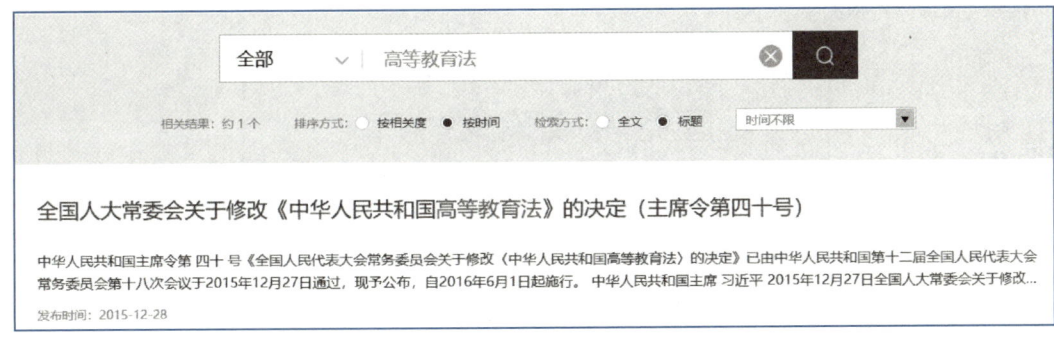

图 4.1.2　搜索结果

第二步:查看检索结果。点击"全国人大常委会关于修改《中华人民共和国高等教育法》的决定(主席令第四十号)"进入文件正文(图4.1.3)。

中华人民共和国高等教育法

(1998年8月29日第九届全国人民代表大会常务委员会第四次会议通过　根据2015年12月27日第十二届全国人民代表大会常务委员会第十八次会议《关于修改〈中华人民共和国高等教育法〉的决定》修正)

图4.1.3　中华人民共和国高等教育法正文

第三步:浏览正文。浏览《中华人民共和国高等教育法》正文,选择"第六章　高等学校的学生"阅读(图4.1.4)。可知《中华人民共和国高等教育法》第六章涉及高等学校的学生条例共7条。

第六章　高等学校的学生

第五十三条　高等学校的学生应当遵守法律、法规,遵守学生行为规范和学校的各项管理制度,尊敬师长,刻苦学习,增强体质,树立爱国主义、集体主义和社会主义思想,努力学习马克思列宁主义、毛泽东思想、邓小平理论,具有良好的思想品德,掌握较高的科学文化知识和专业技能。

图4.1.4　《中华人民共和国高等教育法》第六章

二、中国政府网的政策检索

中国政府网设有政策文件库检索窗口,用于国家重要政策文件的快捷查询。

检索示例:查询《中华人民共和国政府信息公开条例》

课题分析:《中华人民共和国政府信息公开条例》属国务院政策文件。

第一步:输入检索词。可以把"政府信息公开条例"作为检索词输入检索窗口(图4.1.5),点击检索镜。

图4.1.5　国务院政策文件库检索窗口

第二步:查看检索结果。共有7条检索结果,其中国务院文件4条,解读3条。点击选择第1条(图4.1.6)。

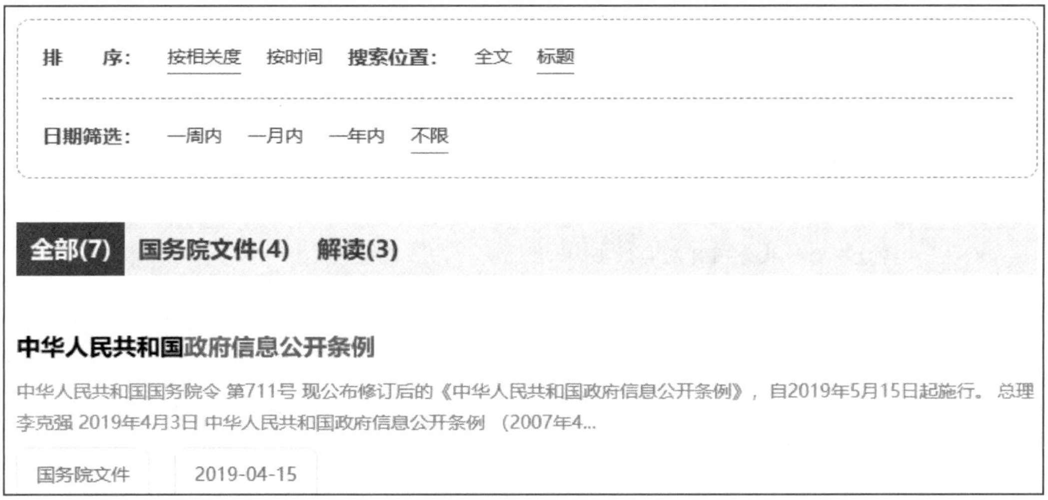

```
排    序：   按相关度  按时间   搜索位置：   全文   标题

日期筛选：   一周内  一月内  一年内  不限
```

全部(7)　国务院文件(4)　解读(3)

中华人民共和国政府信息公开条例

中华人民共和国国务院令 第711号 现公布修订后的《中华人民共和国政府信息公开条例》，自2019年5月15日起施行。 总理 李克强 2019年4月3日 中华人民共和国政府信息公开条例 （2007年4...

国务院文件　　2019-04-15

图 4.1.6　检索结果

第三步：浏览文件正文。通过浏览文件正文(图4.1.7)得知，文件要求政府行政机关应当主动公开以下信息(表4.1.1)。

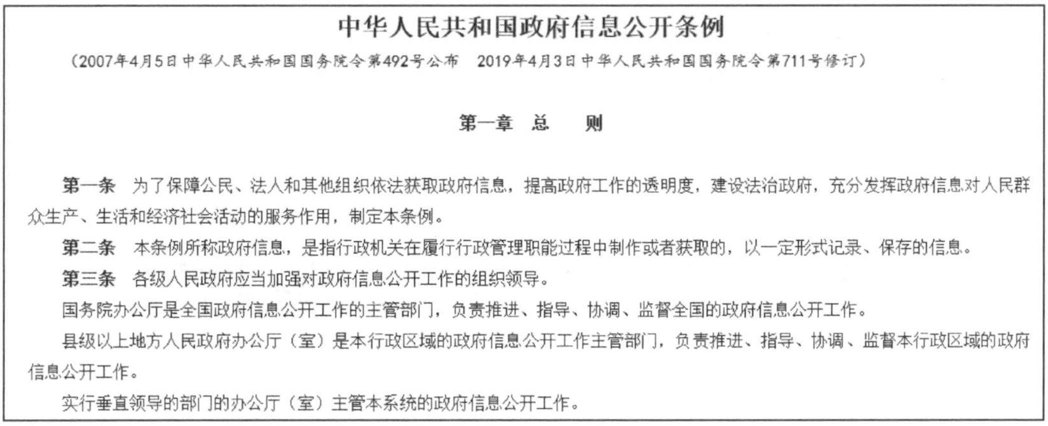

中华人民共和国政府信息公开条例

（2007年4月5日中华人民共和国国务院令第492号公布　2019年4月3日中华人民共和国国务院令第711号修订）

第一章　总　　则

　　第一条　为了保障公民、法人和其他组织依法获取政府信息，提高政府工作的透明度，建设法治政府，充分发挥政府信息对人民群众生产、生活和经济社会活动的服务作用，制定本条例。
　　第二条　本条例所称政府信息，是指行政机关在履行行政管理职能过程中制作或者获取的，以一定形式记录、保存的信息。
　　第三条　各级人民政府应当加强对政府信息公开工作的组织领导。
　　国务院办公厅是全国政府信息公开工作的主管部门，负责推进、指导、协调、监督全国的政府信息公开工作。
　　县级以上地方人民政府办公厅（室）是本行政区域的政府信息公开工作主管部门，负责推进、指导、协调、监督本行政区域的政府信息公开工作。
　　实行垂直领导的部门的办公厅（室）主管本系统的政府信息公开工作。

图 4.1.7　文件正文

表 4.1.1　政府行政机关主动公开的信息

序　号	内　　　容
1	行政法规、规章和规范性文件
2	机关职能、机构设置、办公地址、办公时间、联系方式、负责人姓名
3	国民经济和社会发展规划、专项规划、区域规划及相关政策
4	国民经济和社会发展统计信息

第四章 政府文献检索

续 表

序号	内容
5	办理行政许可和其他对外管理服务事项的依据、条件、程序以及办理结果
6	实施行政处罚、行政强制的依据、条件、程序以及本行政机关认为具有一定社会影响的行政处罚决定
7	财政预算、决算信息
8	行政事业性收费项目及其依据、标准
9	政府集中采购项目的目录、标准及实施情况
10	重大建设项目的批准和实施情况
11	扶贫、教育、医疗、社会保障、促进就业等方面的政策、措施及其实施情况
12	突发公共事件的应急预案、预警信息及应对情况
13	环境保护、公共卫生、安全生产、食品药品、产品质量的监督检查情况
14	公务员招考的职位、名额、报考条件等事项以及录用结果
15	法律、法规、规章和国家有关规定应当主动公开的其他政府信息

检索示例：人工智能列入国家发展规划的启示

课题分析：人工智能的发展受到世界各国的重视，我国非常注重培养这方面的人才。

第一步：输入检索词。在高级检索窗口输入"人工智能"（图4.1.8），点击检索镜。

图4.1.8 检索窗口

第二步：查看检索结果。选择第1条"国务院关于印发新一代人工智能发展规划的通知"（图4.1.9），得到规划正文（图4.1.10）。

图4.1.9 检索结果

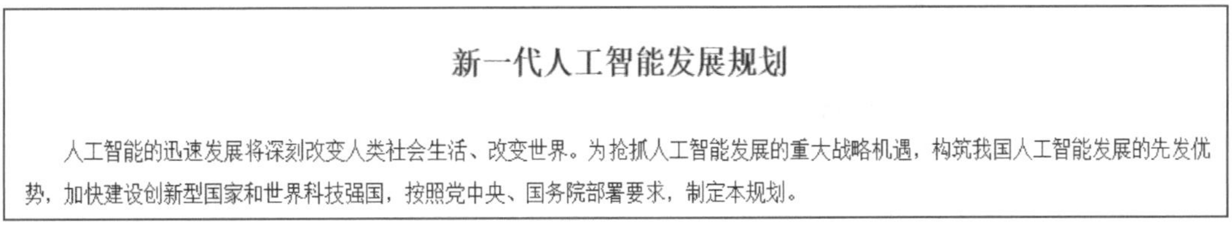

新一代人工智能发展规划

人工智能的迅速发展将深刻改变人类社会生活、改变世界。为抢抓人工智能发展的重大战略机遇，构筑我国人工智能发展的先发优势，加快建设创新型国家和世界科技强国，按照党中央、国务院部署要求，制定本规划。

图 4.1.10　规划正文页面

三、中国政府网的主要链接

中国政府网页面的下方提供重要网站的链接（图 4.1.11），列在显要位置的分别是全国人大（图 4.1.12）、全国政协、国家监察委员会、最高人民法院和最高人民检察院网站。

链接：　全国人大　｜　全国政协　｜　国家监察委员会　｜　最高人民法院　｜　最高人民检察院

图 4.1.11　中国政府网的链接

图 4.1.12　全国人大网站

《中华人民共和国宪法》第五十七条：中华人民共和国全国人民代表大会是最高国家权力机关。它的常设机关是全国人民代表大会常务委员会。第五十八条：全国人民代表大会和全国人民代表大会常务委员会行使国家立法权。

全国人民代表大会网站主页左栏设有"国家法律法规数据库"（图 4.1.13），可以方便地查询有关法律法规文献。国家法律法规数据库提供中华人民共和国现行有效的宪法（含修正案）、法律、行政法规、地方性法规、自治条例和单行条例、经济特区法规、司法解释电子文本。

国家法律法规数据库

图 4.1.13　国家法律法规数据库

检索示例：查询高等学校升挂国旗的有关要求

课题分析：《中华人民共和国国旗法》对于国旗的升挂有严格的要求，国旗法属于国家的重要法律文献，应该使用"国家法律法规数据库"查询。

第一步：确定检索词。选择"国旗法"作为检索词。

第二步：选择数据库。选择"国家法律法规数据库"。

第三步：实施检索。在数据库窗口输入检索词，点击检索镜（图4.1.14）。

图4.1.14　国家法律法规数据库检索窗口

第四步：选择检索结果。选择最新的《中华人民共和国国旗法》（图4.1.15）。

序号	标题	制定机关	法律性质	时效性	公布日期
1	中华人民共和国国旗法	全国人民代表大会常务委员会	法律	有效	[2020-10-17]
2	中华人民共和国国旗法	全国人民代表大会常务委员会	法律	已修改	[2009-08-27]

图4.1.15　检索结果

第五步：浏览《中华人民共和国国旗法》全文。使用相关阅读软件可以打开PDF格式的《中华人民共和国国旗法》全文进行浏览（图4.1.16，图4.1.17）。

中华人民共和国国旗法

（1990年6月28日第七届全国人民代表大会常务委员会第十四次会议通过　根据2009年8月27日第十一届全国人民代表大会常务委员会第十次会议《关于修改部分法律的决定》第一次修正　根据2020年10月17日第十三届全国人民代表大会常务委员会第二十二次会议《关于修改〈中华人民共和国国旗法〉的决定》第二次修正）

图4.1.16　中华人民共和国国旗法

学校除寒假、暑假和休息日外，应当每日升挂国旗。有条件的幼儿园参照学校的规定升挂国旗。

图4.1.17　国旗法对学校升挂国旗的要求

小 结

  政府在社会中的领导地位决定了政府信息的指导作用。中国政府网是国务院及各部委对外发布信息的网络平台,发布的信息具有权威性强、事实面广、数据可靠、宏观指导等特点。大学生经常访问浏览国家政府信息,便于熟悉和了解国家方针政策的导向,提升战略思维和全局意识,端正学习意识,明确努力方向。

  关注政府主要领导人的讲话,能够自觉在思想上和行动上与党中央保持一致,不断增强自身正能量。这对于大学生完善人生观和端正价值观,明确生活和发展的方向,都是非常关键和必要的。

  中国政府网提供检索窗口,可用于关键词检索;但新版网站取消了导航栏,不再提供分类途径搜索信息。

  中国政府网提供全国人大和全国政协等相关重要网站的链接,如链接全国人民代表大会网站可查询国家法律法规数据库。

习 题

一、实践操作题

1. 浏览中国政府网主页下方的"关于本网"。
2. 浏览中国政府网的最新国务院公报。
3. 查询《中华人民共和国学位条例暂行实施办法》。
4. 查询取消普通高等学校毕业生就业报到证的文件。
5. 链接全国人大网熟悉国家法律法规数据库。

二、讨论题

1. 为什么要熟悉中国政府网?
2. 为什么首先介绍政府文献?

三、思考题

1. 权威信息对于知识构建有什么重要的指导作用?
2. 经常浏览中国政府网会有哪些收获?

第二节　教 育 部 网

本节重点：教育部网的导航栏
主要内容：教育部网的信息查询

第四章 政府文献检索

教学目的：关注教育部的高等教育信息

中华人民共和国教育部（以下简称教育部）是主管教育事业和语言文字工作的政府部门，主要职责包括拟订教育改革与发展的方针、政策和规划，起草有关法律法规草案并监督实施，负责各级各类教育的统筹规划和协调管理，会同有关部门制定各级各类学校的设置标准，指导各级各类学校的教育教学改革等工作。

教育部网站（https://www.moe.gov.cn）即时发布我国重要教育信息（如高教改革信息、奖助学金信息、学术竞赛信息、就业创业信息、国际交流信息等），其中的教育法规、公报公告、教育数据和教育文献等能够宏观指导和展示我国高等教育的发展，查询和了解相关信息，有助于大学生制订学习目标和规划人生方向。

教育部网站的信息可以通过右上方的快速搜索窗口和正下方导航栏查询（图 4.2.1），可通过检索词进行分类检索。

图 4.2.1 教育部网主页导航栏

一、快速搜索

快速搜索是指在搜索窗口直接输入检索词进行搜索。搜索窗口位于主页右上角，提供检索词途径。在确定检索词的情况下，使用该窗口能够迅速便捷地得到检索结果。

有时快速搜索的结果难以预料，需使用限制条件，对搜索结果进行逐步筛选后，再逐条进行选择。

检索示例：查询《普通高等学校学生管理规定》有关学籍管理的内容

课题分析：《普通高等学校学生管理规定》属于教育部正式文件，文件名字数较多，重复的可能性很小，可作为检索词。

第一步：输入检索词。在图 4.2.1 右上角的搜索窗口输入"普通高等学校学生管理规定"，点击搜索镜，得到搜索结果（图 4.2.2）。

第二步：浏览搜索结果。第一条检索结果的发文日期较早（2005-03-25），打开右下角的"相似信息 3 条"，得到最新的《普通高等学校学生管理规定》信息（图 4.2.3）。

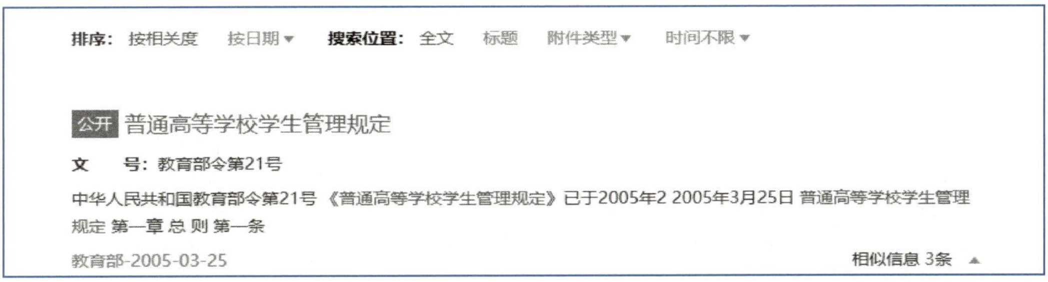

```
排序：按相关度   按日期▼    搜索位置：全文   标题   附件类型▼   时间不限▼

公开 普通高等学校学生管理规定
文    号：教育部令第21号
中华人民共和国教育部令第21号《普通高等学校学生管理规定》已于2005年2 2005年3月25日 普通高等学校学生管理
规定 第一章 总 则 第一条
教育部-2005-03-25                                          相似信息 3 条 ▲
```

图 4.2.2　快速搜索结果

```
教育部-2005-03-25                                          相似信息 3 条 ▲
普通高等学校学生管理规定                              2017-02-16
[教育部文件] 普通高等学校学生管理规定              2017-02-16
[教育部文件] 普通高等学校学生管理规定              1990-01-20
```

图 4.2.3　相似信息 3 条

第三步：打开文件浏览。选择上方的《普通高等学校学生管理规定》点击，可打开文件正文浏览（图 4.2.4）。

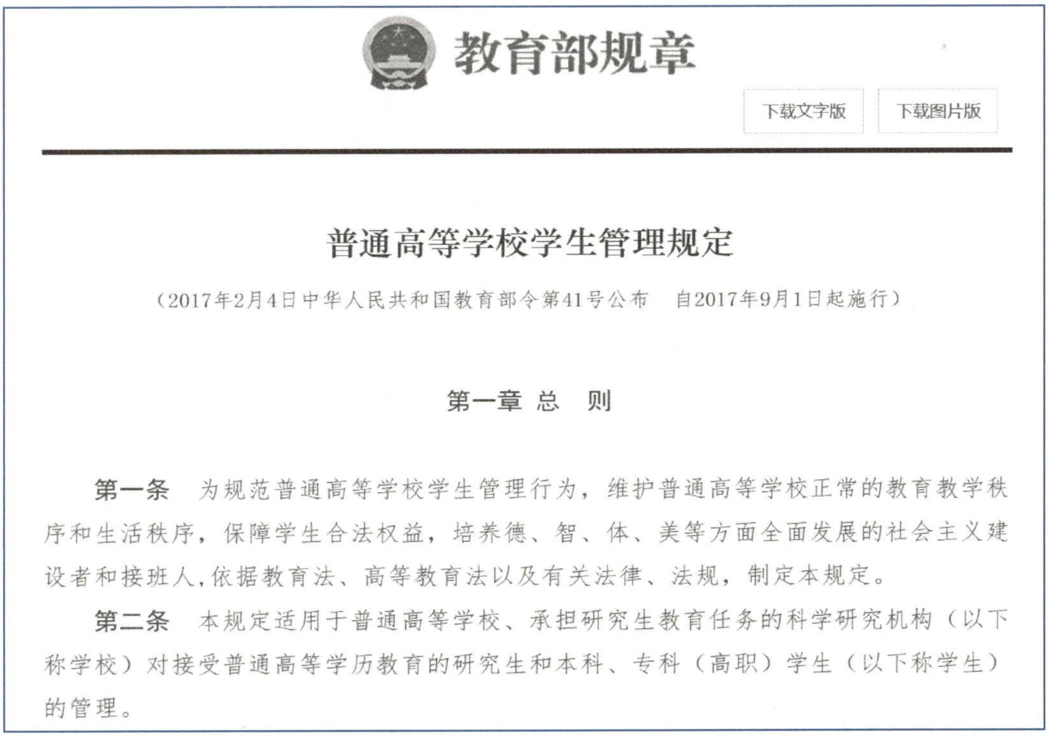

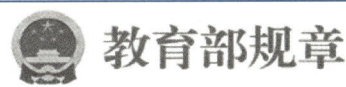

教育部规章

下载文字版　下载图片版

普通高等学校学生管理规定

（2017年2月4日中华人民共和国教育部令第41号公布　自2017年9月1日起施行）

第一章　总　则

第一条　为规范普通高等学校学生管理行为，维护普通高等学校正常的教育教学秩序和生活秩序，保障学生合法权益，培养德、智、体、美等方面全面发展的社会主义建设者和接班人，依据教育法、高等教育法以及有关法律、法规，制定本规定。

第二条　本规定适用于普通高等学校、承担研究生教育任务的科学研究机构（以下称学校）对接受普通高等学历教育的研究生和本科、专科（高职）学生（以下称学生）的管理。

图 4.2.4　文件正文

第四章　政府文献检索

第四步：记录重要内容。逐条浏览文件内容，记录"第三章　学籍管理"相关规定（表4.2.1）。

表4.2.1　大学生学籍管理的相关规定

第一节	入学与注册	第五节	退学
第二节	考核与成绩记载	第六节	毕业与结业
第三节	转专业与转学	第七节	学业证书管理
第四节	休学与复学		

检索示例：查询教育部2023年研究生招生复试国家分数线

课题分析：本课题可分解出多个检索词（如研究生、招生、复试等），可以使用逻辑运算功能。

第一步：输入检索词。输入多个检索词（顺序无关），中间用空格分开（"与"运算），点击检索镜（图4.2.5）。

图4.2.5　教育部网站的检索窗口

第二步：整理检索结果。为了把最相关的检索结果排在前边，选择按"相关度"排序；搜索位置选择"标题"，时间选择"一年内"，得到检索结果（图4.2.6）。

图4.2.6　整理后的检索结果

第三步：查看检索结果。点击第一条"教育部部署2023年全国硕士研究生招生复试录取工作"，得到文件正文（图4.2.7）。

教育部部署2023年全国硕士研究生招生复试录取工作

2023-03-10 来源：教育部 ☆收藏

近日，教育部部署2023年全国硕士研究生招生复试录取工作，要求各地各招生单位以习近平新时代中国特色社会主义思想为指导，深入贯彻党的二十大精神，全面落实党的教育方针，坚持综合评价、择优录取，严格规范执行招生政策，切实做好2023年硕士研究生招生复试录取各项工作，确保公平公正。

教育部同时发布《2023年全国硕士研究生招生考试考生进入复试的初试成绩基本要求》（国家分数线）。根据《2023年全国硕士研究生招生工作管理规定》，各招生单位将在国家分数线的基础上，自主确定并公布本单位考生进入复试的初试成绩要求及其他学术要求。

2023年全国硕士研究生招生"网上调剂意向采集系统"将于3月31日开通，"调剂服务系统"将于4月6日开通。请有调剂意愿的考生密切关注"中国研究生招生信息网"（网址：https://yz.chsi.com.cn/；微信公众号：chsiyz），届时登录调剂系统和招生单位网站，查询招生单位调剂相关信息，按要求填报调剂志愿。

《2023年全国硕士研究生招生考试考生进入复试的初试成绩基本要求》（国家分数线）

图 4.2.7　文件正文

第四步：查阅国家分数线。在文件下方找到"《2023年全国硕士研究生招生考试考生进入复试的初试成绩基本要求》（国家分数线）"点击，即可浏览各个学科的录取分数线（图 4.2.8，图 4.2.9）。

2023年全国硕士研究生招生考试考生进入复试的初试成绩基本要求（学术学位类）

学科门类（专业）名称	A类考生① 总分	A类考生 单科（满分=100分）	A类考生 单科（满分>100分）	B类考生② 总分	B类考生 单科（满分=100分）	B类考生 单科（满分>100分）	备注
哲学	323	45	68	313	42	63	①A类考生：报考地处一区招生单位的考生。一区系北京、天津、河北、山西、辽宁、吉林、黑龙江、上海、江苏、浙江、安徽、福建、江西、山东、河南、湖北、湖南、广东、重庆、四川、陕西等21省(市)。②B类考生：报考地处二区招生单位的考生。二区系内蒙古、广西、海南、贵州、云南、西藏、甘肃、青海、宁夏、新疆等10省(区)。③工学照顾专业：力学[0801]、冶金工程[0806]、动力工程及工程热物理[0807]、水利工程[0815]、地质资源与地质工程[0818]、矿业工程[0819]、船舶与海洋工程[0824]、航空宇航科学与技术[0825]、兵器科学与技术[0826]、核科学与技术[0827]、农业工程[0828]。④中医类照顾专业：中医学[1005]、中西医结合[1006]。⑤享受少数民族照顾政策的考生：报考地处二区招生单位，且毕业后在国务院公布的民族区域自治地方就业的少数民族普通高校应届本科毕业生；或者工作单位和户籍都在国务院公布的民族区域自治地方，且定向就业单位为原单位的少数民族在职人员考生。
经济学	346	48	72	336	45	68	
法学	326	45	68	316	42	63	
教育学（不含体育学）	350	51	153	340	48	144	
文学	363	54	81	353	51	77	
历史学	336	46	138	326	43	129	
理学	279	38	57	269	35	53	
工学（不含工学照顾专业）	273	38	57	263	35	53	
农学	251	33	50	241	30	45	
医学（不含中医类照顾专业）	296	39	117	286	36	108	
军事学	260	35	53	250	32	48	
管理学	340	47	71	330	44	66	
艺术学	362	40	60	352	37	56	
交叉学科（专业代码前两位为14）	265	36	54	255	33	50	
体育学	305	39	117	295	36	108	
工学照顾专业③	260	35	53	250	32	48	
中医类照顾专业④	295	39	117	285	36	108	
享受少数民族照顾政策的考生⑤	251	30	45	251	30	45	

报考"少数民族高层次骨干人才计划"考生进入复试的初试成绩基本要求为总分不低于251分。

图 4.2.8　学术学位硕士研究生录取分数线

第四章 政府文献检索

2023年全国硕士研究生招生考试考生进入复试的初试成绩基本要求（专业学位类）							
专业学位名称	A类考生①			B类考生②			备注
	总分	单科(满分=100分)	单科(满分>100分)	总分	单科(满分=100分)	单科(满分>100分)	
金融、应用统计、税务、国际商务、保险、资产评估	346	48	72	336	45	68	①临床医学[1051]、①口腔医学[1052]、②中医[1057]专业：根据相关规定，"招生单位自主确定并对外公布报考本单位临床医学类专业学位硕士研究生进入复试的初试成绩要求，以及接受报考其他专业临床医学类专业学位硕士研究生调剂的成绩要求。教育部划定医学类专业硕士研究生初试成绩基本要求供单位参考，同时作为报考临床医学类专业学位硕士研究生考生调剂其他专业的基本成绩要求。"②同①
审计	197	51	102	187	46	92	
法律(非法学)、法律(法学)、社会工作、警务	326	45	68	316	42	63	
教育、汉语国际教育	350	51	77	340	48	72	
应用心理	350	51	153	340	48	144	
体育	305	39	117	295	36	108	
翻译、新闻与传播、出版	363	54	81	353	51	77	
文物与博物馆	336	46	138	326	43	129	
建筑学、城市规划、电子信息、机械、材料与化工、资源与环境、能源动力、土木水利、生物与医药、交通运输	273	38	57	263	35	53	
农业、兽医、风景园林、林业	251	33	50	241	30	45	
临床医学①、口腔医学①、公共卫生、护理、药学、中药学	296	39	117	286	36	108	
中医②	295	39	117	285	36	108	
军事	260	35	53	250	32	48	
工商管理、旅游管理	167	41	82	157	36	72	
公共管理	175	44	88	165	39	78	
会计	197	51	102	187	46	92	
图书情报	198	52	104	188	47	94	
工程管理	178	44	88	168	39	78	
艺术	362	40	60	352	37	56	
享受少数民族照顾政策的考生③	251	30	45	251	30	45	
报考"少数民族高层次骨干人才计划"考生进入复试的初试成绩基本要求为总分不低于251分。							

图 4.2.9　专业学位硕士研究生录取分数线

检索示例：查询评审国家奖学金和助学金的文件

课题分析：国家奖学金和助学金的评审应该属于同一文件，可以选择"国家奖学金"和"助学金"作为检索词。

第一步：输入检索词。在检索窗口中输入"国家奖学金"和"助学金"，点击检索镜（图 4.2.10）。

图 4.2.10　检索窗口页面

第二步：缩小检索结果。在检索结果过多、逐条选择费时费力的情况下，可以通过改变结果排序或改变搜索位置重新排列检索结果，也可通过选择文件类型或选择时间以缩小检索结果。此例可以在"附件类型"选择 PDF 格式以获取正式文件（图 4.2.11）。

第三步：浏览检索结果。点击第一条"学生资助资金管理办法"浏览（图 4.2.12，图 4.2.13），并记录主要内容（表 4.2.2）。

排序： 按相关度　按日期▾　**搜索位置：** 全文　标题　pdf▾　时间不限▾

学生资助资金管理办法　【下载】

第一条本专科生国家奖学金 以下简称国家奖学金， 用于奖励纳入全国招生计划内的高校全日制本专科 省级财政、教育部门按程序将国家奖学金名额下达相关高校。 第七条国家奖学金每学年评审一次...

教育部-2019-04-03

教育部2019年度部门决算　【下载】

本专科生国家奖学金奖励名额，提高 本专科生国家助学金平均补助 育阶段，增设中等职业教育国家奖学金； 在义务教育阶段，将四类家庭经济困难学生纳入生活补助范围。...

教育部-2020-07-17

图 4.2.11　筛选“PDF”格式所得文件

关于印发《学生资助资金管理办法》的通知

财科教〔2019〕19号

有关中央预算单位，各省、自治区、直辖市、计划单列市财政厅（局）、教育厅（教委、教育局）、人力资源社会保障厅（局）、退役军人事务厅（局）、征兵办公室，新疆生产建设兵团财政局、教育局、人力资源社会保障局，各省军区（卫戍区、警备区）：

为规范和加强学生资助资金管理，提高资金使用效益，确保资助工作顺利开展，根据国家有关法律制度规定，财政部、教育部、人力资源社会保障部、退役军人部、中央军委国防动员部制定了《学生资助资金管理办法》，现予印发，请遵照执行。

附件：学生资助资金管理办法

图 4.2.12　关于印发《学生资助资金管理办法》的通知

附件

学生资助资金管理办法

第一章 总则

第一条 为规范和加强学生资助资金管理，提高资金使用效益，确保资助工作顺利开展，按照《中华人民共和国预算法》《国务院关于建立健全普通本科高校高等职业学校和中等职业学校家庭经济困难学生资助政策体系的意见》（国发〔2007〕13 号）等文件以及预算管理有关规定，制定本办法。

图 4.2.13　学生资助资金管理办法

第四章 政府文献检索

表 4.2.2 高等学校学生国家奖学金和助学金的有关数据

层次	类别	奖励人数	奖励比例	奖励额度	备注
本专科生	国家奖学金	50 000 名/年		8 000 元/生	二选一
	励志奖学金		3%	5 000 元/生	
	国家助学金		20%	3 000 元/生	
硕士生	国家奖学金	35 000 名/年		20 000 元/生	
	学业奖学金			8 000 元/生	中央高校
	国家助学金			6 000 元/生	地方高校
博士生	国家奖学金	10 000 名/年		30 000 元/生	
	学业奖学金			10 000 元/生	中央高校
	国家助学金			15 000 元/生	中央高校
				13 000 元/生	地方高校

二、导航栏查询

教育部网站主页的导航栏有机构、新闻、公开、服务、互动和文献6个栏目，下面重点介绍利用文献栏目查询教育相关数据。

（一）教育统计数据

教育统计数据以表格形式列出历年的教育统计数据，包括各级各类学校、教职工、学历教育和非学历教育学生数量等。

检索示例：查询2021年我国大学生和研究生的毕业数量

课题分析：从宏观上了解我国高等教育的发展情况，可以推测就业压力，从而激发学习的动力。

第一步：选择文献栏目。点击"文献"进入文献页面，在"教育统计数据"中选择"2021年教育统计数据"（图4.2.14），点击"全国基本情况"（图4.2.15）。

2021年教育统计数据	
• 全国基本情况	2022-12-28
• 各地基本情况	2022-12-28

图 4.2.14 2021 年教育统计数据

全国基本情况	
• 各级各类学校校数、教职工、专任教师情况	2022-12-30
• 各级各类学历教育学生情况	2022-12-30
• 各级各类民办学校校数、教职工、专任教师情况	2022-12-30
• 各级各类民办教育学生情况	2022-12-30
• 各级各类教育在校生情况	2022-12-30

图 4.2.15　全国基本情况

第二步：查询相关数据。选择"各级各类学历教育学生情况"点击，查得 2021 年普通本科毕业生 4 280 970 人，职业本专科毕业生 3 984 094 人，硕士毕业生 700 742 人，博士毕业生 72 019 人（图 4.2.16）。

	毕业生数 Graduates	招生数 Entrants	在校生数 Enrolment
一、高等教育 Higher Education			
1.研究生 Postgraduates	772761	1176526	3332373
博　士 Doctor's Degree	72019	125823	509453
硕　士 Master's Degree	700742	1050703	2822920
2.普通本科 Undergraduates	4280970	4445969	18931044
3.职业本专科 Vocational Undergraduate	3984094	5567182	16030263

图 4.2.16　2021 年大学生和研究生的相关数据

（二）教育发展统计公报

教育发展统计公报以文字形式列出历年的主要教育发展统计数据，选择"2022 年全国教育事业发展统计公报"浏览，可知各种形式的高等教育在学总规模仍在增加（图 4.2.17）。

（三）教育经费执行公告

教育经费执行公告列出历年的教育经费执行情况，包括教育投入总经费、各级教育生均公共财政预算教育事业费和各级教育生均公共财政预算公用经费等。2021 年，全国教育经费总投入为 57 873.67 亿元，比上年增长 9.13%（图 4.2.18）。

三、最新信息的浏览

通常情况下，从教育部发文到省市教育厅传达，再到各高校执行，间隔周期一般为 3~6 个月，甚至更长。如果经常浏览教育部网站的相关信息，就能够尽快了解上级的工作动向，及早做出反应，掌握信息的主动权。

> 各种形式的高等教育在学总规模[25]4655万人，比上年增加225万人。高等教育毛入学率59.6%，比上年提高1.8个百分点。普通本科学校校均规模[26]16793人，本科层次职业学校校均规模19487人，高职（专科）学校校均规模10168人。
>
> 研究生招生124.25万人，比上年增加6.60万人，增长5.61%；其中，博士生13.90万人，硕士生110.35万人。在学研究生365.36万人，比上年增加32.12万人，增长9.64%；其中，在学博士生55.61万人，在学硕士生309.75万人。毕业研究生86.22万人，其中，毕业博士生8.23万人，毕业硕士生77.98万人。
>
> 普通本科招生467.94万人，比上年增加23.34万人，增长5.25%，另有专科起点本科招生86.62万人；在校生1965.64万人，比上年增加72.54万人，增长3.83%；毕业生471.57万人，比上年增加43.47万人，增长10.15%。
>
> 职业本科招生7.63万人，比上年增加3.49万人，增长84.39%，另有专科起点本科招生3.31万人。在校生22.87万人，比上年增加9.94万人，增长76.91%。

图 4.2.17　2022 年全国教育事业发展统计公报

> **教育部 国家统计局 财政部**
> **关于2021年全国教育经费执行情况统计公告**
>
> 教财〔2022〕3号
>
> **一、全国教育经费情况**
>
> 2021年，全国教育经费总投入为57873.67亿元，比上年增长9.13%。其中，国家财政性教育经费（主要包括一般公共预算安排的教育经费，政府性基金预算安排的教育经费，国有及国有控股企业办学中的企业拨款，校办产业和社会服务收入用于教育的经费等）为45835.31亿元，比上年增长6.82%。

图 4.2.18　2021 年全国教育经费执行情况统计公告

小　结

教育部网站发布国内最权威的教育信息，包括教育动态、教育文件、教育数据、教学资源等，对高校师生的学习和发展有着重要指导作用。经常访问教育部网站浏览相关信息，关注教育部的信息和动态，有助于大学生从宏观层面熟悉全国的教育发展状况，及时灵活调整个人的奋斗目标。

教育部网站提供搜索窗口和导航栏查询两种检索途径。为了帮助大家完成学业，国家还提供了多种助学资金，学历层次越高，资助面越广，资助幅度也越大。

凡事预则立，不预则废。普通高校的大学生应该积极了解教育部的文件，了解国家教育发展和各学科发展的方向趋势，如此才能更好地了解高等教育的大环境、把握学习和发展的机会，同时规划自己的未来方向。

习 题

一、实践操作题

1. 查询并浏览《普通高等学校学生管理规定》。
2. 查询《学生资助资金管理办法》。
3. 查询 2023 年我国普通高等学校的生均一般公共预算教育事业费。
4. 计算近 5 年我国研究生招生的增长速度。
5. 计算中央高校博士人均学业奖学金和助学金资助总数与地方高校博士人均相应资助的比例。

二、讨论题

1. 为什么要关注教育部网站？
2. 教育部对大学生的管理有哪些要求？

三、思考题

1. 我国高等教育人数快速增长，对此你有什么思考？
2. 考研和就业对人生发展各有什么影响？

第三节 国家统计局网

本节重点：统计局网导航栏介绍
主要内容：统计局网的数据查询
教学目的：熟悉统计局网的数据资源

国家统计局的主要职责是承担组织领导和协调全国统计工作，确保统计数据真实、准确、及时，制定统计政策、规划、全国基本统计制度和国家统计标准，起草统计法律法规草案，制定部门规章，指导全国统计工作等。

国家统计局网站（http://www.stats.gov.cn）是国家统计局对外发布信息、服务社会公众的网络窗口，具有数据量大、权威度高、更新速度快的特点，且免费使用，是获取国内外经济信息的主要数据源。

第四章 政府文献检索

数据资源是一种特殊的信息资源,在科学研究的定量研究中有着不可替代的作用。网上的数据资源虽然规模庞大,数据更新很快,但很多网站的数据来源不清,新旧难分,难以作为科学研究的支撑信息。因此,熟悉权威的数据发布网站是非常必要的。国家统计局网提供了我国经济发展的权威数据,为经济理论研究和市场调研提供了极大便利,大学生们应该予以关注。

一、统计局信息的检索

国家统计局网主页的右上方设有搜索窗口,用于快速搜索(图4.3.1)。窗口下方设置导航栏,用于从分类途径检索信息。

图4.3.1　国家统计局网导航栏

（一）搜索窗口

搜索窗口用于主题途径查询网站的内容信息,在搜索窗口输入任意检索词,直接点击"检索"按钮,即可获得检索结果。

（二）导航栏

导航栏提供了机构、新闻、数据、公开、服务、互动、知识、专题等类目,需要关注的是数据和知识等类目。

1. 数据

数据页面下方提供数据查询(图4.3.2)和统计公报(图4.3.3)两种数据查询途径。

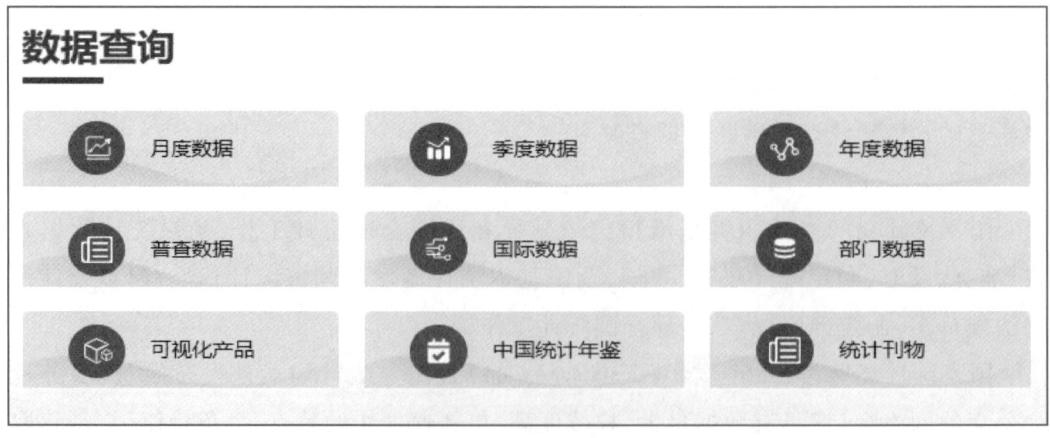

图4.3.2　数据查询途径

图 4.3.3 统计公报途径

（1）数据查询。数据查询页面（图 4.3.2）提供月度数据、季度数据、年度数据、普查数据、国际数据、部门数据、可视化产品、中国统计年鉴和统计刊物等 9 种检索途径。

检索示例：查询 2021 年我国国内生产总值和世界生产总值

课题分析：查找国内生产总值应该使用中国统计年鉴，中国统计年鉴是一部全面反映我国经济和社会发展情况的资料性年刊，系统收录了全国和各省、自治区、直辖市上年经济、社会各方面的统计数据，以及多个重要历史年份和近年全国主要统计数据，也提供世界各国的重要经济数据。

第一步：在图 4.3.2 中选择"中国统计年鉴"（图 4.3.4）。

中国统计年鉴				
2022年	2021年	2020年	2019年	2018年
2017年	2016年	2015年	2014年	2013年
2012年	2011年	2010年	2009年	2008年
2007年	2006年	2005年	2004年	2003年
2002年	2001年	2000年	1999年	

图 4.3.4 中国统计年鉴页面

第二步：因为查找 2021 年的数据，所以应选择 2022 年的统计年鉴，点击"2022"（图 4.3.5）。

第三步：在左栏下方选择"附录：国际主要社会经济指标"点击，然后点击左栏下方的"附录 1-4：国内生产总值及其增长率"（图 4.3.6）。

第四章　政府文献检索

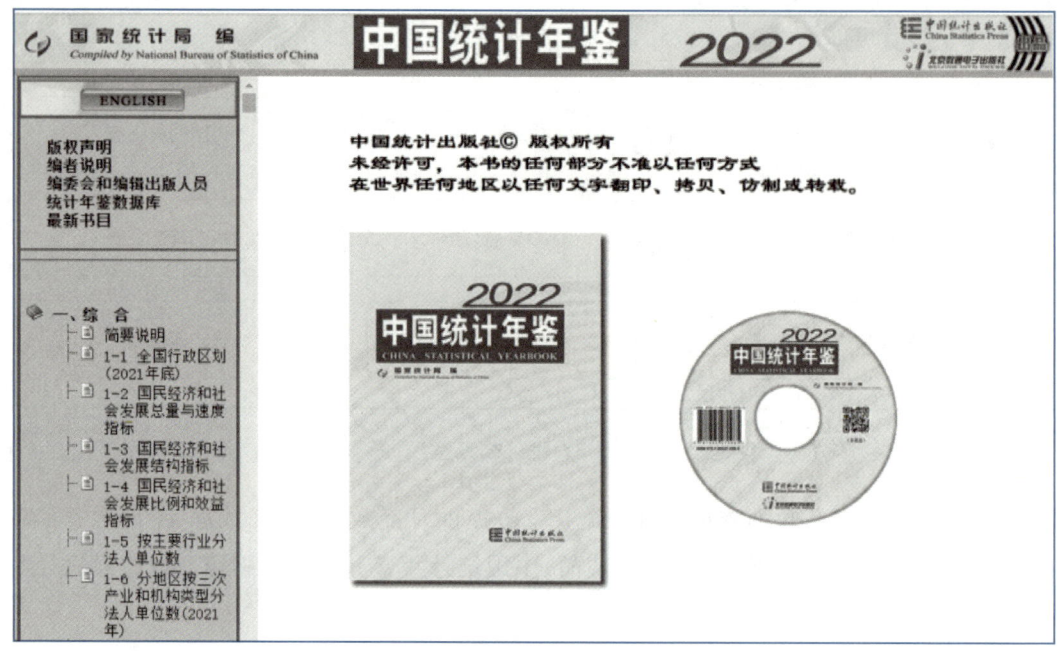

图 4.3.5　2022 年中国统计年鉴页面

附录1-4　国内生产总值及其增长率							

资料来源：世界银行WDI数据库。							
国　家	2021 国内生产总值 (亿美元)	国内生产总值增长率(%)						
		2005	2010	2017	2018	2019	2020	2021
世　界	961001	4.0	4.5	3.4	3.3	2.6	-3.3	5.8
中　国	177341	11.4	10.6	6.9	6.8	6.0	2.2	8.1

图 4.3.6　国内生产总值及其增长率

图 4.3.6 显示：2021 年的世界生产总值为 961 001 亿美元，增长率为 5.8%；我国 2021 年生产总值为 177 341 亿美元(约占世界生产总值的 18.45%)，增长率为 8.1%。

（2）统计公报。统计公报提供年度统计、经济普查、人口普查、农业普查、R&D 普查、其他普查、基本单位普查、工业普查、三产普查等 9 种公报的检索途径(图 4.3.3)。

检索示例：从 2022 年统计公报中查询我国高等教育的发展数据

课题分析：统计公报全面提供国家经济和社会发展的各项数据。

第一步：点击图 4.3.3 的"全国年度统计公报"(图 4.3.7)。

全国年度统计公报	更多>>
• 2022年	2023-03-01
• 2021年	2022-02-28
• 2020年	2021-02-28

图 4.3.7　全国年度统计公报页面

第二步：点击图 4.3.7 的"2022 年",进而找到"十、科学技术和教育"(图 4.3.8)。

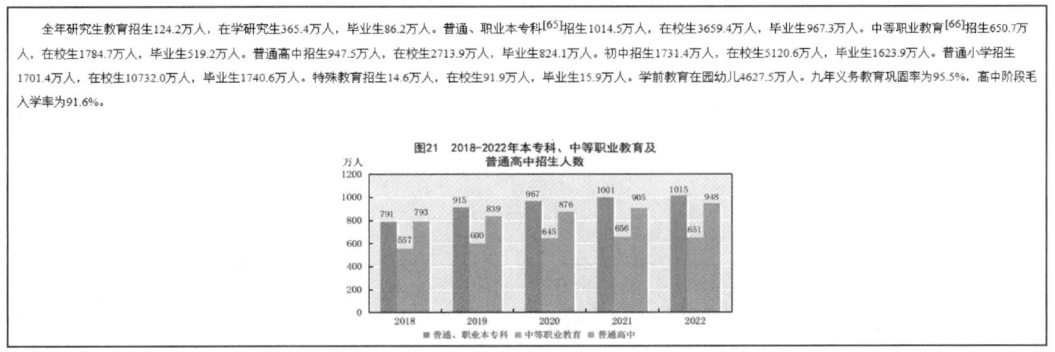

图 4.3.8　2022 年我国教育发展数据

图 4.3.8 显示：2022 年研究生教育招生 124.2 万人，在学研究生 365.4 万人，毕业生 86.2 万人。普通、职业本专科招生 1 014.5 万人，在校生 3 659.4 万人，毕业生 967.3 万人。

2. 知识

知识页面提供统计知识库(图 4.3.9)和国家数据(图 4.3.10)两种检索窗口。

图 4.3.9　统计知识库检索窗口

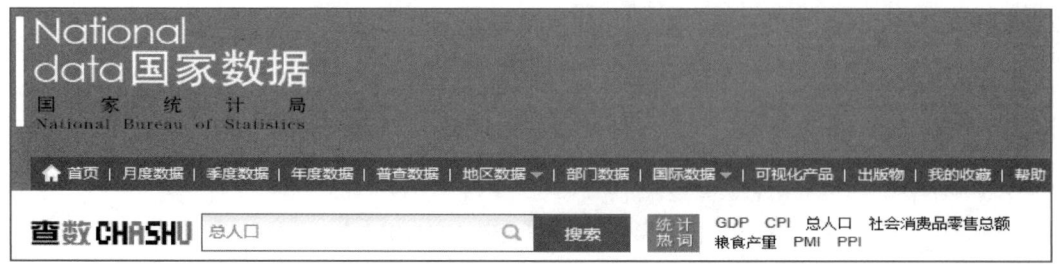

图 4.3.10　国家数据检索窗口

（1）统计知识库。统计知识库是新增的查询功能，仅提供统计理论知识、统计实务知识、统计历史知识和统计文化知识的查询。

（2）国家数据。国家数据窗口提供关键词检索途径，检索窗口右边提供常用的检索热词，在窗口输入检索词（如总人口），点击检索按钮，即可得到检索结果（图 4.3.11）。

首页　搜索　搜索结果

相关结果约 6822 条　　筛选栏目：--全部--　刷新

指标	地区	数据时间	数值	所属栏目	相关报表
年末总人口(万人)	全国	2022年	141175	年度数据	相关报表
年末总人口(万人)	全国	2021年	141260	年度数据	相关报表

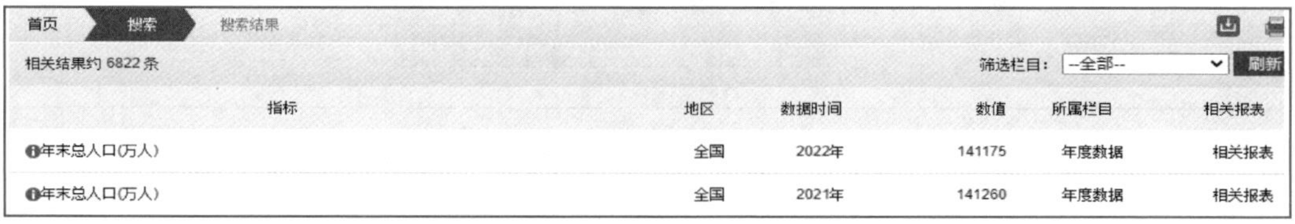

图 4.3.11　全国总人数

二、网站链接

网站链接位于主页下方，设有政府机构网站、地方政府网站、地方统计网站、社会团体网站和国际组织网站等栏目。

（一）政府机构网站

政府机构网站提供中央人民政府门户网站、外交部、国防部、国家发展和改革委员会等 71 个政府部门网站的链接。

（二）地方政府网站

地方政府网站提供我国 34 个省、自治区（含兵团）、直辖市、特别行政区的网站链接。

（三）地方统计网站

地方统计网站包括 32 个省、自治区、直辖市和兵团的统计局，以及 11 个省属统计总队的网站链接。

（四）社会团体网站

社会团体网站提供中国统计学会的网站链接。

第三节　国家统计局网

（五）国际组织网站

国际组织网站包括联合国、联合国经济和社会事务部、联合国统计局、世贸组织、粮农组织等 19 个国际组织的网站链接（图 4.3.12）。

联合国	联合国经济和社会事务部	联合国统计司	世贸组织
粮农组织	劳工组织	基金组织	工发组织
教科文组织	世卫组织	世界银行	欧盟
经合组织	联合国开发署	联合国人口基金	联合国环境署
联合国儿童基金	世界粮食计划署	国际组织网站	

图 4.3.12　国际组织网站

联合国网站主页设有阿、中、英、法、俄、西等 6 种语言的页面，进入中文页面，即可浏览联合国的信息（图 4.3.13）。

图 4.3.13　联合国网站主页中文页面

小　结

国家统计局网站提供的数据是权威数据，不但全面提供国内第一手经济数据，而且链接了联合国和许多国家的统计网站，可以大范围地获取国际经济数据。

国家统计局提供的数据属于官方公开数据，不仅可以免费使用，而且可以作为科学研究的数据支撑，出现在各种文献之中。

国家统计局网站主要提供搜索窗口和导航栏两种检索途径，前者主要用于站内信息查询，后者主要用于数据查询。在大多数情况下，使用导航栏基本可以满足需求。

浏览国家统计数据，有助于开阔全球视野、了解国家经济发展动向、及时更新科学研究数据、正确选择就业方向，以明确自己的人生定位。

总之,国家统计数据为大学生提供了一个宏观、全面、客观的视角,帮助大家更好地理解社会、经济、文化等各方面的变化和发展,为自己的学术、职业和生活规划提供有力的支持。

习　题

一、实践操作题

1. 查询2023年人均国内生产总值。
2. 查询2023年我国公民具备科学素质的比例。
3. 查询2023年国内生产总值位列前三的省。
4. 查询2023年我国图书出版总数(包括种数和印数)。
5. 查询中、美、德、日2023年的经济发展数据。

二、讨论题

1. 为什么要熟悉国家统计局网站?
2. 查询经济数据用检索窗口方便还是用导航栏更好?

三、思考题

1. 权威经济数据对知识构建有何重要作用?
2. 统计局的教育数据和教育部的教育数据有何差异?为什么?

第五章
网络课程资源

随着现代技术的发展和互联网的普及,网络课程资源已经成为现代教育中的一个重要组成部分。这些资源为广大师生提供了极大的方便性和灵活性,正在改变和重塑各级教育的格局。

高速增长的网络课程资源来自不同的国家,使用不同的语言,覆盖大多数学科,都是精选的师资,集广大教师的优秀教学资源之大成,不仅知识含量高,而且制作精美,无疑是当代教育者和受教育者的共同福音。

与传统的课程相比,网络课程具有许多优势:首先是全球普及,利于教育公平;其次是资源丰富,几乎应有尽有;第三是学习方便,不受时空限制;第四是灵活方便,可以个性化设置;第五是声像并茂,五彩缤纷的界面更容易接受(如有动画则更加生动,有助于抽象问题的理解);第六是技术先进,可以虚拟试验;第七是便于交流,可以边学习边交流;第八是提升能力,不仅提升技术能力,更重要的是提升自学能力;第九是价格实惠,大多数课程免费(少数课程收取少量费用);第十是不限年龄,有助于终身学习,做到"活到老学到老"。

我国网络课程的发展经过了精品课程、视频公开课、精品资源共享课、慕课等不同阶段。在疫情期间,教育部提出"停课不停学",全国开始了"史无前例"的大规模在线教育实验,百千万的学生同时在线学习,教师使用混合式教学比例已经从疫情前的34.8%提升至84.2%,网络教学发挥了重要的历史作用。实践证明,在线教育既是应对危机的非常之举,也是推进教育公平的战略选择。

目前,国内领先的高等教育课程网站有爱课程网、学堂在线、智慧高教和MeTeL教学资源平台等。

然而,网络课程毕竟是虚拟教学,与传统教学的真实情境相比,仍存在某些不足,如教师无法控制教学,某些学生难以自律等。因此,线上(网络)线下(传统)联合授课的模式,有助于两者的优势互补。

第一节 爱课程网

本节重点：精品资源共享课
主要内容：网络课程的类型
教学目的：熟悉爱课程网的教学资源

爱课程网

爱课程网（http：//www.icourses.cn/home/）是教育部、财政部"十二五"期间启动实施的"高等学校本科教学质量与教学改革工程"委托高等教育出版社建设的高等教育课程资源共享平台，承担国家精品开放课程的建设、应用与管理工作。自2011年11月9日开通以来，相继推出三项标志性成果——中国大学视频公开课、中国大学资源共享课和中国大学MOOC，受到学习者广泛好评，这也是国际领先、国内最具影响力的高等教育在线开放课程平台之一。

爱课程网的课程集中了国内优秀的师资和高校的人力物力，按照统一规范的要求制作，经过了层层审核筛选。2014年，爱课程网获得中国政府出版奖。

爱课程网主页上方是搜索窗口，窗口下边的导航栏设有在线开放课程、视频公开课、资源共享课、学校云等栏目（图5.1.1）。用户通过主页右上角的"注册"进入，使用手机或邮箱完成注册（图5.1.2），注册成功后，即可"登录"爱课程网进行学习。

图 5.1.1 "爱课程"页面

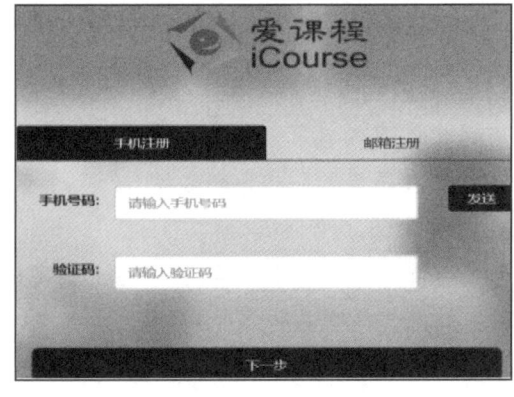

图 5.1.2 注册页面

一、在线开放课程栏目

在线开放课程栏目设置有中国大学 MOOC、一流大学系列课程、教师教育、思政课、考研、AI 专业培养方案、中国职教 MOOC、中国大学先修课等模块,可以从不同的途径查询 MOOC 资源。

MOOC 一词中,"M"代表 Massive(大规模);第二个字母"O"代表 Open(开放),不分国籍,只需一个邮箱,就可注册参与;第三个字母"O"代表 Online(在线),学习在网上完成,不受时空限制;第四个字母"C"代表 Course(课程)。

MOOC 教学平台就是大规模开放在线课堂,它是一种针对大众人群、可以通过网络来学习的在线课堂。MOOC 建设以大学生文化素质教育课、受众面广且人数众多的公共课和专业核心课程为重点。

(一) 中国大学 MOOC

中国大学 MOOC 是面向本科学生的课程,主页将课程按学科大致分成计算机、经济管理等 10 多个类目,以便于用户按照课程分类选择学习的课程。同时,又把上述课程按照授课时间分成在授课程、即将上线和结束课程 3 种情况(总数超过 8 000 门),右下方提供课程和学校的搜索窗口(图 5.1.3)。

图 5.1.3 中国大学 MOOC 的分类

大学生首先浏览并选择学习的课程,仔细阅读课程的学习目标,可以据此判断课程是否适合自己,然后进行注册报名。可以选择只学习一部分感兴趣的课程内容,但是不能获得认证证书,只有完成全部课程才能获得认证证书。

检索示例:如何学习《高等数学》在线课程

课题分析:《高等数学》是高校理工科学生重要的基础课之一,利用网络课程学习《高等数学》,有助于巩固课堂学习的效果。

第一步:选择在授课程。在图 5.1.3 左下角选择"在授课程",在右下角的搜索窗口中输入"高等数学",点击搜索镜,得到搜索结果(图 5.1.4)。

第二步:选择课程。选择第一门"高等数学(五)"点击(图 5.1.5)。

第三步:浏览课程概述。浏览该页面的课程概述,以决定是否继续学习(图 5.1.6)。

第四步:注册并报名学习(见图 5.1.2)。

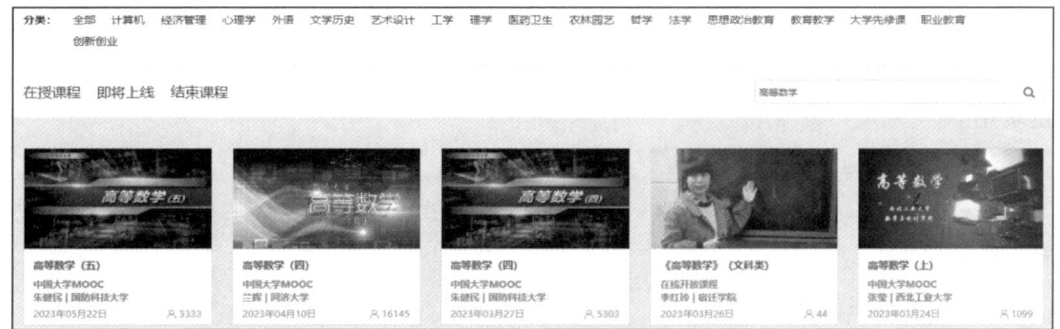

图 5.1.4　搜索结果页面

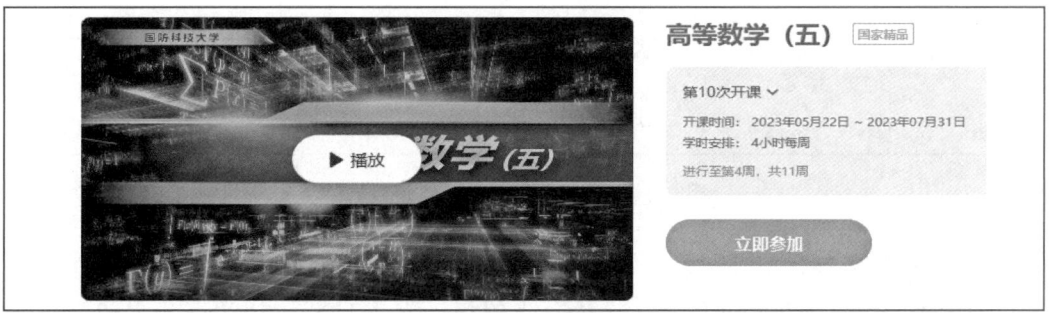

图 5.1.5　课程页面

课程概述

高等数学以微积分为主要内容。微积分是研究运动和变化的数学，它广泛应用于自然科学、社会科学、经济管理、工程技术等各个领域，其内容、思想与方法对培养各类人才全面综合素质具有不可替代的作用。高等数学课程着重培养学员的抽象思维能力、逻辑推理能力、空间想象能力、实验及观察能力以及综合运用所学知识分析问题解决问题的能力，也是开展数学素质教育、培养学习者创新精神和创新能力的重要课程。

为符合MOOC课程的特点并方便广大学习者，我们将传统意义的高等数学课程分成五个部分，共100讲，由十五章组成。主要内容包括：极限与连续、数值级数、一元函数导数与积分、常微分方程、空间解析几何、多元函数微分学及应用、重积分、曲线与曲面积分、幂级数与傅里叶级数。

高等数学（五）共18讲，主要内容有：曲线、曲面积分，幂级数与傅里叶级数，微分方程定性理论初步。

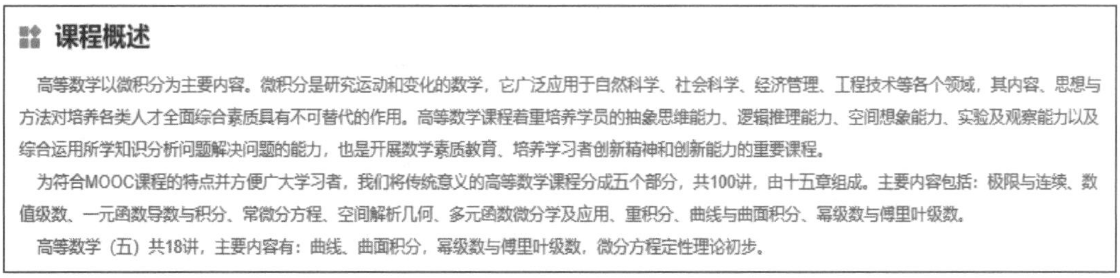

图 5.1.6　课程介绍

（二）一流大学系列课程

一流大学系列课程按照高校建设的级别分为一流大学建设高校系列（默认页面）、一流学科建设高校系列、行业特色院校系列和特色专题系列共四个二级页面。

（三）教师教育

教师教育页面左栏提供所有课程、教学方法、教学能力、信息化教学、职业素养和班主任系列等模块，点击不同的模块，页面会出现相对应的课程群。

（四）思政课

该模块集中了“高校思想政治理论课”全部在线开放课程，包括本科课程 51 门、高职课程 11 门，研究生课程 7 门。另有中国系列课程 6 门，形势与政策课程 5 门。

（五）考研

考研类课程共 34 门，主要是数学、政治和经管类课程，学习这些课程需要支付一定费用。

（六）AI 专业培养方案

该模块旨在"探索'人工智能+X'人才培养模式，全面推进新工科、新医科、新农科、新文科建设"。

（七）中国职教 MOOC

中国职教 MOOC 是面向高职高专学生的课程，其页面设置与中国大学 MOOC 相同，但课程分类不同，分为农林牧渔、轻工纺织等 10 多个类目（图 5.1.7）。

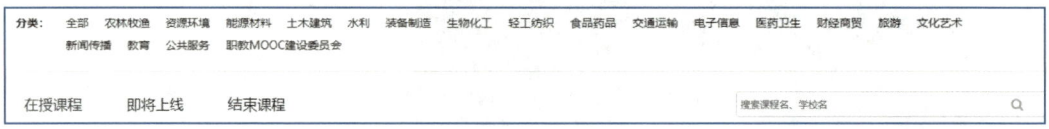

图 5.1.7　中国职教 MOOC 的分类

（八）中国大学先修课

中国大学先修课程（CAP）旨在"让会飞的孩子先飞起来"，让学有余力的高中生及早接触大学课程内容，帮助其为大学学习乃至未来的职业生涯做好准备。CAP 课程分为学科导学、经典领读、计算机基础与前沿和 CAP 考试 4 个类目（图 5.1.8）。

图 5.1.8　CAP 课程分类

二、视频公开课

"爱课程网"的视频公开课是教育部在"十二五"期间组织国内知名高校的优秀教师拍摄的高质量讲课视频。视频公开课于 2011 年 11 月 9 日上线，集中了我国两院院士和名校名师面向高校学生讲授的高清课程教学录像，共 992 门课程。视频公开课的课程大多是通识教育课程，有些课程知识性和趣味性非常强，有些名师授课极具感染力和渗透力，适合不同学科专业的学生观看学习。视频公开课分为哲学、经济学、法学、教育学、文学、历史学、理学、工学、农学、医学、管理学、艺术学、就业创业课等 13 个类别（图 5.1.9）。

（一）视频公开课的查询

同在线开放课程一样，视频公开课页面设有搜索窗口，提供课程、作者和学校的主题检索。在检索窗口输入检索词，即可得到相关的检索结果（图 5.1.9）。

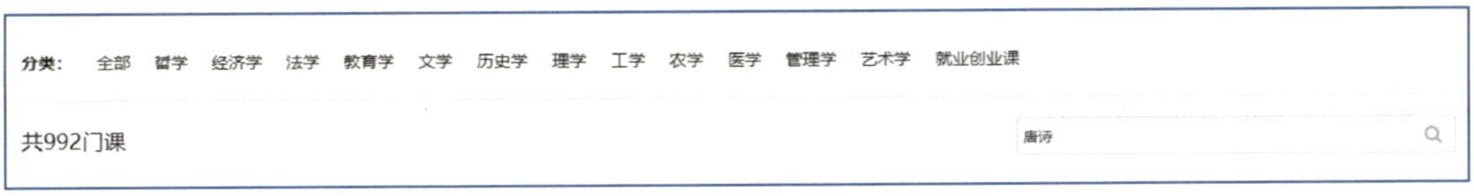

第一节 爱课程网

图 5.1.9 视频公开课类目

检索示例：如何学习文学国粹唐诗

第一步：输入检索词。在搜索窗口输入"唐诗"，点击搜索镜，进入搜索结果页面（图 5.1.10）。

图 5.1.10 检索结果

第二步：选择课程。如选择《唐诗鉴赏》，进入课程页面即可观看学习（图 5.1.11）。

图 5.1.11 "唐诗鉴赏"课程页面

（二）视频公开课的观看

视频公开课的教学录像都是高清晰度的，且音质效果好，与字幕提示同步，非常适合大学生学习。每门公开课按照章节分成数集视频，可以随意选择有关章节进行观看（如"唐诗鉴赏"的章节选择可见图5.1.12）。

图5.1.12 "唐诗鉴赏"章节选择

三、资源共享课

资源共享课于2013年6月26日上线，与视频公开课不同，资源共享课既有视频（标清画质），也有教学资料，不仅适合学生学习和掌握课程知识，对教师参考备课也非常有帮助，目前共有课程2 882门。

资源共享课页面把课程分为本科、高职高专、教师教育和网络教育4大类，同时提供各省、自治区和直辖市的课程建设情况，也提供检索窗口，可以从课程、学校和教师任一种途径进行搜索（图5.1.13）。

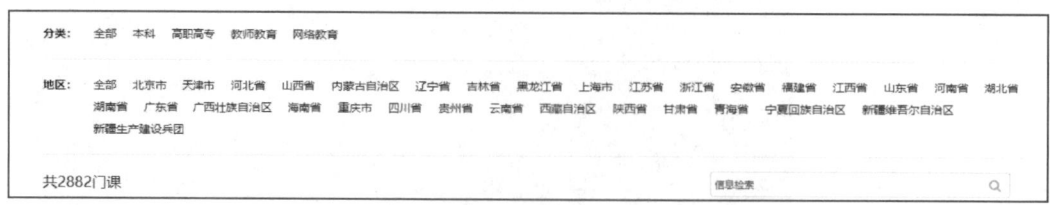

图5.1.13 资源共享课页面

检索示例：查找《信息检索》课程

课题分析：查找《信息检索》的网络课程，有助于本课程的全面理解和掌握。

第一步：输入检索词。在课程搜索窗口输入"信息检索"，点击搜索镜，得到4个搜索结果(图 5.1.14)。

图 5.1.14　检索结果

第二步:选择课程。如点击第一门葛敬民老师的课程(图 5.1.15)。

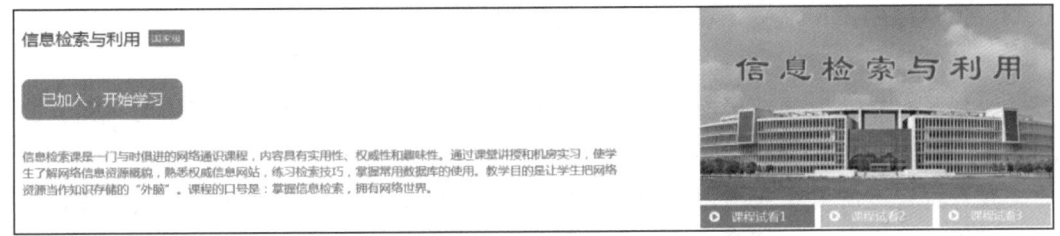

图 5.1.15　课程页面

第三步:开始学习。点击"已加入,开始学习",进入学习页面(图 5.1.16),进而选择学习内容,如点击第一章的 PPT 课件(图 5.1.17)。

图 5.1.16　课程页面

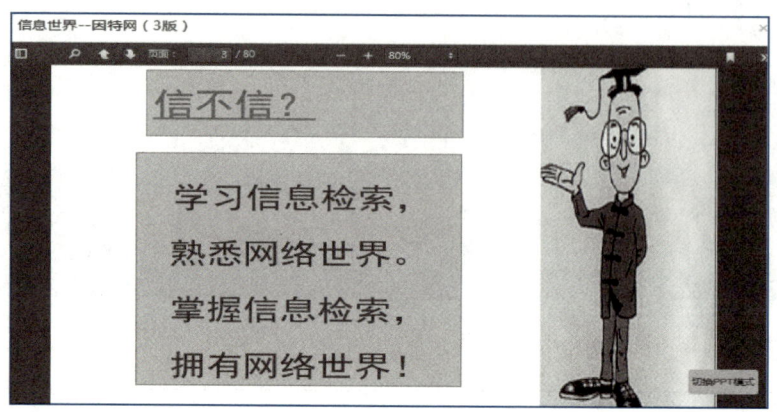

图 5.1.17　PPT 课件

小　结

　　课堂学习是获取知识最有效的学习方式,丰富的网络课程资源是网络时代给大家带来的特殊知识资源,使得全球化的教育公平正在成为现实。

　　教育部建设的爱课程网曾是国内权威最高、访问量最大的教学网站。爱课程网的课程资源分为在线开放课程(MOOC)、视频公开课和资源共享课三种。目前,MOOC是建设重点,数量远远超过后两者之和;视频公开课集中了高校名师的讲课视频,清晰度高;资源共享课是国家精品课程的统一升级模式,教学资源规范而齐全。特别指出的是,精品资源共享课是爱课程网独有的课程种类。

　　爱课程网的在线开放课程分期分批上线,只有学完全部课程才能获取认证证书;视频公开课和资源共享课数量已不再增加,但可随看随学。

习　题

一、实践操作题

1. 注册并登录爱课程网选择 MOOC 学习。
2. 浏览视频公开课"唐诗鉴赏"。
3. 浏览资源共享课"信息检索"。
4. 浏览 MOOC"人工智能与信息社会"。
5. 浏览有关爱课程网、学堂在线和智慧高教的介绍。

二、讨论题

1. 比较公开课、共享课和 MOOC 各自的优缺点。

2. 比较线上和线下教学的优缺点。

三、思考题

1. 如何利用爱课程网的视频公开课资源？
2. 如何利用爱课程网的共享课资源？

第二节　学堂在线

本节重点：慕课
主要内容：学堂在线介绍
教学目的：利用学堂在线学习慕课

学堂在线是清华大学于2013年10月发起建立的慕课平台，是教育部在线教育研究中心的研究交流和成果应用平台，是国家2016年首批双创示范基地项目，也是联合国教科文组织（UNESCO）国际工程教育中心（ICEE）的在线教育平台。

目前，学堂在线运行了来自清华大学、北京大学、复旦大学、中国科技大学，以及麻省理工学院、斯坦福大学、加州大学伯克利分校等国内外一流大学的超过7 702门优质课程。

学堂在线（http://www.xuetangx.com/）主页的导航栏和检索窗口位于一排。检索窗口右边提供登录和注册入口（图5.2.1）。

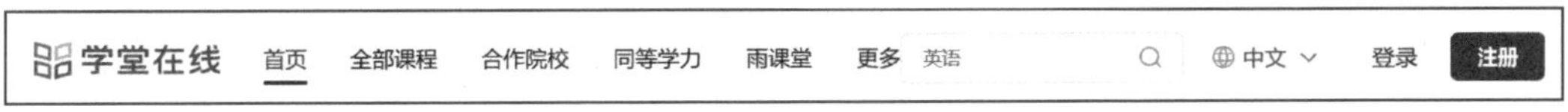

图5.2.1　学堂在线主页导航栏

一、导航栏介绍

导航栏左起有首页、全部课程、合作院校、同等学力、雨课堂和更多等栏目，右边的检索窗口用于课程或院校名称的搜索。

（一）全部课程

全部课程页面分左右两部分（图5.2.2）。左边部分是课程筛选栏目，约占页面的三分之一；右边部分是课程的排序，约占页面的三分之二。

1. 课程筛选

课程筛选栏目位于左边，自上而下分为上课状态、学科分类、课程类型和学校4部分。

上课状态分为即将开课、开课中和已结束3种。

学科分类包括计算机、经济学、农林园艺、医药卫生、理学、历史、法学、文学文化、

图 5.2.2　全部课程页面

哲学、艺术设计、外语、教育教学、管理学、工学和其他等10多个大类。

课程类型包括微学位、直播课、高校认证和训练营4种。

学校包括清华大学、北京大学、圣彼得堡国立大学、康奈尔大学等20余所国内外著名高校。

2. 课程排序

截至2023年6月30日,全部课程页面共列出课程7 702门,按照课程的报名人数排序。图5.2.2中排在第一位的课程是湖北大学代方梅、史文文等老师主讲的"运动与健康",报名学习人数达到1 441 955人。

（二）雨课堂

雨课堂是提供给教师和学生实时互动的软件,教师可以通过雨课堂在课前发布PPT课件,也可以随时发布信息与学生交流。雨课堂使得师生在课堂上实时互动非常方便,师生可以像使用社交软件一样使用雨课堂,使得往日沉闷的课堂变成以学生为中心的、具有趣味性的互动课堂。

使用雨课堂需要免费下载安装雨课堂软件（图5.2.3）。

图 5.2.3　雨课堂下载页面

二、学堂在线学习平台

使用学堂在线学习平台必须进行注册,填写姓名、电子邮件地址、用户密码等信息后即可创建用户账号,应妥善保管用户账号和密码,不将用户账号信息泄露或分享给第三方,使用完毕后,应安全退出。

(一)注册

学堂在线提供了邮箱、手机、QQ、微信等多种注册途径(图5.2.4),注册前要先认真阅读页面下方的"服务条款",熟悉学堂在线对每一个学生的基本要求,严格按照条款的要求,否则可能被取消学习资格。

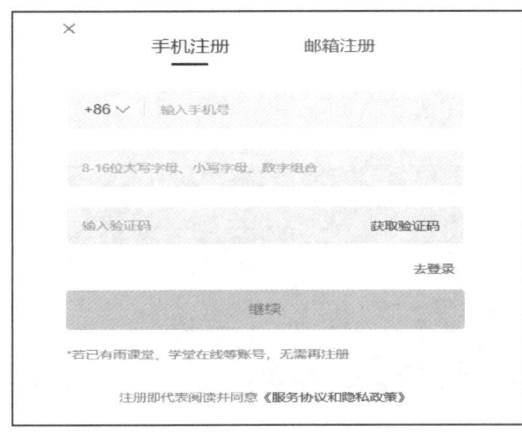

图 5.2.4　注册页面　　　　　　　　图 5.2.5　登录页面

(二)登录

注册成功后,即可选择登录页面进入学堂在线主页(图5.2.5)。登录成功后,通过导航栏提供的检索窗口,搜索感兴趣的课程进行学习(图5.2.6)。

图 5.2.6　登录成功页面

(三)选课学习

可以直接在检索框内输入课程名称进行检索,也可以按照课程分类逐级查找。虽然通过检索框进行检索专指度更高,但由于慕课的课程名称往往别出心裁,而不是沿用高校的传统课程名称,所以需要全面选择检索词以保证搜索效果。

检索示例:查找清华大学王帅国老师讲授的慕课制作课程

课题分析:清华大学制作的慕课非常好,其他高校可以学习清华大学慕课制作的经验,王帅国老师讲授的慕课制作课程深受欢迎。

第一步:输入检索词。在右上角的检索窗口输入"王帅国 清华大学",点击检索镜,得到检索结果(图5.2.7)。

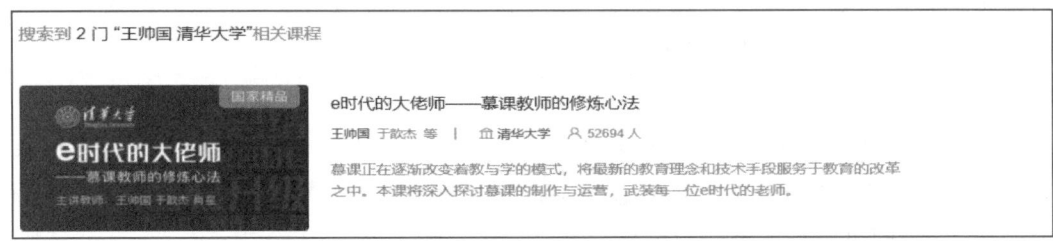

图 5.2.7　检索结果(2门课程)

第二步:选择检索结果。清华大学王帅国老师的"e时代的大佬师——慕课教师的修炼心法"属国家精品课程,是优先学习的课程(图5.2.8)。

图 5.2.8　课程页面

第三步:进入学习。点击"加入学习"进入课程,如果想免费学习,可以选择左图的"免费加入学习",但学完后要想获取纸质认证证书则要付费;若要获得认证证书,则选择右图的"立即加入学习",需要付费299元,付费后按照课程要求上网学习,学习完成通过考试后免费颁发认证证书(图5.2.9)。

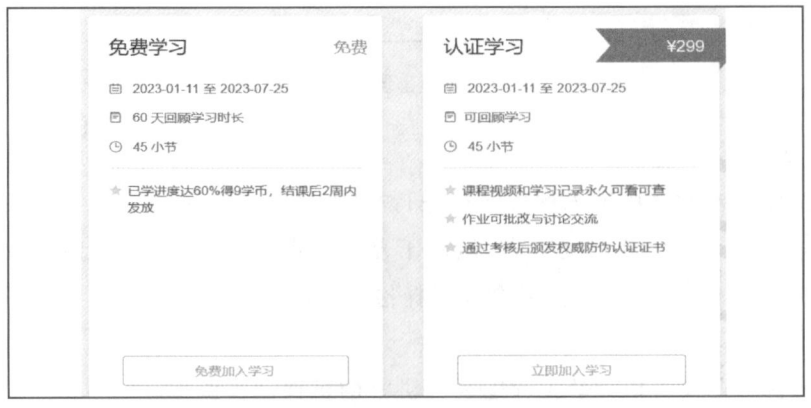

图 5.2.9　免费学习页面

免费学习和认证学习是同步进行的,学习过程的不同之处在于是否有老师批改作业与讨论交流。两者的明显区别如图 5.2.10 所示。

	免费学习	认证学习
名师签名	无	有
实名认证	无	有
权威性	弱	强
纸质证书	付费购买	免费赠送

图 5.2.10　免费学习和认证学习的不同

免费学习是随时随地自由学习,没有人辅导和管理,可以选择部分内容学习,也可以随时放弃学习,所以通过学习的人数低于 10%。

认证学习则是有人辅导和管理,严格按照课程的时间进度进行学习,其间要完成作业和考试,需要师生之间、学生之间进行交互和讨论,所以课程的通过率很高,接近 100%。

小　结

学堂在线是目前国内最有活力的中文慕课(MOOC)网站之一,为大学生提供了优质的网络课程资源。学堂在线依托清华大学,技术团队强大;与世界知名大学联合,权威知名度高;课程师资力量雄厚,课程多、更新快。

慕课的学习方法与传统课程的学习有很大不同,这是一种完全建立在自觉基础和网络基础上的学习方式。可以简单地注册免费自学,也可以缴纳适当的费用在课程助教的辅导下学习。当然,后一种学习方法的课程通过率要高得多。

慕课的极大开放性与交互性,有助于优质教育资源的广泛传播,逐步改变现阶段教育不平衡的状况。

习　题

一、实践操作题

1. 注册并登录学堂在线。
2. 模仿检索示例进入"免费加入学习"。

3. 浏览课程"大学英语写作方法指导"。
4. 免费学习"大学生生活方式与健康"。
5. 搜索与所学专业相关的慕课。

二、讨论题

1. 慕课是否能逐步取代课堂教学？
2. 学堂在线和爱课程网的资源有何差异？

三、思考题

1. 如何选择免费学习和认证学习？
2. 认证学习是否可以取代课堂教学？

第三节　智慧高教平台

本节重点：虚仿实验和研究生教育
主要内容：智慧高教平台的功能介绍
教学目的：熟悉智慧高教平台的虚仿实验功能

国家高等教育智慧教育平台（简称智慧高教）是国家智慧教育公共服务平台（2023年3月28日上线）的重要组成部分，由中华人民共和国教育部指导，教育部教育技术与资源发展中心（中央电化教育馆）主办。

智慧高教（https://higher.smartedu.cn/）的资源与服务涵盖了2.7万门优质慕课，以及6.5万余条教材、虚仿实验、教师教研、研究生教育、课外成长等多方面的优质教育资源，覆盖高等教育14个学科门类和92个专业，实现了课内教育与课外教育横向联通，本科教育与研究生教育纵向贯通。目前推出"iCourse"和"xuetangX"两个高校在线教学国际平台，为全球学习者提供了近千门英文等多语种课程及配套学习服务，增进了高等教育国际交流与合作。

一、导航栏介绍

导航栏位于主页检索窗口上方，包括课程、教材、虚仿实验、教师教研、研究生教育、创课平台等内容（图5.3.1）。

1. 课程

课程页面提供开课状态、热门搜索、其他搜索三种分类搜索和关键词搜索窗口（图5.3.2）。搜索结果提供综合排序、选课人数和开课时间三种排序方式。

第三节　智慧高教平台

图 5.3.1　智慧高教主页

图 5.3.2　课程页面

2. 教材

教材页面按照重大主题、马克思主义理论研究和建设工程重点教材、首届全国教材建设奖全国优秀教材的顺序排列。

3. 虚仿实验

虚仿实验页面提供 11 个学科门类 62 个大类的实验项目,可以从学科分类途径进行搜索;同时提供一个检索窗口,用于从关键词途径检索实验项目(图 5.3.3)。

图 5.3.3　虚仿实验页面

检索示例:熟悉可燃冰开采的实验过程

课题分析:可燃冰是未来潜在的替代能源,热量高、污染小、储量巨大,可燃冰开采属于海洋工程大类。

第一步:选择学科大类。在学科分类中选择"海洋工程类"点击,得到 3 个检索结果(图 5.3.3)。

第二步:选择实验项目。选择"可燃冰试采及其沉积物三轴试验…"点击,出现注册页面(图 5.3.4),注册成功后,登录实验页面(图 5.3.5)。

图 5.3.4　注册页面　　　　　　　　图 5.3.5　登录页面

第三步:进入实验过程。依次点击"我要做实验"(图 5.3.6),"开始实验"(图 5.3.7),"练习模式"(图 5.3.8),"载入"(图 5.3.9)。

图 5.3.6　　　　　　　　　　　　　图 5.3.7

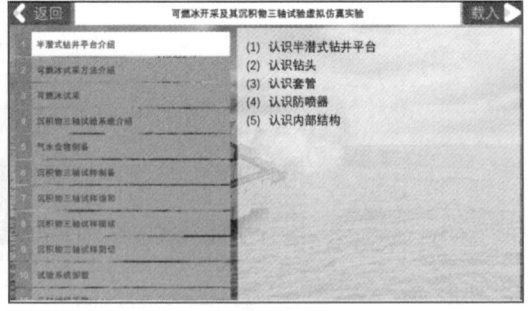

图 5.3.8　　　　　　　　　　　　　图 5.3.9

4. 教师教研

教师教研页面提供教师专业发展、虚拟教研室和思政课备课资源三个部分。

5. 研究生教育

研究生教育页面分为在线开放课程、案例教学、学术研究、导师发展和产学研服务五个部分。

（1）在线开放课程覆盖除军事学外的所有学科专业门类的研究生课程,包括优质研究生公共基础课、学科基础课、专业核心课842门,旨在筑牢研究生知识基础。

（2）案例教学是把现实生活中真实的情景加以典型化处理,形成供学生思考分析和决断的案例,旨在提高学生分析问题和解决问题的能力,是研究生教育特别是专业学位研究生教育的重要教学方式。该模块提供目前规模最大、数量最多、覆盖类别最全的中国专业学位案例库,包含4 500个文字案例、视频案例、小微案例和短视频案例。共享中国临床病例成果数据库,提供8万余个由一线医师撰写的规范化病例报告。案例教学只对研究生导师开放。

（3）学术研究是研究生学习的重要组成部分,该模块为研究生提供了丰富的科研信息。一是有助于解决选题之难题,提供了近四年20万条博士学位论文题目检索,为研究生选题提供参考。链接中国科协网站提供"院士开讲"节目,发布中国科协组织评选的重大科技问题(图5.3.10),开阔研究生学术视野,强化问题意识。二是有助于守住规范底线,建设了学术规范与科技伦理自测题库,共含500道题,可自动生成试卷,供学校组织考试和学生自测使用(图5.3.11)。三是有助于夯实方法基础,提供论文写作指导和科研工具使用课程。四是有助于弘扬科学家精神,上线了在人民大会堂举办的8场科学道德与学风宣讲(图5.3.12)教育报告会视频。

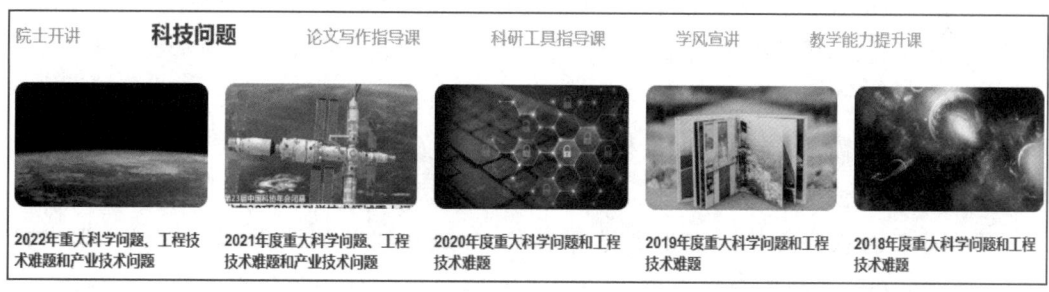

图5.3.10　重大科技问题

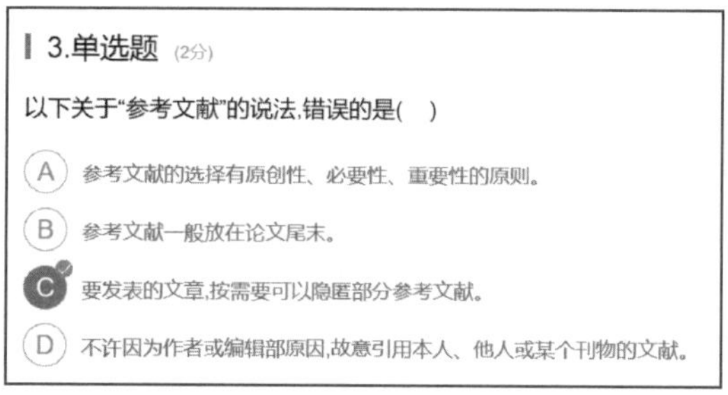

图5.3.11　科技伦理自测

图5.3.12　施一公的演讲

（4）导师发展模块包括教学交流、能力提升和政策解读三部分。旨在加大导师培训交流力度，落实第一责任人职责，助力高质量教学和科研，向导师提供教学交流、能力提升、政策解读等方面的在线资源。

（5）产学研服务模块包括企业需求和科研成果两部分。学以致用、服务创新发展是研究生教育的重要使命，产学研服务模块已汇聚30余万条企业创新需求，方便与研究生培养单位和师生的科研成果实现对接，并进一步促成科研成果转化和实习实训基地、联合培养基地的建设。

6. 创课平台

创课平台设置了创业理论、创业模拟、创业实践、创业支持四个模块。创业理论模块共上线了450多门慕课和微课，为学生提供创业基础理论学习和指导；创业模拟模块包括覆盖企业融资、项目管理、电子商务、国际贸易、商业法律等创业过程各个方面的虚拟仿真实验，为学生创业提供仿真演练和模拟实操。

7. 课外成长

课外成长栏目包括主题教育、校园文化、心理健康、安全教育和社会实践活动五个部分。

小 结

智慧高教是目前国内规模最大、门类最全、用户最多的全球高等教育智慧开放课程平台，汇聚了一流的大学、一流的老师和一流的课程，链接"爱课程"和"学堂在线"两个高校在线教学国际平台，提供课程名、学科专业、高校、平台、热门课、一流课等多种搜索方式。

虚仿实验板块让"网上做实验"和"虚拟仿真实验"成为现实，极大地满足学生实验学习的个性化需求，学生们可以根据教学要求以及自己的兴趣，进行本学科乃至跨学科学习和探索性实验。

研究生教育板块立足研究生和导师需求，分成在线开放课程、案例教学、学术研究、导师发展和产学研服务五个模块，突出"研"和"用"，体现了研究生教育的特色。

习 题

一、实践操作题

1. 注册并登录虚仿实验。
2. 模仿检索示例进入"我要做实验"。
3. 浏览课程"文献管理与信息分析"。
4. 查询全国优秀教材（高等教育类）中属于本学科的教材。

5. 欣赏学风宣讲中施一公的报告《做诚实的学问 做正直的人》。

二、讨论题

1. 虚仿实验是否可以代替线下实验？
2. 如何利用智慧高教、爱课程、学堂在线各自的特色？

三、思考题

1. 如何充分利用智慧高教的资源？
2. 研究生教育的内容是否有吸引力？

第四节 MeTeL 教学平台

本节重点： MeTeL 的导航栏
主要内容： MeTeL 的课程资源
教学目的： 熟悉国外优秀课程资源

国道数据的 MeTeL(Multimedia eTeaching & eLearning，http://MeTeL.cn/) 提供 9 万门中外课程的查询，是全球学科最全的高校课程资源平台，也是国内最大的双语教学课件平台。MeTeL 主要收录美、英、澳、加等国 500 多所名校 2000 年以来的教学资源，也有中文资源共享课、中文微课的链接，适合高校研究生、本科生、留学生自主学习。

MeTeL 主页提供三种搜索途径：搜索窗口、窗口上方的导航栏和窗口下方的学科浏览(图 5.4.1)。

图 5.4.1 MeTeL 主页检索窗口

为了帮助初学者快速入门，在主页下方设有在线教程。

一、搜索窗口

搜索窗口用于输入检索词，检索词可以是人名、课程名称、专业术语等中英文词汇。

第五章　网络课程资源

（一）快速搜索

快速搜索是指在检索窗口输入检索词后直接点击检索镜的过程。输入检索词后，在窗口上方选择知识点、课程或教学资源，点击窗口右侧的"搜索"，即得到搜索结果。如果需要输入多个检索词，可以点击"搜索"后方的高级搜索按钮。

检索示例：查找高等数学课程

分析提示：可选择"高等数学"作为检索词。

第一步：输入检索词。在检索窗口输入"高等数学"。

第二步：选择检索频道。在窗口上方选择"课程"。

第三步：开始检索。点击"搜索"按钮，得到20门相关课程（图5.4.2）。

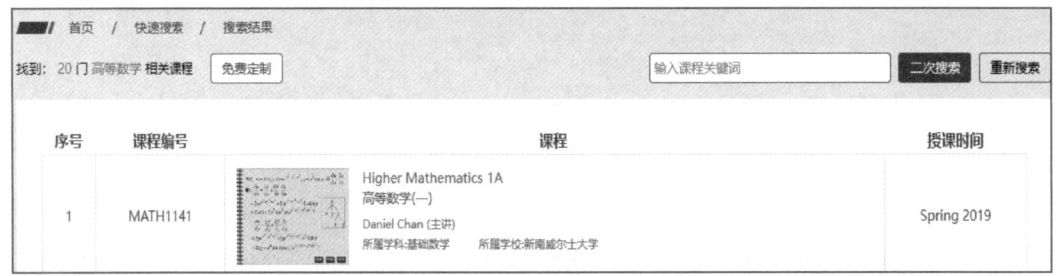

图 5.4.2　检索结果页面

第四步：选择课程。可以选择感兴趣的课程进行学习，如点击第一门课程名称（图 5.4.3）。

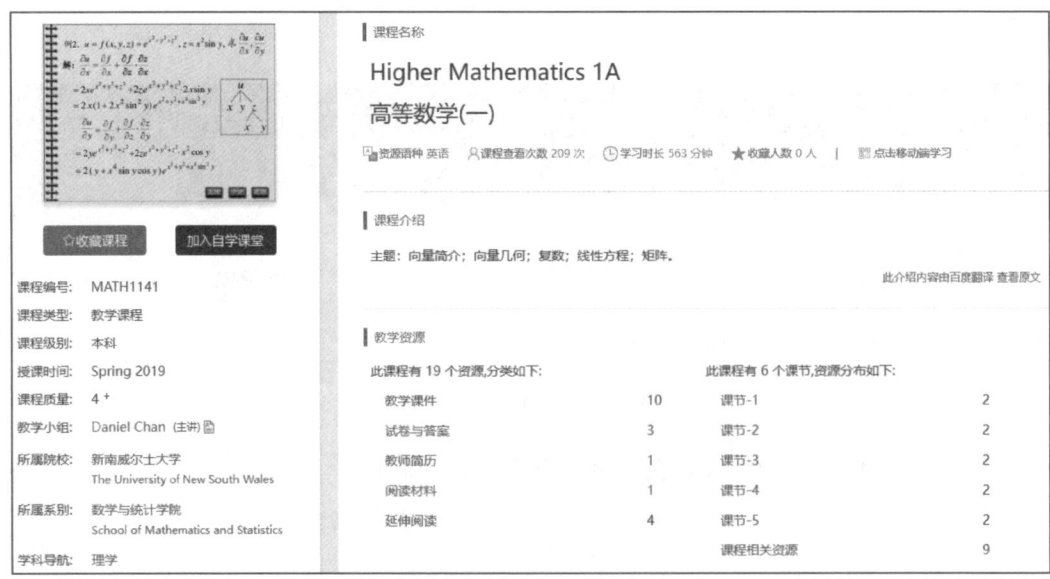

图 5.4.3　课程介绍页面

注：如果对检索结果不满意,可以在右上角的检索窗口输入新的检索词,点击右边的"二次搜索"或"重新搜索"。

(二)高级搜索

点击检索窗口右边的"高级搜索",即可进入高级搜索页面。高级搜索包括两个页面,分别提供课程搜索和教学资源搜索的多途径组合检索。

课程搜索提供课程名称、学科、院校、院系、年份、责任者、课程得分 7 个搜索窗口和课程级别、课节序列、资源类型 3 组选择项,可实行单项或组合检索(图 5.4.4)。

图 5.4.4　高级搜索(课程搜索)页面

教学资源搜索可对资源标题、学科、院校、院系、年份、文件格式、资源类型、责任者等 8 个检索项实行单项或组合检索(图 5.4.5)。

二、导航栏

MeTeL 导航栏设有伴侣课程、学分课程、精选课程、前沿课程、预科课程、英语进阶、学科导航、院校导航、课程思政、外链微课等内容。

(一)伴侣课程

伴侣课程是新增栏目,能够为国内开设双语教学的教师选择国外相关的优质课

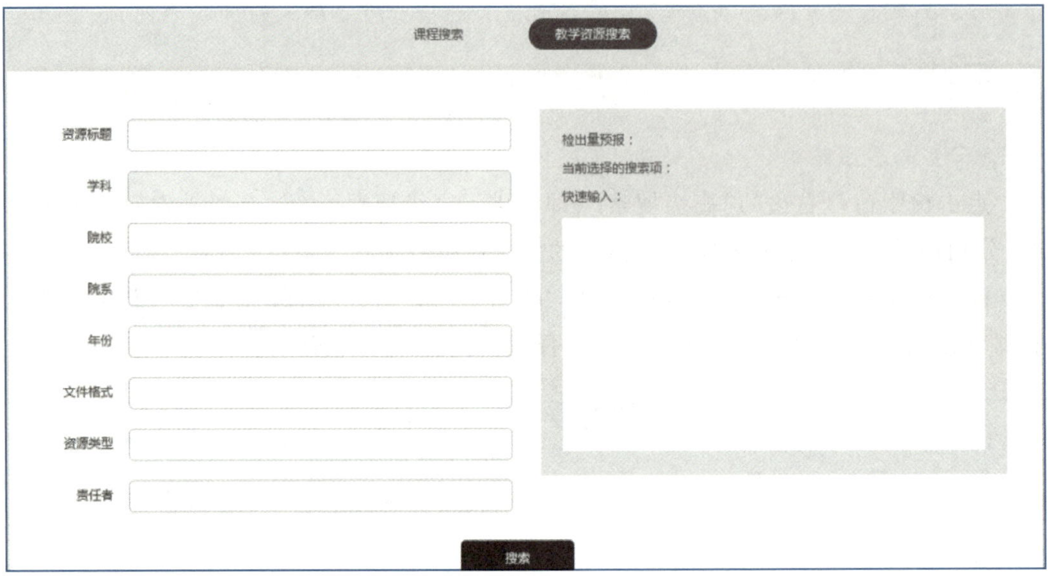

第五章　网络课程资源

图 5.4.5　高级搜索（教学资源搜索）页面

程，并按照需求进行加工处理，同时提供课程学习平台，全程辅以伴教服务。这是一种新型的教学模式，有助于保证学习质量，建设特色课程。

（二）学分课程

学分课程目前共有 116 门课程，涉及工程科技、社会科学、人文艺术、生命科学、自然科学等领域，提供综合排序、学习热度和上线时间 3 种排序方式（图 5.4.6）。

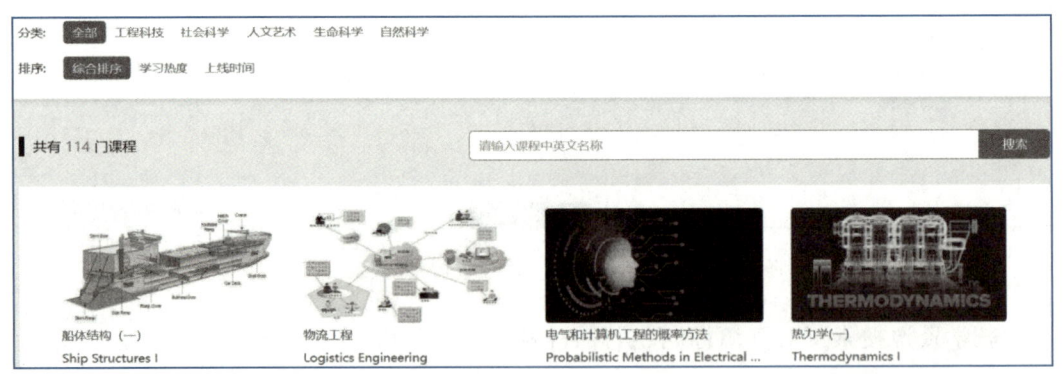

图 5.4.6　学分课程页面

如有兴趣学习其中的课程（如物流工程，图 5.4.7），需要进行注册（初次进入 MeTeL 需要两次注册，第一次是注册账号以进入 MeTeL，图 5.4.8；第二次是学分课堂的注册，图 5.4.9）。

完成课程学习后，如果通过考核标准（图 5.4.10），可以免费申请 MeTeL 平台颁发的电子结业证书（图 5.4.11）。

第四节　MeTeL 教学平台

图 5.4.7　物流工程课程页面

图 5.4.8　注册账号 　　　　　　　　　图 5.4.9　学分课堂注册

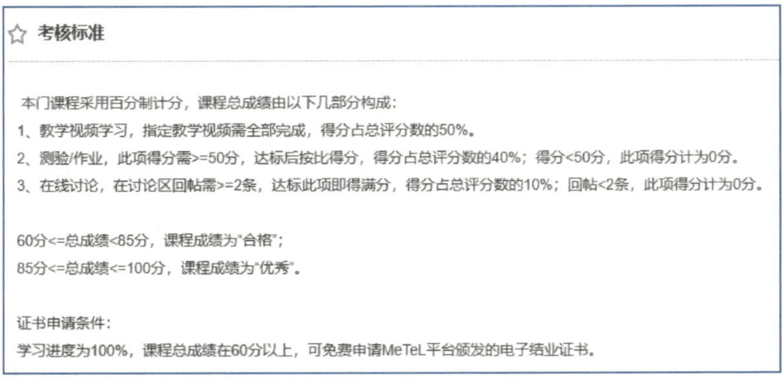

图 5.4.10　学分课程考核标准　　　　图 5.4.11　电子结业证书

（三）精选课程

精选课程列出近 5 年的课程 1 397 门，每门课都有课程编号、课程信息（中英文名称、授课教师、所属学科和所属院校）、授课时间等内容（图 5.4.12）。

（四）前沿课程

前沿课程也是新增栏目，包括量子计算、云计算、人工智能、智能机器人、物联网技

107

第五章　网络课程资源

图 5.4.12　精选课程页面

术与工程、下一代互联网、数据科学、信息安全、新能源、新能源汽车、微纳米科学与技术和元宇宙等领域，目前共有课程 263 门（图 5.4.13）。

图 5.4.13　前沿课程页面

（五）预科课程

预科课程栏目囊括了艺术、研究方法、英语、历史与社会科学、数学和计算科学、科学、世界语言等领域的课程（图 5.4.14）。

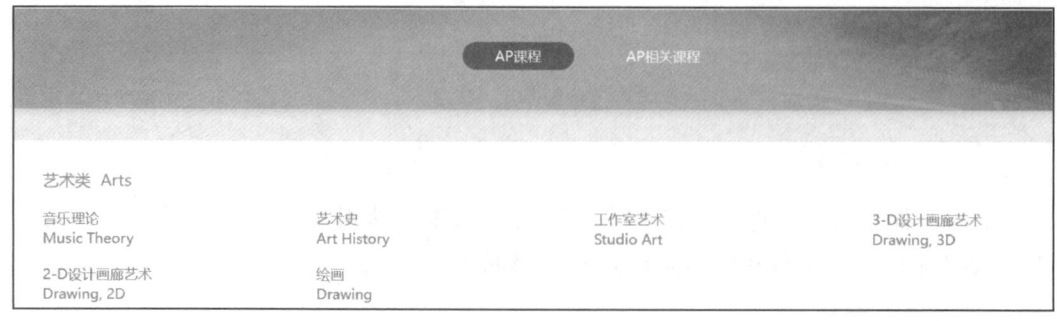

图 5.4.14　预科课程页面

（六）英语进阶

英语进阶也是新增栏目，旨在提升专业英语听说读写能力，帮助学生顺利通过英语等级考核，目前课程较少（图5.4.15）。

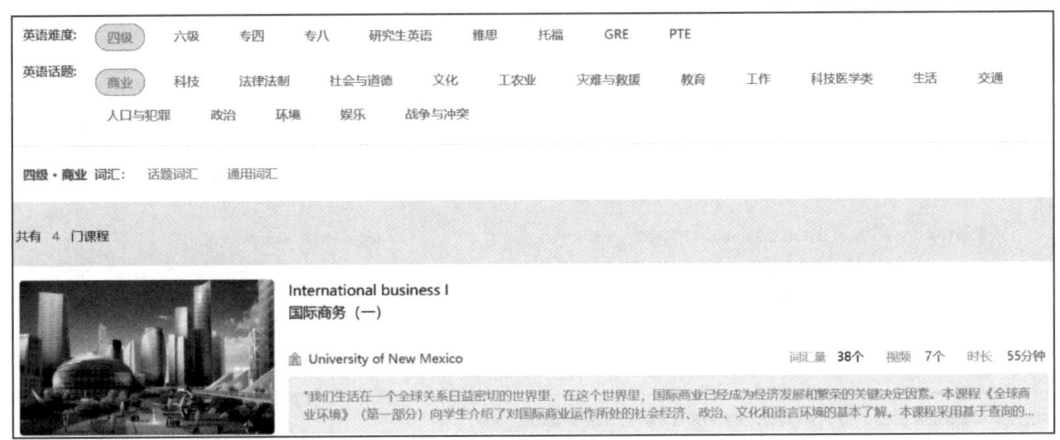

图5.4.15　英语进阶页面

（七）学科导航

学科导航将全部课程分成哲学、经济学、法学、教育学、文学、历史学、理学、工学、农学、医学、军事学、管理学、艺术学等13个学科门类及交叉学科（图5.4.16）。

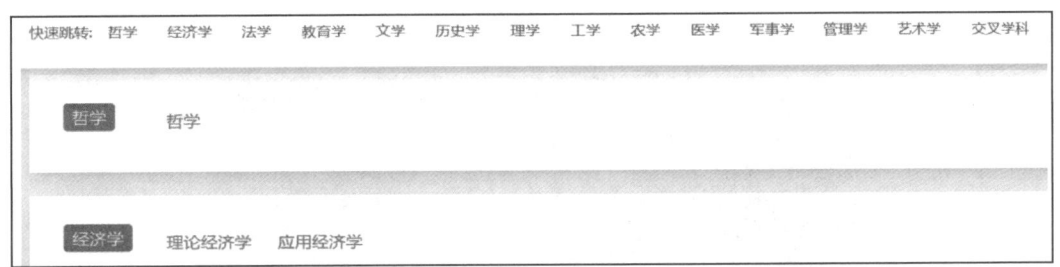

图5.4.16　学科导航页面

（八）院校导航

院校导航按照字母顺序列出美国、加拿大、英国、澳大利亚等国的500多所高校的名称，高校名称有中英文对照（图5.4.17），移动光标至高校名称，即可弹出中英对照简介窗口，点击高校名称，即可查看其所有课程。

（九）课程思政

课程思政也是新增栏目，页面上方有习近平总书记的讲话：我们要认真吸收世界上先进的办学治学经验，更要遵循教育规律，扎根中国大地办大学（图5.4.18）。

（十）外链微课

外链微课是一个专注于为高等教育提供服务的学术短视频平台。它以微课程为

第五章 网络课程资源

单位,以知识点讲解视频为主体。这些视频资源可以外链至课件和网页,方便分享、剪辑和下载,从而有效提升高校教师的备课效率,提高教学效果(图5.4.19)。

图 5.4.17　院校导航页面

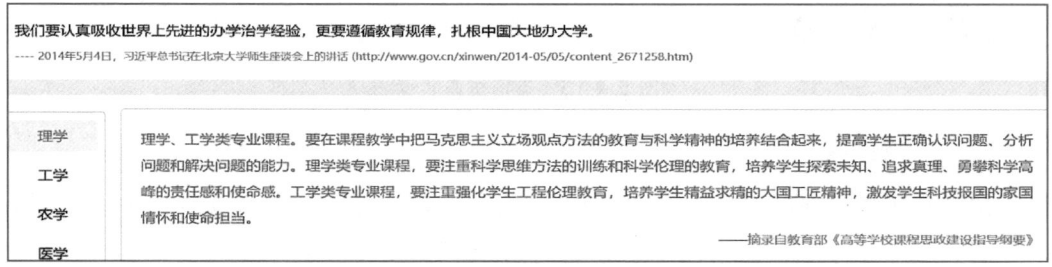

图 5.4.18　课程思政页面

图 5.4.19　外链微课页面

三、学科浏览

主页搜索窗口下方列出了13个已授权学科及交叉学科,点击任何一个学科,即可列出该学科的所有课程(如理学有22 824门课程,图5.4.20)。

四、MeTeL 在线教程

MeTeL 在线教程可为初学者提供帮助,在线教程位于主页下方,点击"在线教程"进入在线教程页面(图 5.4.21)。该页面共有 31 个问题,每个问题都对应一个幻灯片课件。

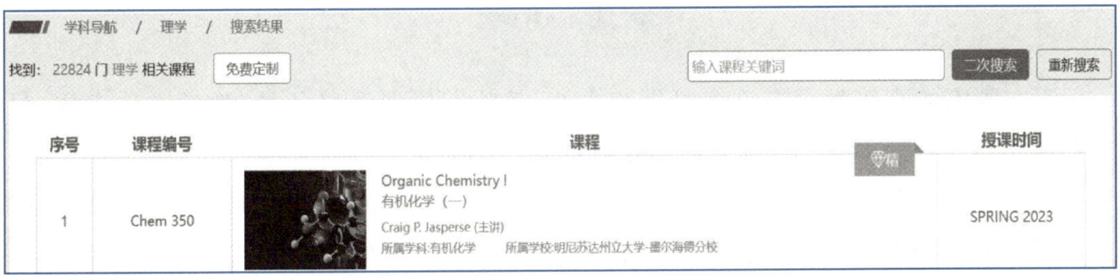

图 5.4.20　理学页面

图 5.4.21　在线教程页面

选择某一个问题(如 05 MeTeL 使用指南完整版)点击,即可打开自学(图 5.4.22)。

图 5.4.22　在线课堂页面(05 MeTeL 使用指南完整版)

小 结

西方国家的高等教育有许多可借鉴之处,教师们授课风格各异,教学方法多样,只是存在一定的语言障碍,影响了东西方教育的广泛交流。

MeTeL 主要提供快速搜索窗口、导航栏和学科浏览三种搜索途径。MeTeL 数据格式多样,图文声像俱全,生动活泼,适合高校本科生、研究生、留学生浏览和学习,对从事双语教学的教师备课也有很大帮助。

MeTeL 主页下方的在线教程提供了 31 个课件,用以介绍 MeTeL 的资源及使用方法。

习 题

一、实践操作题

1. 查询麻省理工学院的网络课程数量。
2. 查询国外信息检索(Information Retrieval)的所属学科。
3. 查询 QS 排名中 Top10 的高校课程数。
4. 查询 2023 年视频 A 级的课程数。
5. 通过 MeTeL 在线教程自学"如何搜索到心仪课程"。

二、讨论题

1. 国外课程资源有哪些特色?
2. 外文课程对外语学习有何帮助?

三、思考题

1. 为什么国外课程资源质量差别较大?
2. 国外课程和国内外语类课程的区别?

第六章
图书文献检索

图书是最早出现的文献类型之一，珍贵的历史资料往往以图书的形式保存下来。图书经过了甲骨书、青铜书、竹简书、帛书、纸书、电子书、音频书、视频书、多媒体书等发展过程。随着历史的发展，图书的形式和载体发生了极大的变化，但是作为记录知识的功能一直没有变化，至今仍然在整个文献系统中占主导地位。

图书文献在大学生的学习和知识构建中占据了核心位置。首先，系统全面地提供某学科领域的知识，既有助于初学者入门，也有助于深度地学习和思考，这是图书的最大优势；其次，教科书由行业的教师学者编写，文字精练、数据准确、内容成熟、章节有序，知识模块编排合理，容易理解和掌握，适合教学和自学；第三，图书不仅传递知识，还传递文化和价值观，阅读图书的同时，也会被作者的思想所感染；第四，纸质图书便于携带和收藏，是终身学习的重要资源。

大学生的知识构建需要课内和课外学习相结合。在课堂上学到的知识往往是线性的，通过课外大量地阅读，可以把课内接受的线性知识扩展成知识面，而广泛的阅读有助于吸收多学科的知识，形成"立体"的知识体系。完整的知识体系不仅使得记忆更加牢固，而且有助于产生新知识。

开卷必有益。阅读图书不仅可以开阔视野，增长知识，提高阅读能力，还能提升自学能力。读书能够改变命运，知识丰富的人可以胜任重要的工作，实现自己的人生抱负。全民重视读书的国家和民族，必定会昌盛兴旺、繁荣富强。

图书是图书馆收藏的核心文献资源，高校图书馆是图书阅读的最佳场所。图书馆建筑是高校的典型建筑，不仅外形宏伟美观，而且内部美轮美奂。阿根廷国家图书馆馆长博尔赫斯说过：如果有天堂，那一定是图书馆的模样。

随着信息化时代的发展，传统图书馆正在向智慧图书馆过渡。智慧图书馆集数字化、网络化、智能化于一体，能够实现广阔的馆际互联及文献共享，同时进行智慧化的管理和服务。

第一节 高校图书馆利用

本节重点：中国图书馆分类法
主要内容：图书馆的排架标准
教学目的：学会利用图书馆的馆藏

高等学校图书馆是学校的文献资源中心，拥有各种文献的纸质和电子载体。馆藏最多的纸质文献是图书，《普通高等学校基本办学条件指标》要求本科高校图书馆藏书不少于100册/生，所以高校图书馆的藏书量往往数以百万。

海量的图书（专著、教材、教学参考书、文学书籍、工具书等）按照学科专业分布在不同的楼层分区，一排排钢木书架犹如整装列队的卫兵，形成了壮观的风景线；在靠近窗户光线明亮的区域，一张张统一规格、干净整洁的阅览桌整齐排放，为读者提供了舒适的阅读条件。李开复说过：如果你四年内很少去图书馆的话，你就等于自己浪费了一大笔财富。

初次进入图书馆的大学生常常对鳞次栉比的书架感到敬畏和好奇——成千上万的图书是怎么排列的？

本节重点介绍图书分类法，讲述如何选择阅读图书，并提出阅读建议。

一、图书排架的依据

图书馆的图书排架，是以方便读者查找和借阅为原则的。为此，中外图书馆都编制了图书分类法。图书分类法是根据图书的不同学科按照归属原则编排而成的一个逐级展开的科学分类体系，在这个体系中，一切图书都有属于自己的位置。图书分类表以学科为单位，按照一定顺序排列，用字母或数字作为类号，用学科的术语作为类目。

图书馆的图书排架就是以学科分类为依据，将同学科同专业的图书集中在一起，便于读者查找和比较，也利于保证图书的查全率。

（一）国外图书分类法简介

1. 杜威十进制图书分类法

《杜威十进制图书分类法》，于1876年正式出版，是世界上最早的图书分类法，也是使用国家最多的图书分类法，它的主要特征是用0—9十位数字作为类号（表6.1.1）。

2. 国际十进分类法

《国际十进分类法》，于1899年出版，由《杜威十进制图书分类法》修改而来，目前主要是法、英、德、俄等国的图书馆使用。

表 6.1.1　杜威十进制图书分类法（大类）

类　号	类　目	类　号	类　目
000	计算机科学、知识和总类	500	自然科学
100	哲学与心理学	600	技术应用科学
200	宗教	700	艺术与休闲
300	社会科学	800	文学
400	语言	900	历史、地理和传记

3. 美国国会图书馆分类法

美国许多图书馆使用的是《美国国会图书馆分类法》，于1902年出版，这种分类法的类号由"字母+数字"组成（表6.1.2）。

表 6.1.2　美国国会图书馆分类法（大类）

类　号	类　目	类　号	类　目
A	总则	M	音乐
B	哲学、心理学、宗教	N	美术
C	历史学及相关科学	P	语言及文学
D	历史总论及欧洲史	Q	科学
E—F	美洲历史	R	医学
G	地理学、人类学、休闲	S	农业
H	社会科学	T	技术
J	政治学	U	军事科学
K	法律	V	航海科学
L	教育	Z	图书馆学、信息资源

（二）国内图书分类法简介

我国大多数图书馆使用的是《中国图书馆分类法》（1973年出版），中国科学院图书馆使用的是《中国科学院图书馆图书分类法》（1957年出版）。

1. 中国图书馆分类法

《中国图书馆分类法》（简称《中图法》）的第五版共有22个大类和53 811个小类。

(1)《中图法》的大类。《中图法》的 22 个大类分别用 22 个大写字母表示类号，其类目排列顺序的基本原则是：社会科学类在前，自然科学类在后；基础科学类在前，应用科学类在后(表 6.1.3)。

表 6.1.3　中国图书馆分类法(大类)

类　号	类　　目	类　号	类　　目
A	马克思主义、列宁主义、毛泽东思想、邓小平理论	N	自然科学总论
B	哲学、宗教	O	数理科学和化学
C	社会科学总论	P	天文学、地球科学
D	政治、法律	Q	生物科学
E	军事	R	医学、卫生
F	经济	S	农业科学
G	文化、科学、教育、体育	T	工业科学
H	语言、文字	U	交通运输
I	文学	V	航空、航天
J	艺术	X	环境科学、安全科学
K	历史、地理	Z	综合性图书

(2)《中图法》的小类。《中图法》的 53 811 个小类则是用"字母+数字"表示，如：

……

H 语言、文字

H1 汉语

H3 常用外国语

H31 英语

O 数理科学和化学

O1 数学

O11 古典数学

O12 初等数学

O13 高等数学

……

2. 中国科学院图书馆图书分类法

《中国科学院图书馆图书分类法》的类目用 0—9 十位数字表示,仅在中国科学院系统图书馆使用。

(三)图书的排架

无论图书馆有多少藏书,每一本图书在书架上的位置都是非常规范的。我国高校图书馆的图书排架位置大多由分类号和顺序号两组号码决定,前者是《中图法》中的学科类号,后者为同类图书的编排顺序。

到馆新书首先按照所属大类的字母排序,再按照下一级类目的数字排序,以此类推;对于相同类号的图书则按照入馆的先后顺序号排列。

因此,图书排架有一个规律:新书的位置总是排在该类图书的最后。

二、图书的检索

图书的检索可登录图书馆网站,使用计算机检索系统进行。图书馆的检索系统都具有书目检索、热门推荐、分类浏览、新书通报等多种功能(下面以汇文图书管理系统为例)。

(一)书目检索

书目检索页面提供馆藏检索、简单检索和多字段检索 3 种选择,默认状态是馆藏检索。

1. 馆藏检索

馆藏检索页面只提供一个检索窗口(图 6.1.1),可以输入任意检索词(如高等数学),然后选择窗口左边的检索字段(如题名),注意检索词应该与检索字段相对应。

如果要选择高级检索,可以点击图 6.1.1 右边带"+"的检索镜。

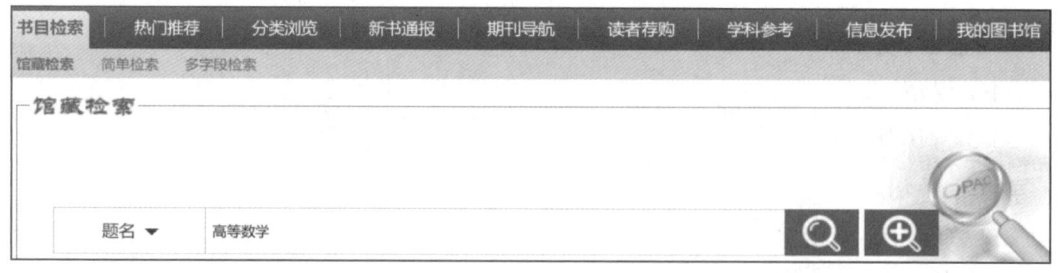

图 6.1.1　馆藏检索页面

2. 简单检索

简单检索页面也只提供一个检索窗口(图 6.1.2),窗口左边增加了检索词位置的要求,窗口右边增加了"更多限制"按钮。

图 6.1.2　简单检索页面

3. 多字段检索

多字段检索页面提供 8 个窗口,可以根据提示输入相应的检索词(图 6.1.3)。

图 6.1.3　多字段检索页面

(二) 选择检索页面

如果选择多字段检索页面,分别在题目窗口输入"高等数学",在出版社窗口输入"高等教育",在责任者窗口输入"同济大学",点击检索按钮,可以查到同济大学数学系编写的《高等数学》(第 6 版)12 册(图 6.1.4)。

图 6.1.4　检索结果

三、选择阅读图书

图书的封面和书名页（封面后第一页）提供书名、作者、出版社等信息；位于书名页反面的版权页提供图书内容提要、图书在版编目（CIP）数据和图书出版的详细信息，是图书的"身份证"；图书最后的封底则印有书号。

（一）根据书名选书

书名是全书内容浓缩后的代表词汇，是检索图书最常用的检索词。

1. 基础学科

基础学科图书的书名与课程密切相关，甚至与课程名称一致。如数学、物理、化学等。如果上百本相同名称的图书排在一起，或许会占去大半个书架，应该选择哪一本阅读？

新生往往会选择比较新的图书阅读。其实，经验告诉大家，对于基础学科的图书，旧书可能比新书的阅读效果更好。因为基础学科图书的内容更新相对缓慢，破旧的书说明被多人借阅，可能是任课教师指定的参考书。如同济大学出版的《高等数学》1978 年 3 月由高等教育出版社出版，40 多年来一直被公认为是高等数学课程的最佳教材之一，同时也是理工科学生学习高等数学和考研的推荐教材。

2. 专业学科

专业学科图书的书名可能与课程名称不完全一致，这是专业学科的内容更新较快，书名跟随时代发展的结果。因此，借阅专业学科图书的原则与基础学科不同，通常情况下，越是新出版的专业图书提供的新知识和新成果越多。

3. 文学小说

文学小说的书名百花齐放，可能与内容毫无联系。如果按照书名的词义选择小说，其结果有时会大相径庭，有的书名甚至会引起误解（如《牛虻》《钢铁是怎样炼成的》）。

（二）根据作者选书

图书的作者与单位是评价图书的重要参考。如果对作者不熟悉，可以参考其所在单位。对于教学参考书来说，同名图书的作者可能很多，这些作者所在高校级别不同，教学阅历参差不齐，业务能力也有高低，因此编写的图书质量也有差别。

图书有独著与合著之分。独著的图书系统性好，能反映著者的知识结构和特色风格；合著的图书有利于集中不同作者的知识优势，但不同的作者编写不同的章节，其内容的衔接性可能有欠缺，图书的整体性也受影响。

（三）根据出版社选书

出版社的知名度和出版特色也是选择阅读图书的依据之一。阅读计算机类图书可选清华大学出版社，如谭浩强主编的《C 程序设计》。阅读外语教材可选择外语教学与研究出版社，如何莲珍主编的《新编大学英语（第四版）综合教程 1》。此外，出版社连续多年出版的图书，其内容的成熟性更好、发行量更大，如同济版《高等数学》从

1978年到2023年已连续出版8版。

（四）咨询图书馆员

图书馆员有着多年管理图书的经验,对馆藏有着全面的了解。图书馆一般都设有咨询台,有专员负责解答读者的问题,同时也可以推荐馆藏图书。同学们应该利用图书馆员的知识优势,有礼貌地向他们咨询问题,往往会收到事半功倍的效果。

四、如何阅读图书

书中作者的知识是以文字、符号、标点和图表等信息形式表达出来的,读者首先需要把书中的信息形式输入到大脑中,然后与大脑中的原有知识进行交流,这是一个认真思考的过程,需要一定时间和保持精力集中。

图书馆优雅舒适的阅览环境就是为了让读者静心阅读而打造的,这是教室、宿舍等其他环境所无法比拟的。

（一）如何阅读教学参考书

阅读教学参考书应该与课程学习同步进行。课程进行到教材的哪一章节,就阅览参考书的哪些章节,这样有助于巩固和理解课堂的教学内容。

1. 阅读基础课参考书

由于图书的定位不同,作者知识结构和语言表达也有差异,因此同一门课程的不同参考书会呈现不同的难度和特色,例如有的只有文字,有的图文并茂。因此,可以同时打开几本参考书,选择相同的章节对照阅读。

2. 阅读专业课参考书

与基础课相比,专业课参考书的内容差别更大,这是由作者所在单位的实验条件不同所决定的。因此,阅读专业参考书时应首先选择重点高校知名教授的著作,既可以挑选有关章节阅读,也可以循序渐进地逐章阅读。

（二）如何阅读文学经典

阅读文学经典,主要是阅读人物传记、唐诗宋词、经典名著等作品。

1. 人物传记

人物传记记录了各行业名人的奋斗经历,阅读人物传记有助于激励自身,如邹韬奋的《经历》等。阅读人物传记要注意感悟人物精神,分析其成败得失的原因,汲取经验教训,从而完善自身,更好地学习、工作和生活。

2. 唐诗宋词

唐诗宋词是我国的国粹,是我国的文化瑰宝和珍贵的文学遗产。大学生应阅读和背诵脍炙人口的名诗佳句,有助于提升文化品位。

3. 经典名著

经典名著是人类思想艺术的精华,有着巨大的思想价值和文学价值,阅读经典名著可以提升人文修养,陶冶思想情操。

(三) 交叉阅读

如果说专业课参考书苦涩难懂,像"安眠药"一样使人困倦,那么文学小说就像"兴奋剂"一样使人精神。两类图书可以交替阅读,以保持良好的心情和足够的精力。

(四) 互相交流

同学之间可以经常交流阅读心得体会,这样既可以加深阅读理解和记忆,又能达到互相学习、互相促进的目的。

小 结

高等学校必须有图书馆,高校图书馆的馆藏是衡量一所高校教育质量的重要指标,一流大学首先要建一流图书馆。图书馆像一个世外桃源,能让人陶醉其中,不但给人丰富的知识,而且陶冶人的情操。

图书分类体系是图书馆图书排架的依据,学习图书的分类体系有助于宏观了解人类的知识系统。中外图书分类的原理大同小异,类号都是用字母或数字表示。

《中图法》是国内图书馆图书排架的标准,22个字母的顺序基本反映了学科之间的位置和学科产生的顺序。只需记住本专业的类号,在国内任何图书馆都能迅速找到相关的图书。

图书封面的书名、作者和出版社通常是大家选择阅读图书的依据,版权页则是图书的"身份证",图书封底有国际标准书号。

时间对大家而言都是宝贵的,同学们有着不同的知识需求,去图书馆都想用最短的时间找到最合适的图书,这就需要综合地掌握检索知识,灵活地运用于实践中。寻找文学小说类图书,最好是咨询图书馆借阅台的老师,因为他们熟悉同学们的阅读倾向;检索基础课程的参考书,最好事先咨询任课老师,因为他们熟悉相关馆藏;检索专业类图书,则需要熟悉本专业参考书的馆藏位置,需要经常去浏览阅读。

习 题

一、实践操作题

1. 弄懂图书版权页的 CIP 号代表什么。
2. 熟悉本专业图书在图书馆内的藏书位置。
3. 查询比尔·盖茨私人图书馆的相关信息。
4. 查询有关智慧图书馆的描述。

二、讨论题
　　1. 图书依据分类法排架的优缺点。
　　2.《杜威十进制图书分类法》和《中图法》使用的类号有什么不同？
　　3. 如何阅读教学参考书？
三、思考题
　　1.《美国国会图书馆分类法》和《中图法》的类目顺序有什么不同？
　　2.《中图法》适用于搜索引擎吗？

第二节　常用中文数字图书馆

本节重点：超星数字图书馆
主要内容：数字图书馆功能介绍
教学目的：更好地利用数字图书馆

　　数字图书也称电子图书，是纸质图书的数字化表现形式。与印刷型图书相比，电子图书具有节省资源、传递方便、价格便宜、检索快捷等优点，因此发展十分迅速。
　　数字图书馆是以数字化资源为馆藏，以先进的信息处理技术与计算机设备为手段，以互联网为服务平台，以信息收集、开发、管理、存储并提供利用为目的的分布式巨型数字空间。当今时代，数字图书馆是运行在互联网上超大规模的、便于使用的、没有时空限制的知识中心。
　　目前国内知名的数字图书馆有中国国家数字图书馆和超星数字图书馆等，由于后者是国内最早的数字图书馆，为国内许多高校所购置，故首先进行介绍。

一、超星数字图书馆

　　超星数字图书馆成立于1993年，是国内第一家数字图书馆，目前拥有上百万册电子图书。2000年，超星数字图书馆在互联网上正式开通，是国内使用较多的数字图书馆。
　　超星数字图书馆的主页面设计非常简单：右上角设置检索窗口，这是非常流行的设计方式，便于网民使用；左栏提供图书分类，按照《中国图书馆分类法》的大类排序，但只列出类目没有注明类号（图6.2.1）。

　　（一）窗口检索
　　检索窗口用于输入检索词，检索窗口右侧有两个按钮，"检索"按钮提供快速检索；点击"高级检索"按钮可进入另一个检索页面，用于输入多个检索词。

第六章　图书文献检索

图 6.2.1　超星数字图书馆主页

1. 快速检索

在检索窗口输入检索词,窗口下方有书名、作者、目录和全文检索 4 种选项,任选其一,点击"检索"按钮,获取检索结果。

检索结果为相关图书的书名、主题词、作者、页数、中图分类号、出版社及出版时间等基本信息,有助于选择阅读。

检索示例：查找书名含"网络信息检索"的图书

分析提示：可选择"网络信息检索"作为检索词,选择"书名"作为检索范围。

第一步：输入检索词。在检索窗口输入"网络信息检索",在窗口下方选择"书名"（图 6.2.1）,点击"检索"。

第二步：选择要阅读的图书。检索结果页面的右上方提供排序方式,可以按书名或出版日期的升降进行排序,通常选择按照图书出版日期的降序排列（图 6.2.2）。

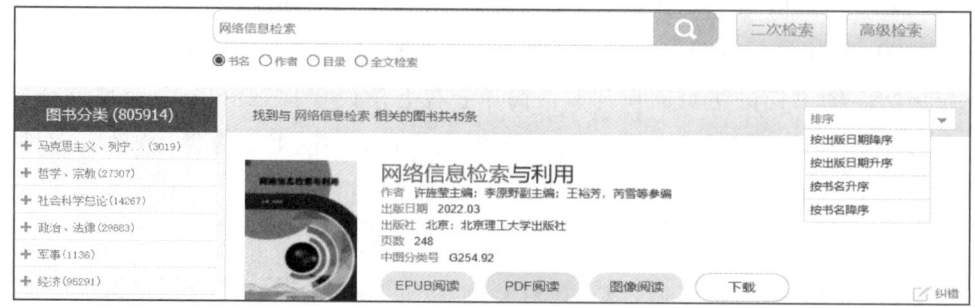

图 6.2.2　检索结果

第三步：阅读图书。超星数字图书馆提供 EPUB 阅读、PDF 阅读和图像阅读 3 种阅读方式，对新增图书提供 EPUB 阅读（图 6.2.3），早期的图书仅提供图像阅读。

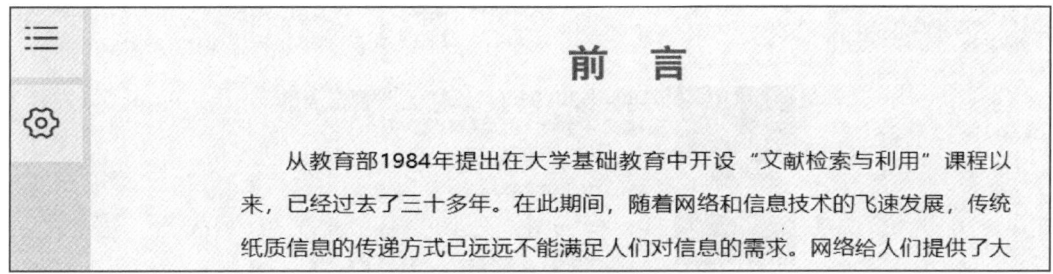

图 6.2.3　EPUB 阅读页面

图 6.2.3 左上角提供目录和设置两种帮助，如图 6.2.4 和图 6.2.5 所示。

图 6.2.4　目录页面　　　　　　　　图 6.2.5　设置页面

2. 高级检索

点击检索窗口右边的"高级检索"，可进入高级检索页面，高级检索页面有书名、作者、主题词、中图分类号 4 个检索窗口，以及起止年代、分类、搜索结果显示条数 3 个选择项（图 6.2.6）。

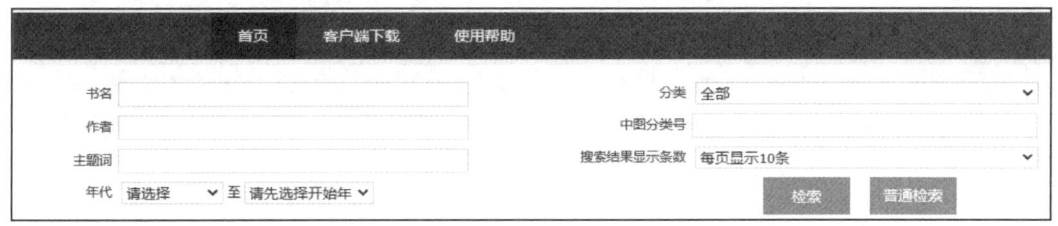

图 6.2.6　高级检索页面

（二）图书分类检索

超星数字图书馆主页左栏列出图书类目，类目按照《中国图书馆分类法》的 22 个大类顺序排列，类目后边括号内注明该类图书总数。每个大类按《中国图书馆分类法》细分再细分，可分到三级类目。当类目前面为"＋"号时，表示可以进一步细分；当类目前面为"－"时，表明已经细分；当类目前面没有符号时，表明不能再细分。

以"社会科学总论"大类为例,"社会科学现状及发展"为二级类,"中国"和"世界"为三级类,至此不能再细分(图6.2.7)。

图6.2.7　图书分类页面

二、中国国家数字图书馆

中国国家图书馆是国家总书库、国家书目中心、国家古籍保护中心以及国家典籍博物馆。国家图书馆馆藏宏富,品类齐全,古今中外,集精撷萃,其馆藏文献超过3 500万册/件并正在以每年百万册/件的速度增长,馆藏总量位居世界国家图书馆第七位,其中中文文献收藏总量为世界第一,外文文献收藏为国内首位。

中国国家数字图书馆(https://www.nlc.cn/web/index.shtml)的藏书能够覆盖国内所有图书种类,还可以链接各省级图书馆的地方特藏数据库,是唯一能够展现中华民族博大精深历史文化的综合性网站,是当之无愧的中国文化超级市场。目前,国家数字图书馆正在积极探索为不同地区、不同年龄、不同类型的读者提供不同的服务(图6.2.8)。

图6.2.8　中国国家数字图书馆主页

对于大学生来说,浏览国家数字图书馆网站有助于拓宽知识视野,特别有助于了解历史、地理、文学和艺术类文献。然而,现阶段国家数字图书馆资源对外开放的程度有限,而且访问情况受到各地网速的限制。

(一) 图书检索

国家数字图书馆主页设有检索窗口,用于输入检索词,窗口左边提供文津搜索、馆藏目录、特色资源和站内搜索4种不同搜索范围的选择。

1. 文津搜索

文津搜索的检索范围是古今图书、期刊论文、学位论文、多媒体、缩微文献、文档、词条等。

检索示例:查询国家数字图书馆收藏的文献检索类图书资料

分析提示:国家数字图书馆的馆藏涉及多种文献资源,检索范围应选择"文津检索"。

第一步:输入检索词。选择"文献检索"为检索词,在检索窗口输入(图6.2.8)。

第二步:选择检索范围。选择"文津搜索",检索结果5 800条(图6.2.9),这是国家图书馆收藏的多种文献检索类资料(图书、论文、多媒体、缩微文献等)的总和。

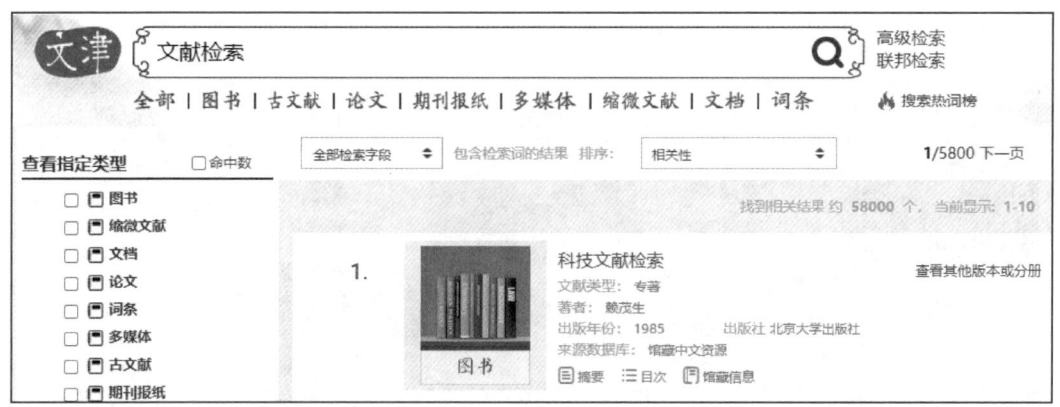

图6.2.9 "文津搜索"检索结果

2. 馆藏目录

馆藏目录提供国家图书馆的全部藏书清单,利用国家数字图书馆的馆藏目录能够最大限度地检索到已经正式出版的中文图书。

检索示例:清华大学谭浩强教授编著的计算机语言类图书

分析提示:谭浩强教授编著的计算机语言类图书在国内享有盛名。

第一步:选择馆藏目录。在主页左栏点击"馆藏目录"(图6.2.8),进入检索页面。

第二步：输入检索词。在左边下拉窗口选择"著者"，在检索窗口输入"谭浩强"，点击"搜索"，得到298条记录（图6.2.10）。

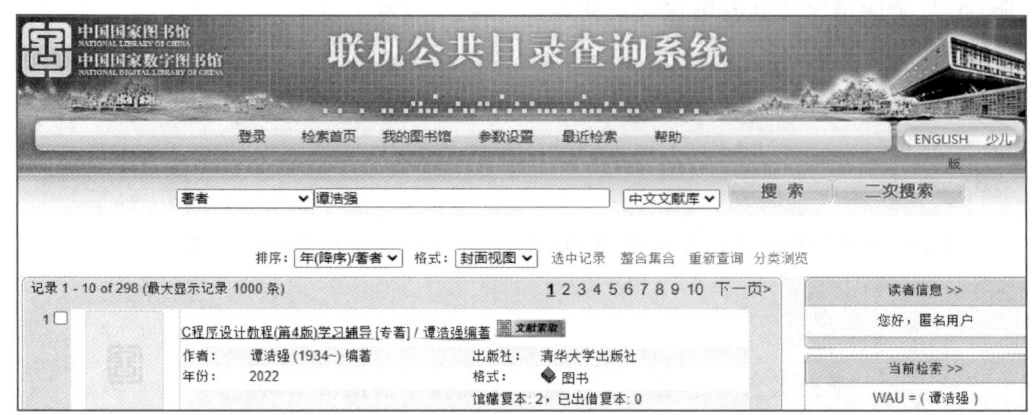

图6.2.10　馆藏目录检索页面

（二）数字资源检索

数字资源位于主页中部，设有10个矩形图标和8个六边形图标（图6.2.11），分别对应相应的文献数据库，体现了国家数字图书馆作为大型公共图书馆的特征。选择不同的文献图标点击，可以浏览国家图书馆各种馆藏文献的具体介绍。

图6.2.11　数字资源页面

1. 国图公开课

国图公开课是国家图书馆新增加的内容之一，而且发展迅速。与第四章介绍的网络课程不同的是，国图公开课的师资主要来自文学艺术和图书文献等学科。点击"国图公开课"的矩形图标，可进入公开课页面（图6.2.12），分为最新课程、授课教师、线下活动和新闻公告等4个模块。

图 6.2.12　国图公开课页面

2. 音视频

点击图 6.2.11 下方的音视频六边形图标,可进入音视频页面,该处提供 12 个音视频数据库的介绍(图 6.2.13),其中库客数字音乐图书馆对馆外读者提供部分服务(图 6.2.14)。

图 6.2.13　音视频数据库页面

(三)免费注册

阅读中国国家数字图书馆的文献需要免费注册。主页右侧提供"读者门户登录/注册"入口,进入"读者门户"页面后,注意阅读下方的"读者资源使用权限说明",然后点击右上角的"注册",按照提示进行注册。

图 6.2.14　库客数字音乐图书馆页面

小　结

　　超星数字图书馆拥有数量庞大的电子图书,是高校购置较多的数字图书馆。许多高校图书馆的主页设置有超星数字图书馆的链接,能提供全面的检索途径和大量的电子书阅读,为师生进行网络阅读提供了极大的便利。超星的阅读软件不断更新,尤其是 EPUB 格式的电子书阅读方式,大大提升了电子图书的阅读体验。

　　中国国家数字图书馆馆藏资源丰富、文献种类齐全。利用国图的文津搜索,可查询各种文献资源;通过馆藏目录,可查询国内出版的任何图书。国图近几年电子化网络化进程迅速,试行了多功能的在线文献服务。

习　题

一、实践操作题

1. 重复本节检索示例的检索过程。
2. 利用超星数字图书馆查找本校教师编著的图书。
3. 注册国家数字图书馆。
4. 利用国家数字图书馆查找本校教师编著的图书。
5. 浏览国家数字图书馆的公开课。

二、讨论题

1. 如何选择合适的电子图书进行阅读?
2. 分析电子图书和纸质图书的阅读效果。

三、思考题

1. 数字图书馆能否取代实体图书馆？
2. 如何利用国家数字图书馆拓宽知识视野？

第三节　读秀学术平台

本节重点：读秀的知识搜索
主要内容：检索不同图书的相同知识点
教学目的：利用读秀同时阅读多种参考书

读秀是超星公司的一个学术搜索引擎及文献资料服务平台，拥有多种超大型的文献信息数据库，提供知识、图书、期刊、报纸、学位论文、会议论文、音视频、文档等十多个搜索频道的一站式服务，能够为在校学生提供学习、研究、写论文、做课题等方面所需要的多种学术文献资料信息。

读秀的最大特色是知识搜索功能。使用该功能搜索的结果是不同图书相同知识点的章节集合片段，并提供部分页面的试读，等于同时浏览多种参考书，大大提升了图书的阅读效率。

读秀主页设计非常简单，只有一个检索窗口，用以输入检索词。窗口上方提供图书、期刊等多种文献的搜索频道，用于限制搜索结果的文献类型。窗口下方仅设有"中文搜索"按钮（图6.3.1）。

图 6.3.1　读秀主页

一、读秀的助读功能

读秀的主要功能是辅助阅读图书，读秀为此提供了知识、图书和电子书等搜索频道。

第六章　图书文献检索

（一）知识频道

读秀的知识频道提供全文搜索，在检索窗口输入检索词，点击"中文搜索"按钮，能够同时搜索到多种图书相关章节的内容集合，这是读秀的最大特色。

检索示例：搜索多种图书对"读秀"的解释

分析提示：检索词选择"读秀"，在没要求特殊文献类型的情况下，可选择"知识"频道。

第一步：输入检索词。在检索窗口输入"读秀"（图6.3.1）。

第二步：选择搜索频道。选择"知识"频道。

第三步：查看检索结果。点击"中文搜索"，得到1 479条文献信息，每条信息都提供"PDF下载"和"阅读"两种选择（图6.3.2）。

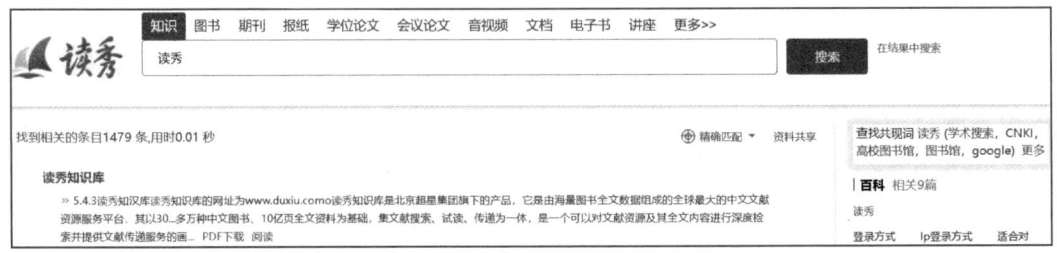

图6.3.2　检索结果1 479条

第四步：选择检索结果。浏览多条检索结果，以全面了解"读秀"的功能。如选择第一条信息，点击"PDF下载"或"阅读"（图6.3.3）。

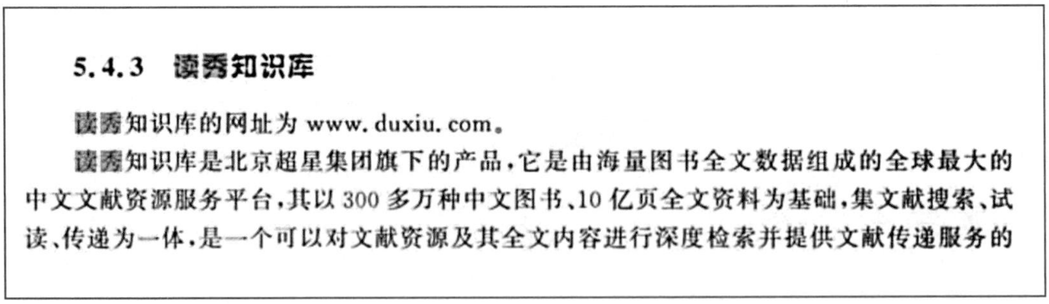

5.4.3　读秀知识库

读秀知识库的网址为www.duxiu.com。

读秀知识库是北京超星集团旗下的产品，它是由海量图书全文数据组成的全球最大的中文文献资源服务平台，其以300多万种中文图书、10亿页全文资料为基础，集文献搜索、试读、传递为一体，是一个可以对文献资源及其全文内容进行深度检索并提供文献传递服务的

图6.3.3　"阅读"第一条信息

以上示例可以看出，读秀的知识搜索能够同时提供多本图书对同一知识点的解释，特别有助于对某些知识难点的理解。

（二）图书频道

图书频道用于搜索相关图书信息，能够从宏观层面展现某一类图书的出版现状，

第三节 读秀学术平台

平台提供部分试读页面,但不提供电子书的全文阅读服务。

图书频道提供快速搜索、高级搜索和分类导航三种检索途径。

1. 快速搜索

默认页面为快速搜索,在检索窗口上方选择图书频道即可实施图书搜索,窗口下方提供全部字段以及书名、作者、主题词、丛书名和目次等选择字段,用于限定检索词的搜索范围(图6.3.4)。图书频道还增加了"外文搜索"按钮,可以搜索外文图书。

图 6.3.4 图书频道页面

检索示例:搜索书名含"网络信息检索"的中文图书

分析提示:检索词使用"网络信息检索",检索范围选择"书名",检索频道选择"图书"。

第一步:输入检索词。在检索窗口输入"网络信息检索"。

第二步:选择检索范围和检索频道。窗口下方选择"书名"字段,窗口上方选择"图书"频道(图6.3.4)。

第三步:查看检索结果。点击"中文搜索"按钮,得到搜索结果,把搜索结果按照"精确匹配"和"时间降序"排列,可以把内容更相关的新书列在前边(图6.3.5)。

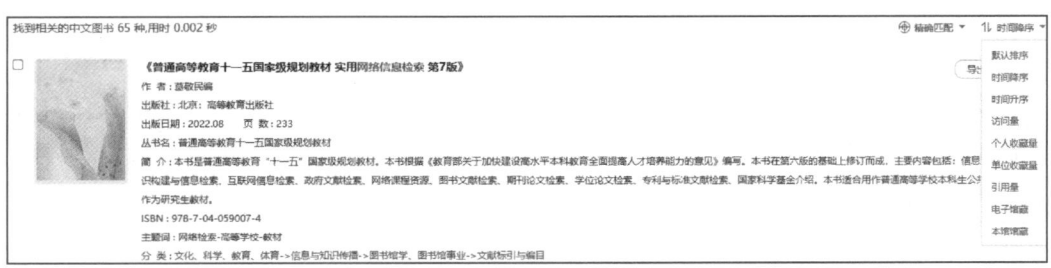

图 6.3.5 检索结果按时间降序排列

第四步：选择检索结果。新书只提供简单的出版信息，不能提供试读。如果希望试读电子图书，可以在图6.3.5右栏选择按"电子馆藏"排序（图6.3.6）。

图6.3.6　检索结果按电子馆藏排序

第五步：浏览图书信息。点击图6.3.6下方的"试读"，可以浏览图书目录页（图6.3.7）和正文前15页（图6.3.8）。

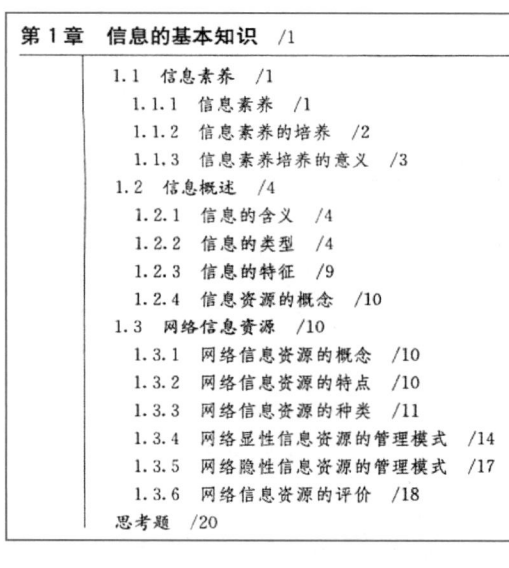

图6.3.7　目录页　　　　　　　　图6.3.8　正文页

2. 高级搜索

高级搜索页面提供书名、作者、主题词、出版社、中图分类号等搜索窗口，窗口后有提示文字信息（图6.3.9）。

（三）电子书搜索

读秀的电子书功能可以提供整本电子书的网络阅读服务。电子书搜索页面只提供简单搜索窗口，窗口下方提供全部字段、书名和作者三种选择，如果对检索结果不满意，可以点击"在结果中检索"再次进行搜索。

图 6.3.9　高级搜索页面

检索示例：搜索网络信息检索类电子书

分析提示：检索词可使用"网络信息检索"，检索范围应选择"书名"，检索频道宜选择"电子书"。

第一步：输入检索词。在检索窗口输入"网络信息检索"。

第二步：确定检索范围和检索频道。窗口下方选择"书名"，窗口上方选择更多，找到"电子书"（图 6.3.10）。

图 6.3.10　检索页面

第三步：查看检索结果。点击“搜索”按钮，得到相关图书 45 种，从页面右边选择按照“时间降序”排列（图 6.3.11）。

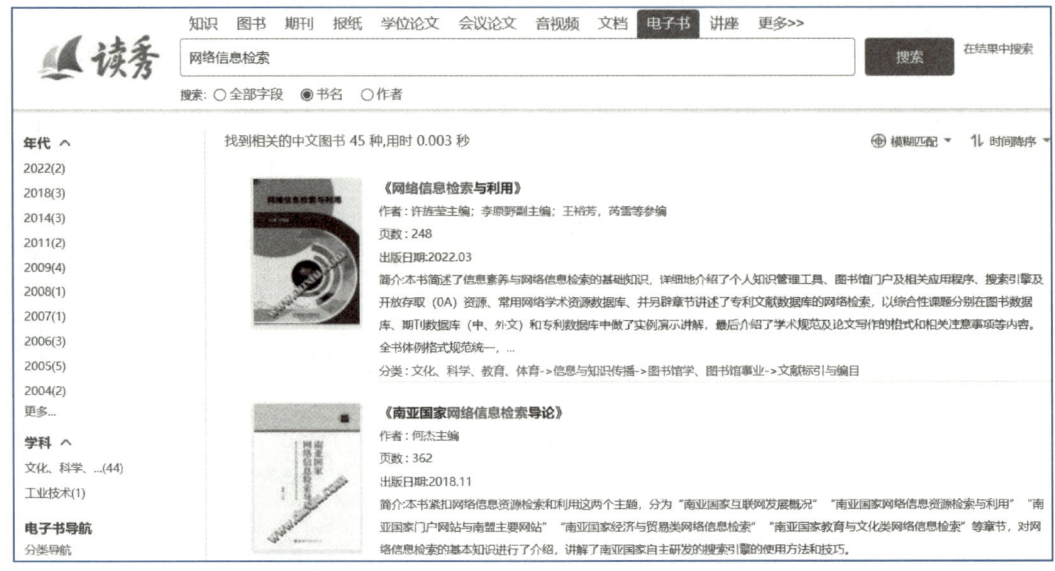

图 6.3.11　搜索结果 45 种

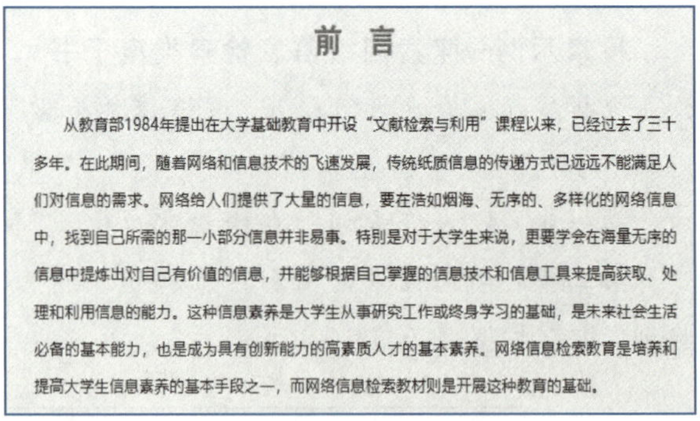

第四步：阅读电子书。阅读电子书需要先注册，注册成功后，点击书名，即可打开电子书进行阅读（图 6.3.12，图 6.3.13）。

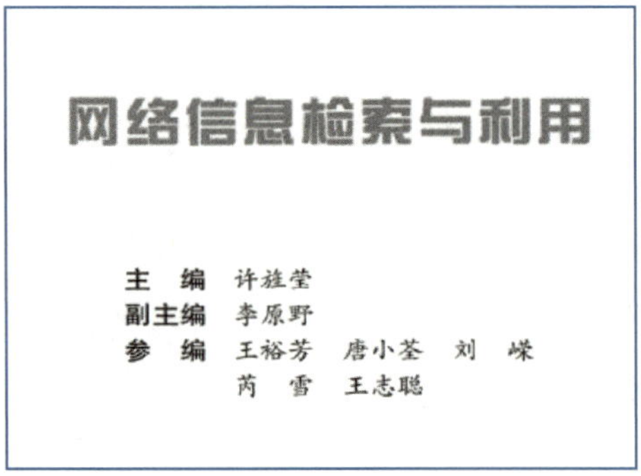

网络信息检索与利用

主　编　许旌莹
副主编　李原野
参　编　王裕芳　唐小荃　刘　嵘
　　　　芮　雪　王志聪

图 6.3.12　书名页

前　言

从教育部1984年提出在大学基础教育中开设“文献检索与利用”课程以来，已经过去了三十多年。在此期间，随着网络和信息技术的飞速发展，传统纸质信息的传递方式已远远不能满足人们对信息的需求。网络给人们提供了大量的信息，要在浩如烟海、无序的、多样化的网络信息中，找到自己所需的那一小部分信息并非易事。特别是对于大学生来说，更要学会在海量无序的信息中提炼出对自己有价值的信息，并能够根据自己掌握的信息技术和信息工具来提高获取、处理和利用信息的能力。这种信息素养是大学生从事研究工作或终身学习的基础，是未来社会生活必备的基本能力，也是成为具有创新能力的高素质人才的基本素养。网络信息检索教育是培养和提高大学生信息素养的基本手段之一，而网络信息检索教材则是开展这种教育的基础。

图 6.3.13　前言

二、读秀的其他功能

读秀具有全面搜索各种文献类型的功能，不仅能够搜索科学类文献（图书、报刊、学位论文、会议论文），而且能够搜索技术类文献（专利、标准）；不仅具有工具书（词典、百科）功能，而且能提供教学视频等。但上述功能相比其他学术平台并无优势，所以在此不作展开介绍。

小　结

　　读秀是一个学术搜索引擎及文献资料服务平台,读秀的最大特色是能够同时搜索到多种图书相关章节的内容集合。

　　读秀的知识频道集中了不同图书相关章节的"碎片",特别有助于对某一知识模块的多方位理解,也能够作为图书编著的参考;图书频道展示了多种图书的部分页面,有助于选择合适的纸本图书进行借阅;电子书频道则提供少量图书的整本阅读。

　　读秀的搜索功能十分全面,能够搜索各种类型的文献,也提供视频搜索,还能够当作电子工具书使用。读秀的缺点是提供的文献信息稍有滞后,如果要检索图书之外的文献类型,建议使用其他相关学术资源平台。

习　题

一、实践操作题

1. 重复本节检索示例的检索过程。
2. 浏览熟悉读秀的各个检索频道。
3. 利用读秀知识频道加深理解"区块链"的含义。
4. 利用读秀知识频道查询"人工智能"的多种应用。
5. 利用读秀期刊频道检索袁隆平院士的文章《妈妈,稻子熟了》。

二、讨论题

1. 哪些情况下需要读秀的帮助?
2. 读秀与超星数字图书馆的功能互补。

三、思考题

1. 怎样理解读秀的特色是"打碎"图书?
2. 读秀对提升自学能力有何帮助?

第七章
期刊论文检索

期刊是有着固定名称的连续出版物，一般可分为学术期刊和非学术期刊。学术期刊通常发布最新的学术研究成果，这些成果以学术论文的形式出现，即期刊论文。期刊论文记录了科技工作者的研究数据，反映了研究水平，是评价科技工作者科研成果的重要依据。

期刊论文是知识传播的一种主要形式，对学术交流非常重要，在学术研究中占据核心地位。多种学术期刊为研究者提供了一个个分享、交流、批评和反馈研究成果的平台，并为相关领域的研究进展和趋势提供了宝贵的记录。

期刊论文对大学生知识构建的重要性包括：首先，学术期刊提供了一个深入了解学术研究、提高学术水平和扩展知识视野的平台，通过阅读期刊论文，可以及时了解学术前沿的信息和发展趋势；其次，阅读论文可以帮助理解专业领域内的学术语言和表达方式，为今后的学术沟通和交流打下基础；第三，期刊论文通常详细描述研究方法和过程，可以通过这些描述学习和掌握各种研究工具和技巧，也可以从期刊论文中了解到学术界对于研究的规范要求和伦理标准，有助于培养良好的学术习惯；第四，期刊文献提供了丰富的参考文献，可以扩大阅读范围；第五，期刊论文的作者反映了研究者和所在单位的信息，有助于了解和熟悉学术网络和相互关系；第六，阅读期刊论文常常带来新的启示和灵感，有助于激发学术兴趣和科研热情；第七，大量阅读期刊论文，可以提升阅读速度和分析筛选能力，提高文献检索能力和文字处理能力，提升综合科研能力。

高校教师需要不断提升科研能力，毕业生需要撰写论文、报告、毕业设计或者博士论文，这些都需要阅读大量期刊论文，并引用相关的文献来支持自己的观点或发现。因此，期刊论文是高校师生共同关注的重要文献形式。

高校图书馆订阅纸质期刊的品种数量均有限，广大师生使用更多的是电子期刊数据库。本章介绍常用中英文期刊数据库的常用功能，其他数据库功能可举一反三，根据具体需要自学。

第一节　中文期刊数据库

本节重点：知网期刊数据库
主要内容：中文期刊论文检索
教学目的：掌握中文期刊论文的检索方法

中文期刊库是高校师生使用最多的数据库，期刊数据库具有论文数量多、检索入口多、检索速度快、浏览方便、下载容易等优点；主要缺点是在时间上滞后于纸质期刊。

目前国内主要有三大中文期刊数据库：一是知网学术期刊库；二是万方数据的中文学术期刊数据库，三是维普公司的中文期刊服务平台。本节主要介绍前两个中文期刊数据库的主要检索功能。

一、知网学术期刊库

知网学术期刊库是知网学术平台的主要数据库之一。点击知网主页检索窗口下方的"学术期刊"（图7.1.1），即可进入学术期刊库检索页面（7.1.2）。

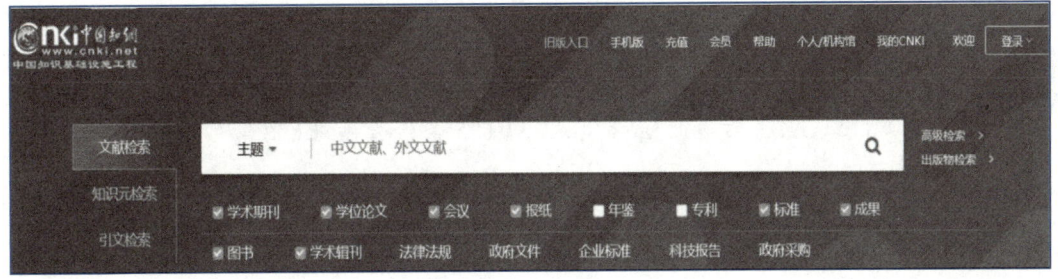

图7.1.1　知网主页

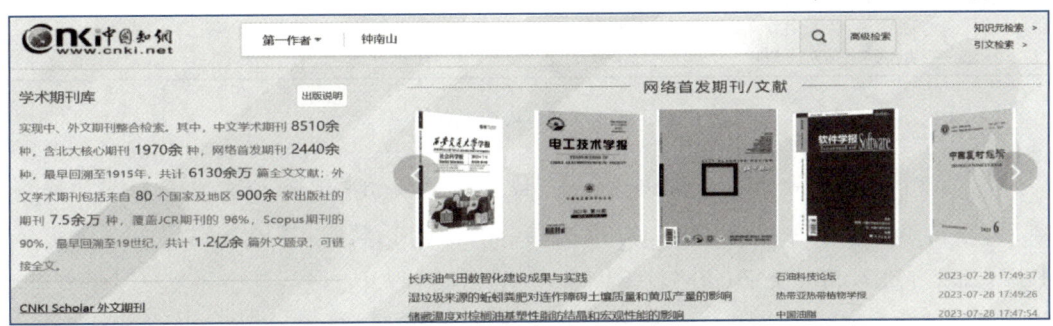

图7.1.2　学术期刊库页面

第七章　期刊论文检索

知网学术期刊库目前收录国内学术期刊8 510余种,期刊论文总量超过6 200余万篇,且每日更新。该数据库是国内高校购置最多的数据库,也是中国知网诸数据库中访问量最大的数据库,主要访问量来自高校的教师、研究生和本科高年级学生群体。

知网学术期刊库主要提供快速检索和高级检索功能,新增加了知识元检索和引文检索功能。

(一) 快速检索

快速检索页面是默认页面,只提供一个检索窗口,可以输入任意检索词。检索窗口左边设有字段选择项,可以限制检索词的检索范围。

知网使用的检索字段包括篇章信息(主题、篇关摘、篇名、关键词、摘要、小标题、全文、参考文献、基金、中图分类号、DOI)、作者/机构(作者、第一作者、通讯作者、作者单位、第一单位)和期刊信息(期刊名称、ISSN、CN、栏目信息)等(图7.1.3)。

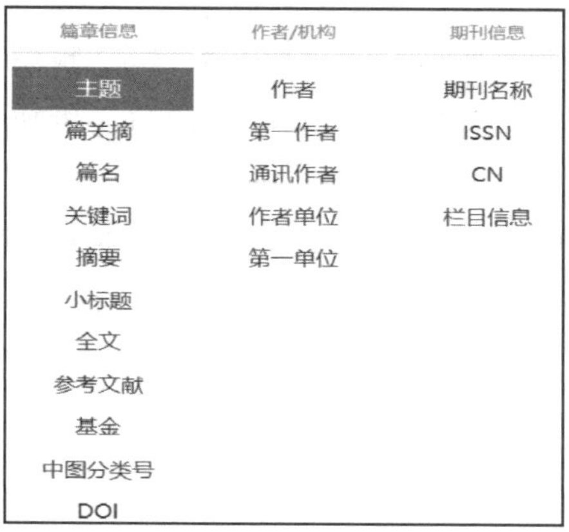

篇章信息	作者/机构	期刊信息
主题	作者	期刊名称
篇关摘	第一作者	ISSN
篇名	通讯作者	CN
关键词	作者单位	栏目信息
摘要	第一单位	
小标题		
全文		
参考文献		
基金		
中图分类号		
DOI		

图 7.1.3　期刊检索字段

检索示例: 查找钟南山院士撰写的期刊论文

分析提示:钟南山院士撰写的论文包括独立作者和第一作者撰写的论文。

第一步:实施检索过程。可把"钟南山"作为检索词输入,左边检索字段选择"第一作者"(图7.1.2),点击右边的检索镜,得到155条检索结果(图7.1.4)。

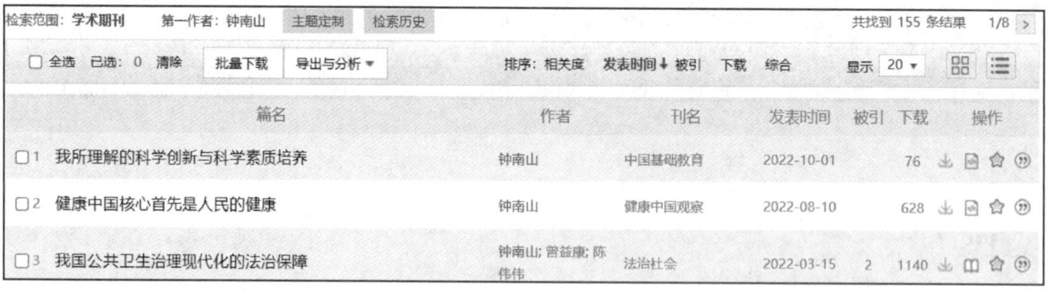

图 7.1.4　检索结果

第二步:浏览检索结果。默认状态下,检索结果按相关度和论文发表时间的降序排列,每篇论文的信息包括篇名、作者、刊名、发表时间、被引、下载等信息。如选择第1篇点击,可进入摘要页面(图7.1.5)。

第三步:获得期刊论文。学术期刊库提供手机阅读、HTML阅读、CAJ下载和PDF下载4种阅读方式(图7.1.6)。

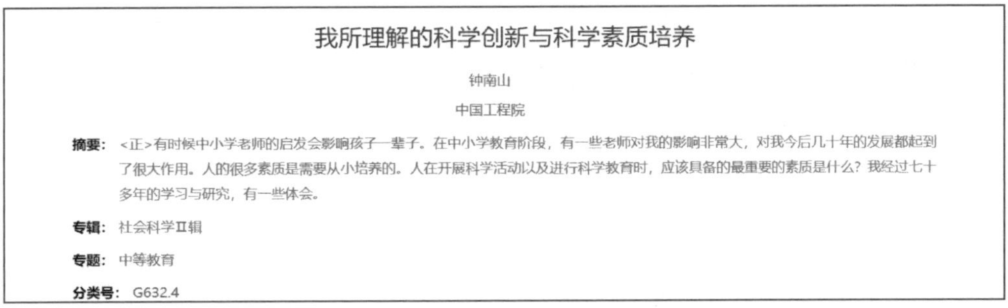

第一节　中文期刊数据库

我所理解的科学创新与科学素质培养

钟南山

中国工程院

摘要：<正>有时候中小学老师的启发会影响孩子一辈子。在中小学教育阶段，有一些老师对我的影响非常大，对我今后几十年的发展都起到了很大作用。人的很多素质需要从小培养的。人在开展科学活动以及进行科学教育时，应该具备的最重要的素质是什么？我经过七十多年的学习与研究，有一些体会。

专辑： 社会科学Ⅱ辑

专题： 中等教育

分类号： G632.4

图 7.1.5　期刊原文摘要页面

图 7.1.6　期刊原文

（二）高级检索

点击图 7.1.2 中窗口右边的"高级检索"可进入高级检索页面（图 7.1.7）。高级检

图 7.1.7　高级检索页面

第七章　期刊论文检索

索页面设有多个检索窗口(可以通过窗口右边的"+""-"号增减),同快速检索一样,窗口左边也设有字段选择,不同的是字段选择再往左还提供逻辑运算符(AND、OR 和 NOT),窗口最右边还设置了"精确"和"模糊"选项。

检索窗口的下边提供了时间范围、来源类别等多项限制,以按照检索需求逐步缩小检索范围。

检索示例:查找有关研究生数学考试的期刊论文

分析提示:可选择"研究生""数学""考试"作为检索词,并要求论文题目同时包含 3 个检索词,论文来源不限。

第一步:实施检索过程。把 3 个检索词分别输入 3 个检索窗口中;检索窗口的检索字段均选择"篇名";逻辑关系均选择"AND";来源类别是"全部期刊"(图 7.1.7)。

第二步:浏览检索结果。点击"检索",检索结果共 50 篇相关论文(图 7.1.8);如果选择第 3 篇论文题目点击,可得到该篇论文的摘要(图 7.1.9)。

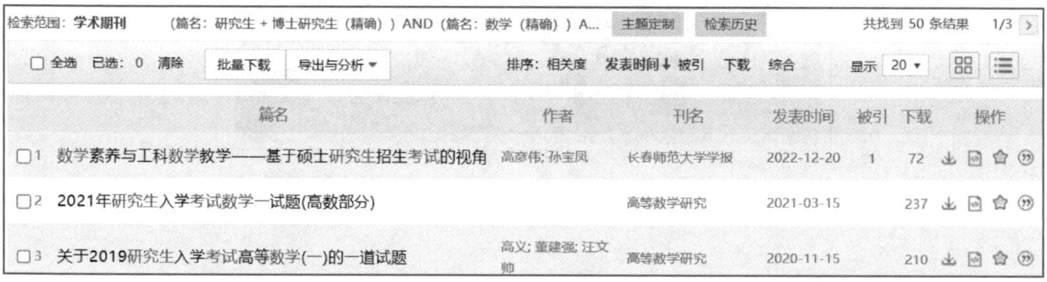

图 7.1.8　检索结果

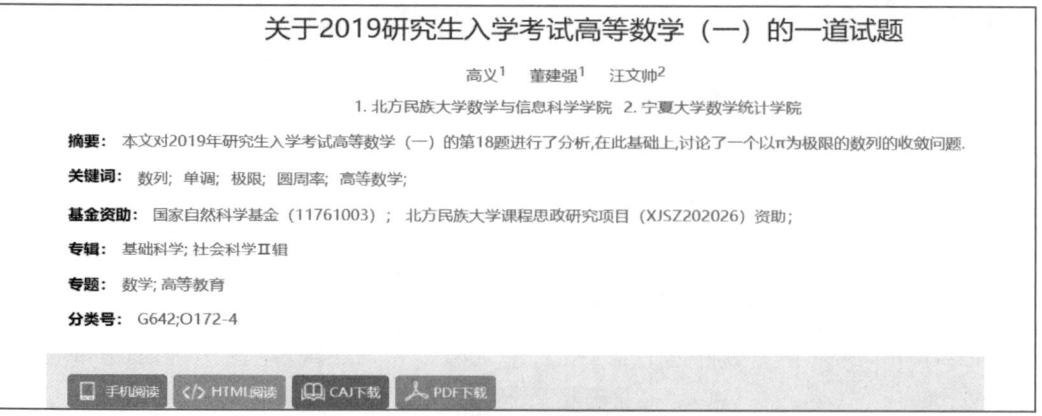

图 7.1.9　摘要信息

第三步:获得期刊论文。如果对该文感兴趣,可以任选手机阅读、HTML阅读、CAJ下载和PDF下载方式获得全文(图7.1.10)。

1 引言

2019年研究生入学考试高等数学(一)的第18题是一个关于数列单调性和递推公式的证明以及求极限的问题,主要考查学生对分部积分法、换元法、两边夹定理等知识点的掌握和应用,题目难度不大,但有一定的技巧性.本文对该题展开讨论分析,首先给出了不同于参考答案的另外一种证明方法,并在所提供的参考答案的基础上,讨论一个以π为极限的数列的收敛问题,最后对数列进行了数值逼近计算.

试题(2019年考研高等数学(一)第18题)

设 $a_n = \int_0^1 x^n \sqrt{1-x^2} \, dx$ $(n=0,1,2,\cdots)$,

(1)证明:数列$\{a_n\}$单调减少,且

$a_n = \frac{n-1}{n+2} a_{n-2}$ $(n=2,3,\cdots)$;

(2)求 $\lim\limits_{n\to\infty} \frac{a_n}{a_{n-1}}$.

1.1 命题组提供的参考答案

(1)由于在[0,1]上,$x^{n+1}-x^n \leq 0$,所以$a_{n+1}-a_n \leq 0$,即数列$\{a_n\}$单调减少.

图 7.1.10 文献正文页面

(三)专业检索

高级检索页面提供专业检索,专业检索页面与高级检索不同的是只提供一个检索窗口,用于输入检索词和逻辑运算符构造的检索式。窗口右边提供"专业检索使用方法",介绍检索式的构造并提供示例,检索字段代码如表7.1.1所示。检索窗口下方的限制条件与高级检索页面相同(图7.1.11)。

表 7.1.1 知网使用的字段代码

序 号	字 段 名 称	说　　　明	代　码
1	主题	篇名、关键词和系统提示词字段	SU
2	篇关摘	篇名、关键词、摘要任一字段	TKA
3	篇名	论文名称	TI
4	关键词	论文给出的关键词	KY
5	全文	论文全文	FT
6	作者	论文责任人(中文名/英文名/拼音)	AU
7	第一作者	排在第一位的作者或独立作者	FI
8	通讯作者	论文的联系人(研究生导师等)	RP
9	作者单位	作者所在单位(全称/简称/曾用名)	AF
10	基金	支持项目研究的基金名称	FU

续表

序号	字段名称	说明	代码
11	摘要	论文内容摘要	AB
12	小标题	论文的副标题	CO
13	参考文献	论文引用文献	RF
14	分类号	《中图法》的分类号	CLC
15	文献来源	论文所在的刊物名称	LY
16	文献标识符	论文唯一标识号	DOI

图 7.1.11　专业检索窗口

检索示例：查找近年来有关研究生数学考试的期刊论文

第一步：编写检索式。根据图 7.1.11 右栏提示，篇名字段代码为"TI"，逻辑与代码为"AND"。如果把图 7.1.7 的检索含义写成检索式，应为"TI=研究生 AND TI=数学 AND TI=考试"（图 7.1.11）。

第二步：获得检索结果。点击"检索"，获得检索结果与图 7.1.8 相同。

（四）分类检索

高级检索页面左栏默认隐藏着文献分类目录（图 7.1.12）。

文献分类包括基础科学、工程科技Ⅰ辑、工程科技Ⅱ辑、农业科技、医药卫生科技、哲学与人文科学、社会科学Ⅰ辑、社会科学Ⅱ辑、信息科技和经济与管理科学等 10 个专辑（表 7.1.2），可以从学科分类途径进行检索，有助于提高文献的查全率。

第一节 中文期刊数据库

图 7.1.12 高级检索页面左栏的文献分类

表 7.1.2 文献分类目录的 10 个专辑

序号	专 辑 名 称	学 科 范 围	收录期刊数
1	基础科学	数学、物理、生物、天文、气象、地质、海洋、资源等	845
2	工程科技Ⅰ辑	化学、化工、材料、矿业、冶金、轻工、安全、环保等	1 038
3	工程科技Ⅱ辑	机械、仪器、武器、运输、水利、建筑、能源、电力等	1 262
4	农业科技	农业、农工、农艺、植物、林业、畜牧、养蜂、水产等	624
5	医药卫生科技	预防、中医、西医、医药、临床、各科、军医、生物等	1 360
6	哲学与人文科学	文学、艺术、地理、文化、历史、考古、哲学、宗教等	1 265
7	社会科学Ⅰ辑	马列、中国共产党、政治、行政、军事、公安、法律等	1 151
8	社会科学Ⅱ辑	社科、统计、民族、人口、人才、劳动、教育、体育等	2 093
9	信息科技	无线、电信、计算机、网络、传媒、出版、图情档等	644
10	经济与管理科学	经济、旅游、贸易、财政、金融、保险、会计、管理等	1 334

147

文献分类只提供类目名称,不提供类号。点击类目左边的"+"号,可以逐级打开下一级类目,最小可到四级类目。

检索示例:查找有关数字图书馆的期刊论文总数

分析提示:分类检索途径适合于要求查全率的情况,本例可使用分类检索方式。

检索步骤:信息科技→图书情报与数字图书馆→图书馆学、图书馆事业→数字图书馆(图7.1.13),得到有关数字图书馆的论文总数17 351篇(图7.1.14)。

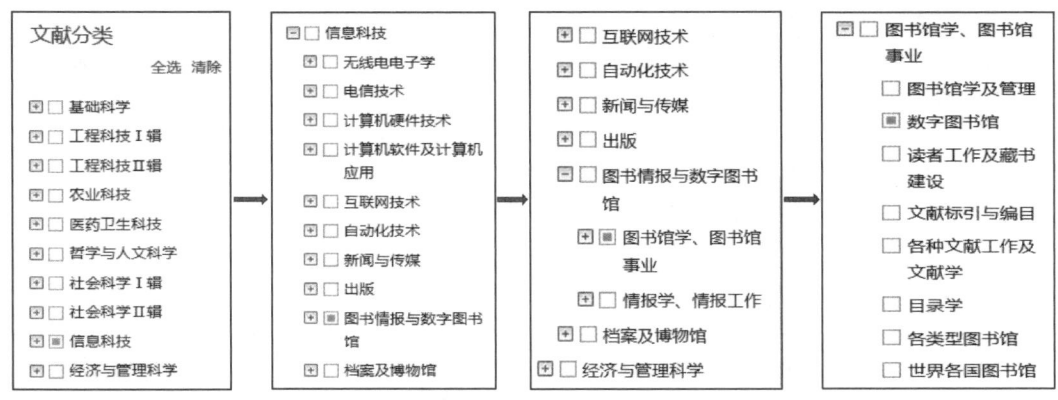

图7.1.13 文献分类搜索(一级类到四级类)

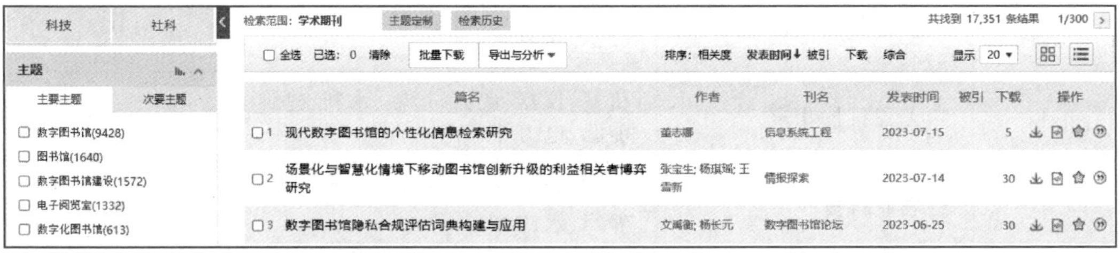

图7.1.14 数字图书馆论文总数

在左栏"主题"下的"主要主题"选择"数字图书馆",则文献数量减少为9 428篇(图7.1.15)。

图7.1.15 数字图书馆主题论文总数

二、中国学术期刊数据库

中国学术期刊数据库(简称中刊库)是万方数据知识服务平台(简称万方数据平台)的重点数据库之一。中刊库收录文献始于1998年,包含8 000余种期刊,论文超过1亿篇,年增300万篇,周更新2次。中刊库内容涵盖自然科学、工程技术、医药卫生、农业科学、哲学政法、社会科学、科教文艺等各个学科。

万方数据平台页面设计非常简单,只有一个检索窗口(图7.1.16)。窗口左边"全部"中隐藏着10种文献类型(图7.1.17);窗口中隐藏着检索字段的选择,检索字段因文献类型而异;窗口右边有高级检索和检索历史。

图7.1.16 万方数据知识服务平台主页

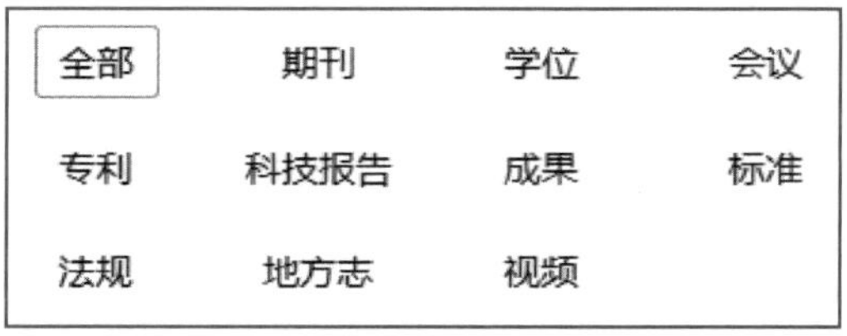

图7.1.17 隐藏的10种文献类型

(一) 快速检索

平台默认检索页面为快速检索,可在窗口输入任意检索词,选择点击右侧的检索镜即可。

检索示例:查找袁隆平院士撰写的文章

分析提示:选择"袁隆平"作为检索词,检索字段应选择"作者",文献种类应选择"全部"。

第一步:选择检索字段。点击搜索窗口,检索字段选择"作者"。

第二步:输入检索词。在"作者"后边输入"袁隆平"(图7.1.18)。

图7.1.18 检索窗口

第七章　期刊论文检索

第三步：浏览检索结果。点击搜索镜，检索结果显示348条（图7.1.19）。

图 7.1.19　检索结果

（二）高级检索

点击平台窗口右边的"高级检索"即进入高级检索页面，对于容易重名的作者，可使用高级检索（图7.1.20）。

图 7.1.20　高级检索页面

默认状态下，高级检索页面有三排检索窗口：第一排窗口左侧有"+"和"-"号，用于增减检索窗口；第二排窗口开始，左侧有"与""或""非"三种逻辑选择，表明与上排检索词之间的逻辑运算关系。每个检索窗口的左侧设有检索字段选择，右侧有"精确"与"模糊"选择。

检索示例：查找北京大学王选院士的文章

分析提示：选择"王选"作为检索词，重名的作者比较多；"北京大学"可作为辅助检索词。使用逻辑"与"的功能，可排除其他单位的王选。

检索过程：在第一排检索窗口输入"王选"，左侧检索字段选择"作者"，右侧选择

"精确";在第二排窗口输入"北京大学",左侧检索字段选择"作者单位",右侧选择"模糊"("北京大学"和"北大"均可);点击"检索"按钮,得到37篇文章(图7.1.21)。

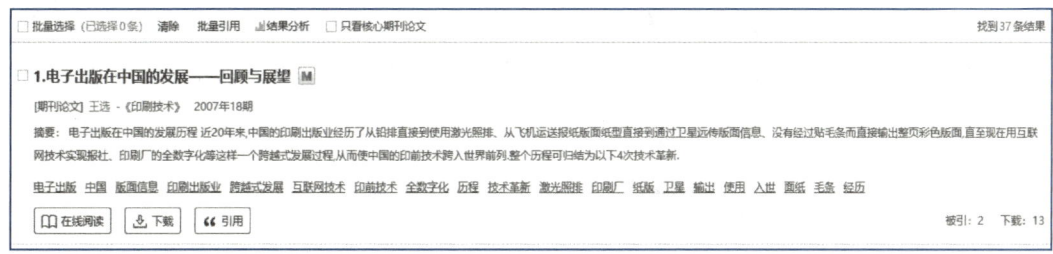

图 7.1.21　检索结果

小　结

中文期刊库是高校师生使用最多的数据库。在国内的中文期刊数据库中,知网学术期刊库是高校应用最广的期刊数据库,其次是万方数据的中国学术期刊数据库。

大型期刊数据库均提供多种检索途径,基本检索途径是通过检索窗口进行检索。快速检索只需单个检索窗口,检索结果往往需要进行多次处理;高级检索页面提供多个检索窗口,可直观地使用多个检索词,检索结果容易控制。

通过研读高质量的期刊论文,可以学习如何组织文章、如何明确表达观点、如何进行文献引用和如何进行逻辑论证,这对撰写毕业论文以及后续的学术研究都是非常有帮助的。长期研读期刊论文可以帮助大学生提高自己的学术水平,对于那些希望继续深造或进入研究领域的学生尤其重要。

习　题

一、实践操作题

1. 重复本节检索示例的检索过程。
2. 检索屠呦呦的《获诺贝尔奖感言》。
3. 分别用知网和万方检索袁隆平院士的《幸福是什么》并比较阅读体验。
4. 分别用知网和万方检索王选院士的《如何使研究生做出一流成果》并比较检索结果。
5. 分别用知网和万方检索钟南山院士的《创新人才要有"五干"精神》。

二、讨论题

1. 期刊论文的重要性主要体现在哪些方面?

2. 为什么高校会同时购置知网和万方的使用权?

三、思考题

1. 图书检索和期刊论文检索对知识构建各有什么作用?

2. 为什么大学生尤其是高年级学生要学习使用中文期刊数据库?

第二节　外文期刊数据库

本节重点：Engineering Village
主要内容：常用外文期刊数据库介绍
教学目的：学会获取外文期刊论文

外文期刊数据库是高校师生和研究人员了解熟悉国际科研状况的重要信息源,具有更新速度快、获取原文方便等特点。以下仅介绍几种理工科高校普遍购置的英文数据库。

一、Engineering Village(简称 EV)

Engineering Village(https://www.engineeringvillage.com)是目前世界上最全面的工程技术类文献检索平台,核心数据库是 Compendex(Computerized Engineering Index)。EV 涵盖工程技术和应用科学领域的各个学科,涉及核技术、生物工程、交通运输、化学和工艺工程、照明和光学技术、农业工程和食品技术、计算机和数据处理、应用物理、电子和通信、控制工程、土木工程、机械工程、材料工程、石油、航天、汽车工程等领域。

EV 主要提供快速检索(Quick Search)、专家检索(Expert Search)和词表检索(Thesaurus)3 种检索方式,主页默认的检索方式是快速检索(图 7.2.1),其他两种检索方式予以隐藏。

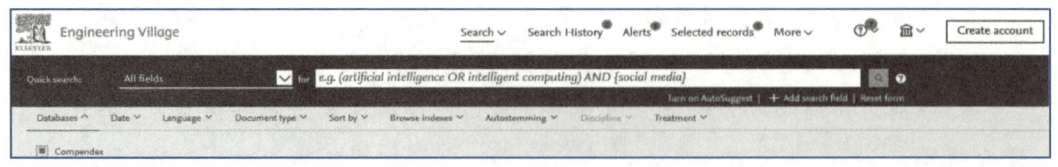

图 7.2.1　快速检索窗口

(一)快速检索

快速检索是常用的检索方式,检索窗口可以输入检索词或检索式,检索窗口左侧提供限制检索词所在的字段,共有22个检索字段可供选择(表7.2.1)。

表7.2.1 EV快速检索使用的检索字段

字 段 名 称	说 明
All fields	所有字段
Subject/Title/Abstract	主题/题名/摘要
Abstract	摘要
Author	著者
Author affiliation	著者单位
Title	题名
Standard ID	标准ID代码
Ei Classification code	Ei分类代码
CODEN	6位期刊代码
Conference information	会议信息
Conference code	会议代码
ISSN	国际标准连续出版物号
Ei main heading	Ei主题词
Publisher	出版者
Source title	出版物名称
Controlled term	受控词
Uncontrolled term	自由词
Country of origin	国别
Funding number	基金编号
Funding acronym	基金缩写
Funding sponsor	基金来源
Funding information	基金信息

若需要输入多个检索词,点击窗口下方的"Add search field",可增加检索窗口,最多可打开12个检索窗口(图7.2.2)。

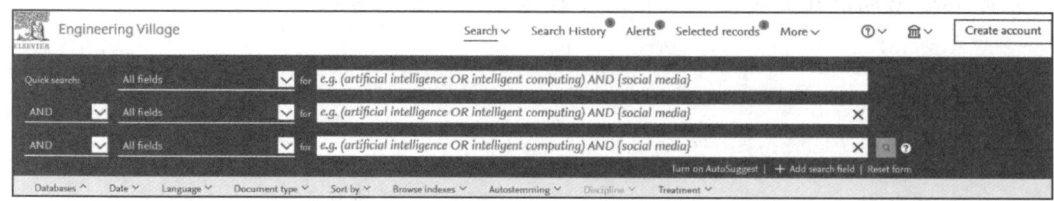

图7.2.2 检索限制项与多个检索窗口

若要对检索结果进行限制,检索窗口下方从左至右提供数据库(Databases)、日期(Date)、语种(Language,表7.2.2)、文档类型(Document type,表7.2.3)、排序方式(Sort by)、浏览索引(Browse indexes)、自选词根(Autostemming)、处理类型(Treatment,表7.2.4)等选项。

表7.2.2 EV使用的语种

语 言 名 称	说　　明	语 言 名 称	说　　明
All Languages	全部语种	Italian	意大利文
Chinese	中文	Japanese	日文
English	英文	Russian	俄文
French	法文	Spanish	西班牙文
Germen	德文		

表7.2.3 EV的文档类型

文 档 名 称	说　　明	文 档 名 称	说　　明
All Document types	全部文档类型	Journal article	期刊论文
Article in Press	待发论文	Note	注释
Book	专著	Patents(before 1970)	专利(1970年前)
Book chapter	专著章节	Preprint	预印本
Conference article	会议论文	Report chapter	报告章节
Conference proceeding	会议录	Report review	报告评论
Dissertation	学位论文	Retracted	撤回
Editorial	社论	Standard	标准
Erratum	勘误表		

表 7.2.4　EV 的文档处理类型

处 理 类 型	说　　明	处 理 类 型	说　　明
All Treatments	全部处理类型	Historical	历史类
Applications	应用类	Literature review	文献评论
Biographical	传记类	Management aspects	管理类
Economic	经济类	Numerical	数值类
Experimental	试验类	Theoretical	理论类
General review	一般性综述		

搜索结果的排序方式有两种：按日期（Date）和按相关度（Relevance）排序。EV 的自选词根（Autostemming）功能不用时可以选择关闭（Turn autostemming off）。EV 使用的浏览索引有著者（Author）、著者单位（Author affiliation）、分类号（Classification code）、受控词（Controlled term）、出版者（Publisher）和来源（Source title）等。

检索示例：查找 2012 年以来有关氢能源汽车的研究论文（要求检索词出现在题目中，中文期刊论文优先选择）

分析提示：氢能源汽车可译为 Hydrogen Vehicle，作为检索词。

第一步：输入检索词。在快速检索窗口输入"Hydrogen Vehicle"。

第二步：选择检索字段。在限制窗口选择"Title"。

第三步：选择年代。点击窗口下方的"Date"，选择"2012－2022"年（图 7.2.3）。

图 7.2.3　快速检索示例

第四步：检索。点击右边搜索镜，得到 554 条检索结果，默认按相关度排序（图 7.2.4）。

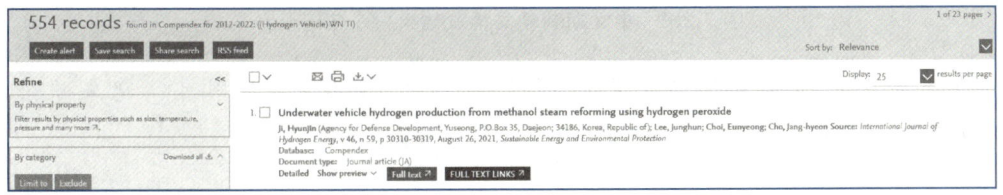

图 7.2.4　检索结果（554 条记录）

第五步：浏览信息。选择相关度最高的第一条，点击"Detailed"，可浏览该文的详细信息（图7.2.5）。

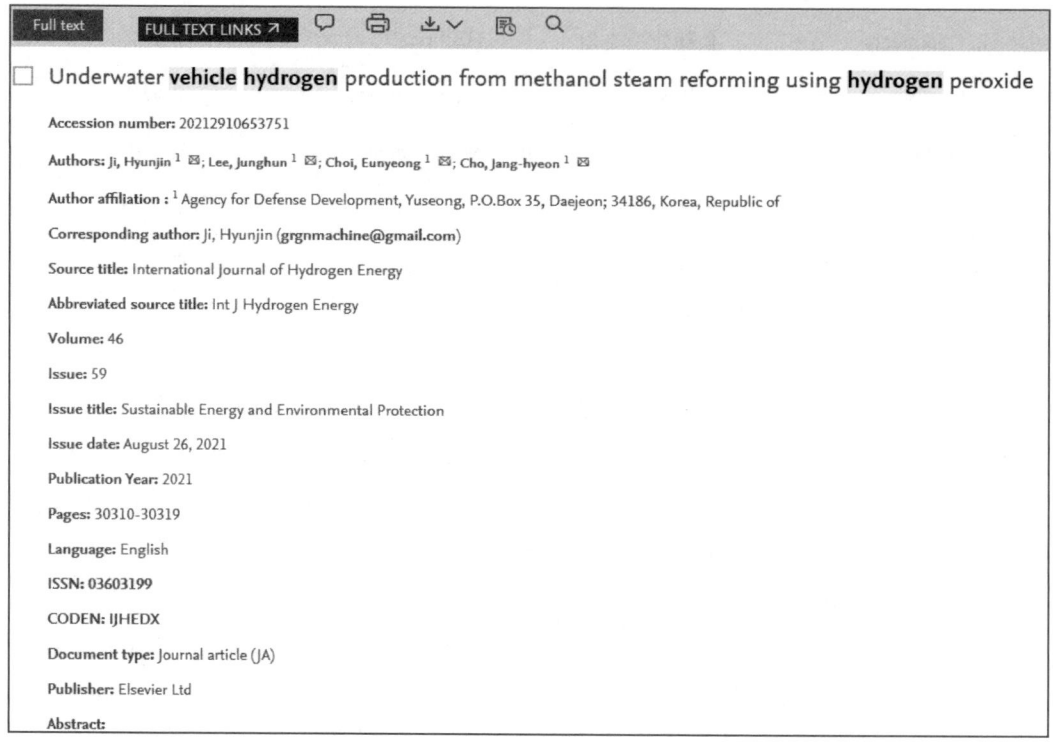

图7.2.5　详细信息（注意：快速检索模式下，检索词的词序可以改变）

第六步：选择中文期刊论文。先点击图7.2.3检索窗口下方的"Language"，选择"Chinese"；再点击"Document type"，选择"Journal article"，得到检索结果（图7.2.6）。

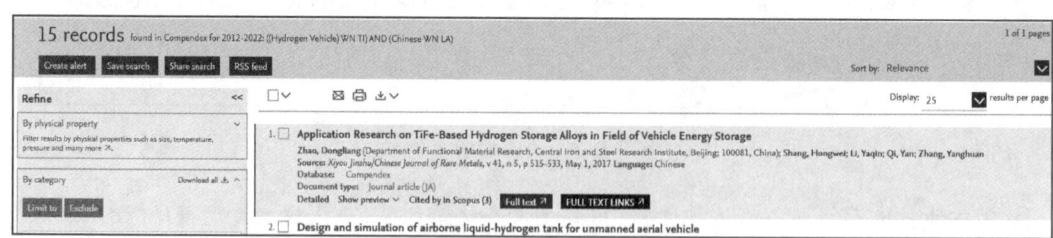

图7.2.6　中文期刊论文检索结果（15条记录）

如果检索单位购置了原文期刊数据库，点击"Full text"，则可浏览文献全文（图7.2.7）。

第41卷　第5期　Vol. 41　No. 5
稀　有　金　属
CHINESE JOURNAL OF RARE METALS
2017年5月　May 2017

钛铁基储氢合金在车载储能领域的应用研究

赵栋梁[1]，尚宏伟[1]，李亚琴[1,2]，祁　焱[1]，张羊换[1]
（1. 钢铁研究总院功能材料研究所，北京 100081；2. 北京科技大学新材料技术研究院，北京 100083）

摘要：新能源汽车的迅速发展，促进了对车载储能材料的需求和研究。钛铁基储氢合金具有室温吸放氢，可逆储氢量高，工作温区广，环保无污染，原材料成本低等特点。其不仅可以通过电化学反应实现氢的贮存，还可以直接与气态氢反应形成金属氢化物，是混合动力汽车、纯电动汽车、氢燃料电池以及氢内燃机汽车车载储能系统的重要材料。本文针对现有新能源汽车类型，介绍了主要的车载储能技术，包括：电化学储能（锂离子蓄电池、镍氢蓄电池、铅酸蓄电池）、高压储罐储能、低压储罐储能等。详细介绍了上述储能技术的工作原理，并论述了其在车载储能系统中应用的优势和不足。通过对比现有的车载储能技术，系统分析了钛铁基储氢合金在新能源汽车储能系统中应用的优势和前景，提出了需要重点改善的性能，包括：活化性能，抗毒化性能和电化学容量等，并总结了国内外相关的研究进展。

关键词：车载储能；钛铁基合金；活化性能；抗毒化性能；电化学容量
doi：10.13373/j.cnki.cjrm.XY17010009
中图分类号：TG146.4　　文献标识码：A　　文章编号：0258-7076(2017)05-0515-19

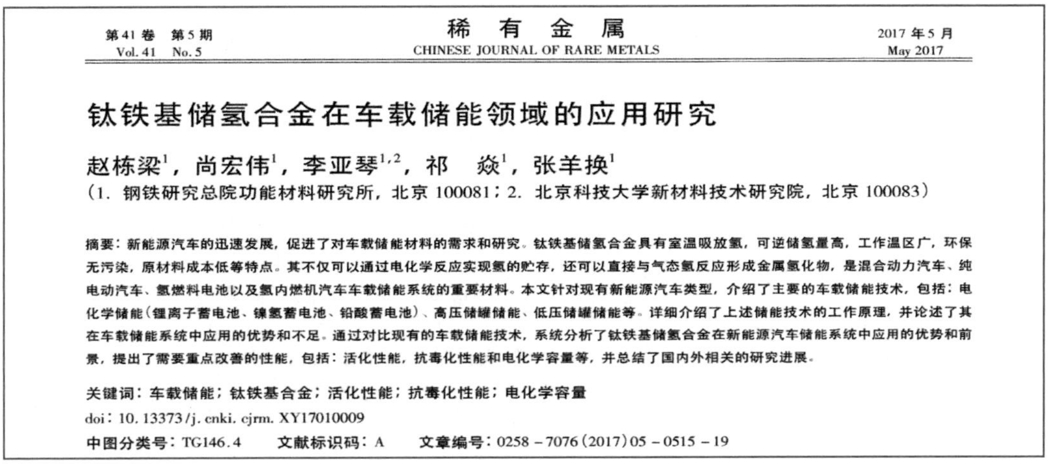

图 7.2.7　原文全文页面

（二）专家检索

点击窗口上方检索（Search）的下拉箭头，可出现专家检索（Expert）和词表检索（Thesaurus）等选项（图 7.2.8）。专家检索只有一个输入窗口（图 7.2.9），窗口内可利用布尔算符和位置算符（表 7.2.5）编写逻辑检索式，使得检索结果更加精确。为了方便逻辑检索式的编写，窗口下方设有检索代码（Search codes）表，列出了各检索字段的缩写代码（表 7.2.6）。借助于浏览索引（Browse indexes），可以自动生成部分检索式。

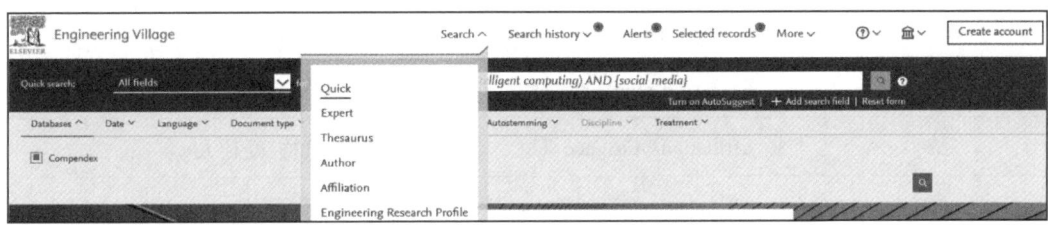

图 7.2.8　检索窗口选项

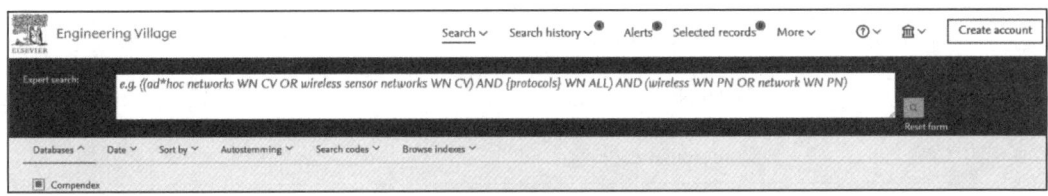

图 7.2.9　专家检索窗口

表 7.2.5　EV 使用的检索算符

检索算符	算符代码	算符说明
逻辑算符	and	逻辑"与",用于缩小检索范围
	Or	逻辑"或",用于扩大检索范围
	not	逻辑"非",用于排除不需要的词实现缩减
优先算符	( )	( )内的检索式运算优先,可嵌套( )
短语检索符	" "或{ }	引号或括号内短语作为检索整体
截词符	*	无限截词
	?	有限截词,一个"?"代表一个字符
	$	要求相同词根
位置算符	Near/N	两词之间可以间隔 N 个词,词序可变
	Onear/N	两词之间可以间隔 N 个词,词序不变

表 7.2.6　EV 使用的搜索代码

代码	内容	说明
AB	Abstract	文摘
ACT	Access type	存取类型
AN	Accession number	登录号
AF	Affiliation/Assignee	机构/受让人
ALL	All fields	所有字段
AU	Author/Inventor	著者/发明人
FIRSTAU	First author	第一作者
CL	Classification code	分类代码
CN	CODEN	6 位期刊代码
CC	Conference code	会议代码
CF	Conference information	会议信息

续 表

代 码	内 容	说 明
CV	Controlled term/Subject Area	受控词/学科范围
PU	Country of application	应用国
CO	Country of origin	国别
DOI	DOI	数字对象标识符
DT	Document type	文档类型
MH	Ei main heading	Ei 主题词
GFA	Funding acronym	资金缩写
GFI	Funding information	资金信息
GFN	Funding number	资金编号
GAG	Funding sponsor	资金来源
BN	ISBN	国际标准书号
SN	ISSN	国际标准连续出版物号
SU	Issue	刊期
LA	Language	语种
NU	Numerical Data Codes	数值数据代码
PA	Patent application date	专利申请日
PI	Patent issue date	专利发行日
PM	Patent number	专利号
YR	Publication year	出版年
PN	Publisher	出版者
ST	Source title	出版物名称
STDID	Standard ID	标准 ID 代码
KY	Subject/Title/Abstract	主题/题名/摘要
TI	Title	题名
TR	Treatment type	处理类型

续 表

代　码	内　　　容	说　　明
FL	Uncontrolled term	自由词
VO	Volume	卷

检索示例：查找 2010 年以来题名中出现氢能汽车的中文期刊论文

分析提示：检索词为 Hydrogen Vehicle，题名代码为 TI，期刊论文代码为 JA。

第一步：输入检索式。在专家检索窗口输入"hydrogen vehicle wn ti"（字母不区分大小写，wn 是 within 的缩写，要求检索词出现在篇名中）（图 7.2.10）。

```
Expert search:  hydrogen vehicle wn ti
```

图 7.2.10　输入检索词的检索式

第二步：限定期刊论文。点击浏览索引（Browse indexes），在文档类型（Document type）中选择期刊论文代码（JA），再选择逻辑运算符（AND），检索式自动改变（图 7.2.11）。

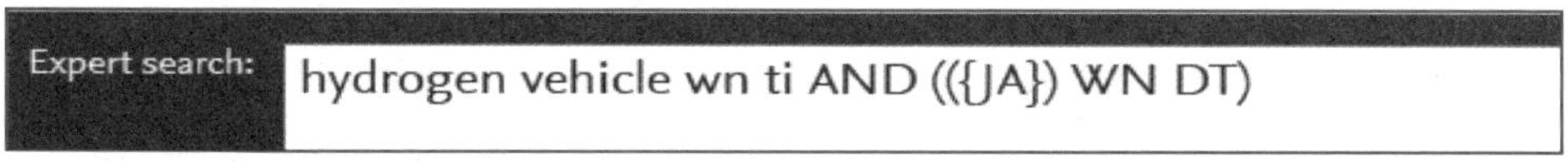

```
Expert search:  hydrogen vehicle wn ti AND (({JA}) WN DT)
```

图 7.2.11　限定期刊论文后的检索式

第三步：限定中文。点击浏览索引（Browse indexes），在语种（Language）中选择中文（Chinese），再选择逻辑运算符（AND），检索式再次改变（图 7.2.12）。

```
Expert search:  hydrogen vehicle wn ti AND (({JA}) WN DT) AND (({Chinese}) WN LA)
```

图 7.2.12　再限定中文后的检索式

第四步：限定年份。选择查找年份（Date）为 2012—2020，点击搜索按钮，得到 7 条检索结果（图 7.2.13），在第一条检索结果链接点击"Detailed"，可浏览该文的详细信息（图 7.2.14）。

注意：在快速检索示例中，检索结果为 15 条；而在专家检索示例中，检索结果只有 7 条。出现检索差别的原因在于：在快速检索中，检索词的词序是可变的；而在专家检索中，检索词的词序不能改变。

第二节 外文期刊数据库

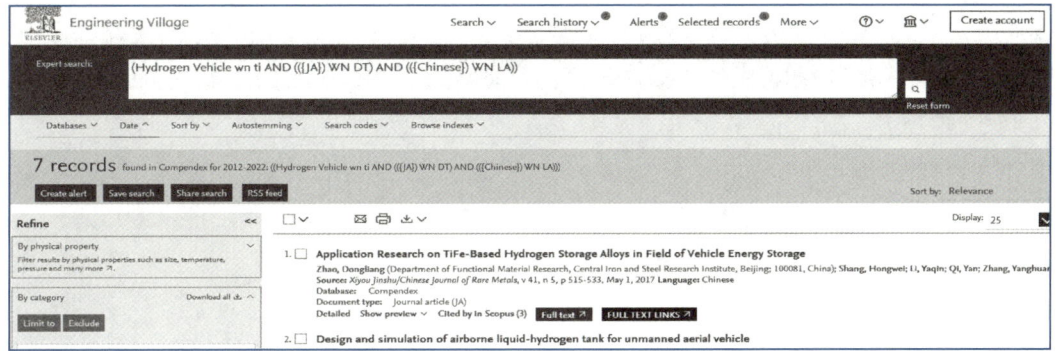

图 7.2.13　检索结果页面(7 条记录)

Application Research on TiFe-Based Hydrogen Storage Alloys in Field of Vehicle Energy Storage

Accession number: 20174104259890

Authors: Zhao, Dongliang [1]; Shang, Hongwei [1]; Li, Yaqin [1,2]; Qi, Yan [1]; Zhang, Yanghuan [1]

Author affiliations: [1] Department of Functional Material Research, Central Iron and Steel Research Institute, Beijing; 100081, China
[2] Institute for Advanced Materials and Technology, University of Science and Technology Beijing, Beijing; 100083, China

Source title: Xiyou Jinshu/Chinese Journal of Rare Metals

Abbreviated source title: Xiyou Jinshu

Volume: 41

Issue: 5

Issue date: May 1, 2017

Publication Year: 2017

Pages: 515-533

Language: Chinese

ISSN: 02587076

CODEN: XIJID9

Document type: Journal article (JA)

Publisher: Editorial Office of Chinese Journal of Rare Metals

图 7.2.14　详细信息

(三) 词表检索(Thesaurus Search)

点击检索"Search"的下拉箭头,选择进入词表(Thesaurus)页面,词表是经过规范化的词汇,借助词表可以选择有效的检索词,提高检索的查全率。

检索示例：利用 EV 词表提高中文期刊有关氢能汽车研究论文的查全率

分析提示：检索词为 Hydrogen Vehicle,词表查出的规范词是主题词。

第一步：核对检索词。在词表检索(Thesaurus search)窗口输入"hydrogen vehicle",点击检索索引(Search index),发现与"Hydrogen Vehicle"含义最为相近的"Hydrogen engines"是词表中使用的规范化词汇。点击"Hydrogen engines"后,该词会出现在右侧窗口中(图 7.2.15)。

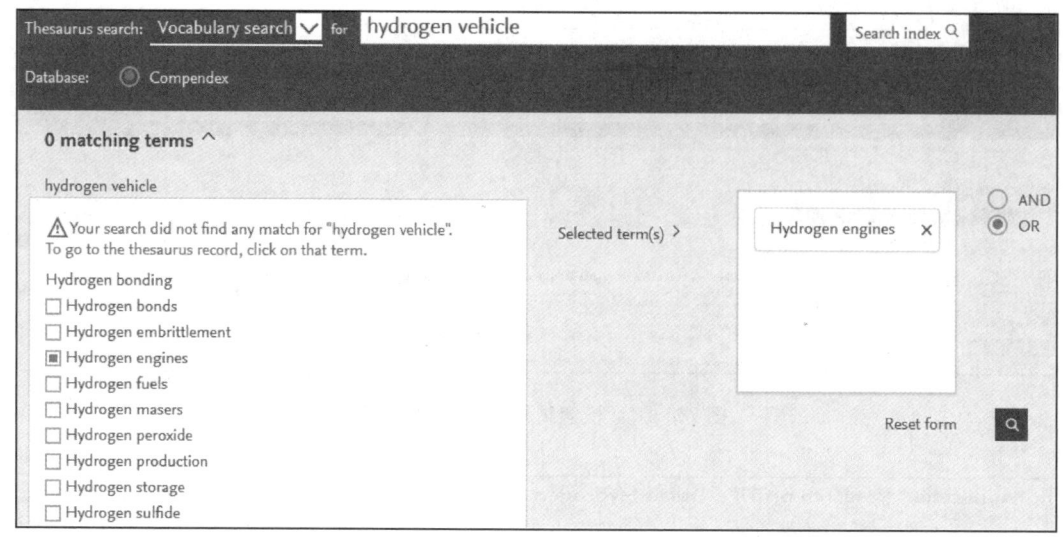

图 7.2.15　EV 词表检索窗口

第二步：重复专家检索第二步至第四步。得到如下检索结果(图 7.2.16)。

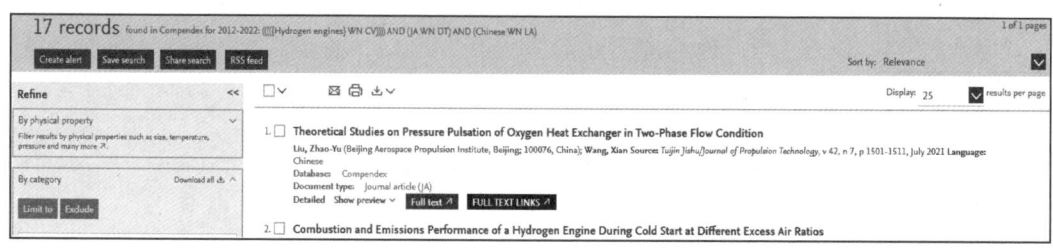

图 7.2.16　利用 EV 词表的检索结果(17 条记录)

通过上述 3 种检索方式得到的检索结果可以看出：虽然上述 3 个示例都是检索 2012 年以来有关氢能汽车"Hydrogen Vehicle"的中文期刊论文，但 3 种检索方式的检索结果存在差异(15 条、7 条和 17 条)。原因是快速检索方式允许检索词词序改变，检索结果较专家检索更多；专家检索方式不允许检索词词序改变，所以检索结果相对较少；词表检索使用"Hydrogen engines"作为检索词，相关的研究论文数量与前两种检索方式的检索结果接近。

EV 提供的 3 种检索方式各有特点，快速检索是为初学者提供的，操作过程简单；专家检索是为掌握了 EV 检索代码的人提供的，通过编写检索式，检索的结果更加准确；词表检索是利用规范化的词汇检索，规范化的词汇能够代表同义词和近义词，检索结果能够提高查全率。

EV 还提供检索历史记录，点击检索"Search"的下拉箭头，选择进入检索历史(Search history)页面，页面记录了进入系统后所做的全部检索过程，包括检索式序号、命中记录数量、所用数据库、检索表达式、检索细节等。

二、ScienceDirect

ScienceDirect(https://www.sciencedirect.com/)是全球较大的科技与医学文献出版发行商荷兰 Elsevier Science 公司开发的检索平台,内容涉及自然科学及工程学、医学、生命科学、社会科学及人文科学等多个学科领域,是国内使用最多的外文全文数据库之一。

ScienceDirect 主页设计简单实用,从上到下依次是检索词输入窗口(提供快速检索、高级检索和专家检索3种检索方式)、学科(按级别)展示和出版物(按字顺)排序,用以提供不同的检索途径。

（一）快速检索

ScienceDirect 主页上方设有一排3个检索窗口(图 7.2.17),可分别输入关键词(Find articles with terms)、刊/书名(In this journal or book title)和著者(Author<s>)。

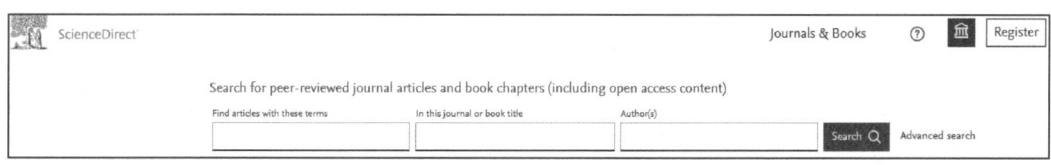

图 7.2.17　快速检索窗口

（二）高级检索

点击快速检索窗口右侧的高级检索(Advanced search),可进入高级检索页面。页面默认提供4排检索选项;当点击页面下方的"Show all fields"时,被隐藏的4排检索选项将显示出来(图 7.2.18)。

每排可分别输入相应检索词进行检索字段限定,各排输入内容如下:

第一排:限定术语检索论文(Find articles with these terms);

第二排:限定期刊或图书题名(In this journal or book title),年(Year<s>);

第三排:著者(Author<s>),著者单位(Author affiliation);

第四排:卷(Volume<s>),期(Issue<s>),页(Pager<s>);

第五排:题名、摘要或作者指定检索词(Title, abstract or author-specified keywords);

第六排:题名(Title);

第七排:参考文献(References);

第八排:国际标准连续出版物号或国际标准书号(ISSN or ISBN)。

（三）学科检索

主页图片下方有一行醒目的文字:ScienceDirec 提供探索科学、技术和医学研究(Explore scientific, technical, and medical research on ScienceDirect)。下方小字是物理

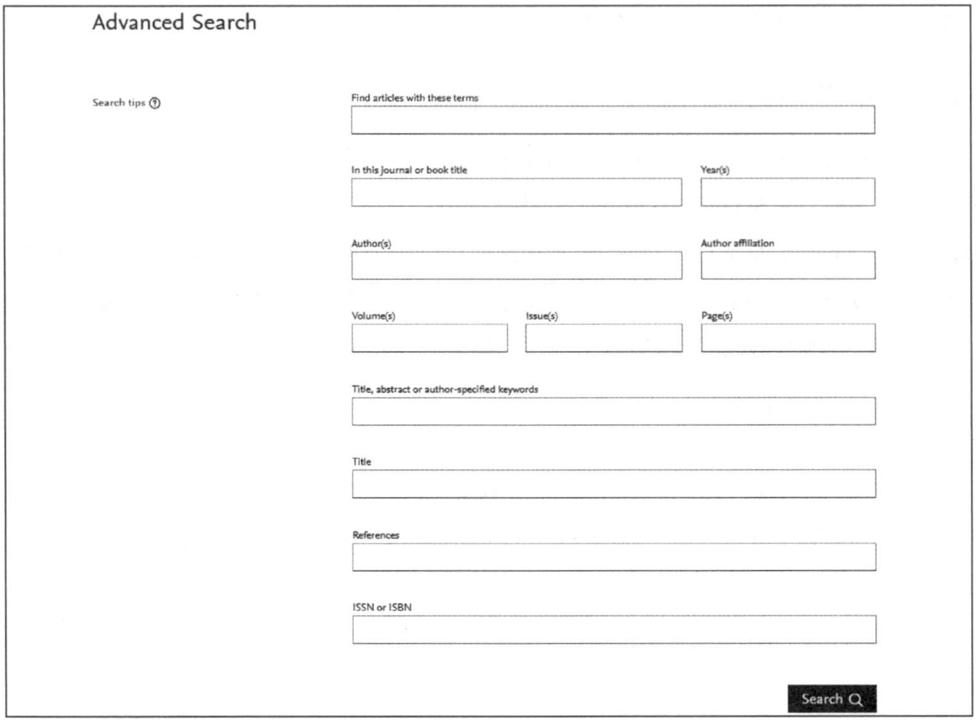

图 7.2.18　高级检索页面

学与工程（Physical Sciences and Engineering）、生命科学（Life Sciences）、健康科学（Health Sciences）、社会人文科学（Social Sciences and Humanities）四个大类（图 7.2.19）。

图 7.2.19　四个学科大类

主页再往下是四个大类的细分类目（物理学与工程分类见图 7.2.20）。通过由大类到小类的逐级缩检，可以获得某一学科类目的全部文献。

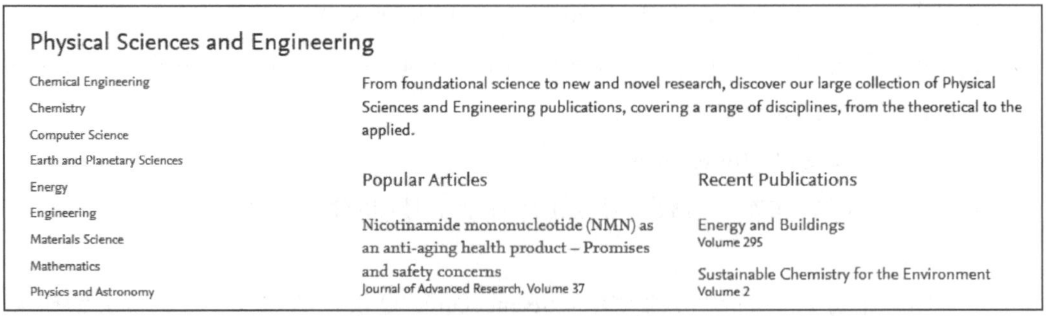

图 7.2.20　物理学与工程分类页面

（四）出版物检索

在主页学科分类下方，ScienceDirect 提供按出版物题名字顺和数字（Browse by Publication Title）的检索方式（图 7.2.21）。

Browse by Publication Title: A B C D E F G H I J K L M N O P Q R S T U V W X Y Z 0-9

图 7.2.21　出版物名称字顺和数字检索

三、Springer Link

Springer Link（https://link.springer.com/）是德国知名的关于科学、技术、医疗的在线信息服务数据库系统，该数据平台可提供各类期刊、图书、丛书、协议、参考工具书、会议录以及回溯文档。

（一）快速检索

Springer Link 主页只有一个检索窗口（图 7.2.22），允许使用常用逻辑运算符：and、or、not 和精确检索符号"（）"。在检索窗口内输入检索词或检索式，点击检索按钮，即可得到检索结果。

图 7.2.22　Springer Link 主页面

（二）高级检索

右键点击窗口右边的齿轮图标，则显示出高级检索（Advanced Search）功能。高级检索提供多达 6 排检索窗口，分别是：

第一排：包含所有字词（with all of the words）；

第二排：精确匹配短语（with the exact phrase）；

第三排：至少包含一个字词（with at least one of the words）；

第四排：不包含字词（without the words）；

第五排：在题名中包含（where the title contains）；

第六排：在作者/编者中包含（where the author/editor is）。

第七章 期刊论文检索

再往下是出版情况选择(Show documents published),可选择文档出版时间起始年份(Start year)到终止年份(End year)。下方黄色标识的是内容仅供浏览"Include Preview-Only Content"的选项(图 7.2.23)。

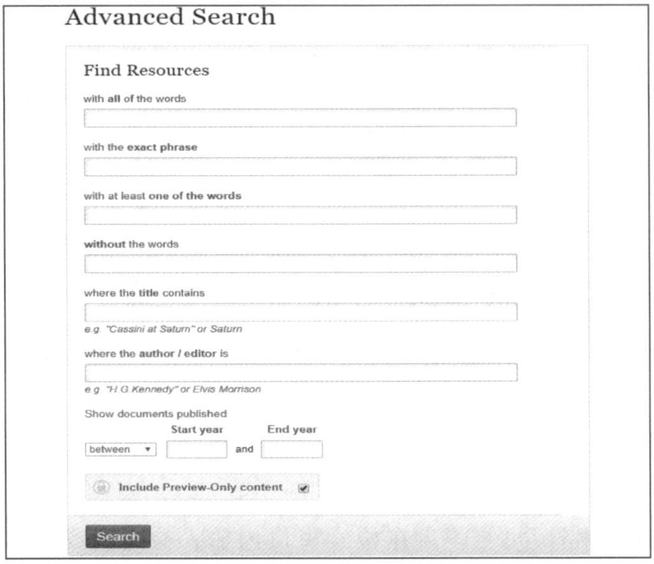

图 7.2.23 高级检索窗口

(三)学科浏览

Springer Link 主页左栏提供学科浏览(Browse by discipline),所有资源划分为 24 个学科(图 7.2.24,表 7.2.7)。

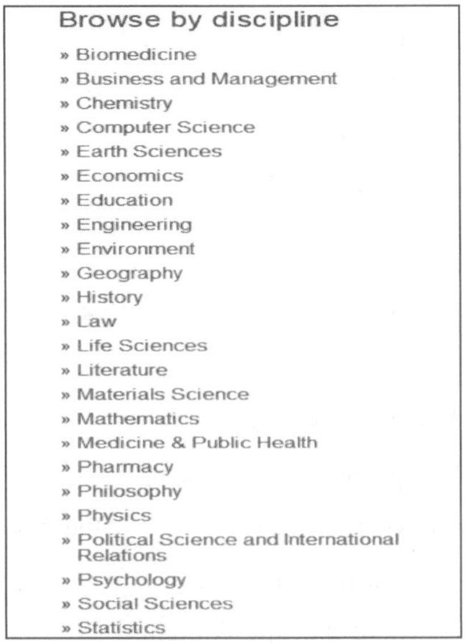

图 7.2.24 24 个学科

表 7.2.7　学科浏览（Browse by discipline）

学　　科	说　　明	学　　科	说　　明
Biomedicine	生物医药	Life Sciences	生命科学
Business and Management	商业和管理	Literature	文学
Chemistry	化学	Materials Science	材料科学
Computer Science	计算机科学	Mathematics	数学
Earth Sciences	地球科学	Medicine & Public Health	医药与公共卫生
Economics	经济学	Pharmacy	制药
Education	教育	Philosophy	哲学
Engineering	工程学	Physics	物理
Environment	环境	Political Science and International Relations	政治学与国际关系
Geography	地理	Psychology	心理学
History	历史	Social Sciences	社会科学
Law	法律	Statistics	统计学

（四）文献类型检索

Springer Link 主页检索窗口下方（图 7.2.22）提供书名（Books A—Z）、刊名（Journals A—Z）和视频（Videos）检索。

主页下方则把期刊（Journals）、图书（Books）、丛书（Book Series）、协议（Protocols）、参考工具书（References Works）、会议录（Proceedings）等文献类型单独列出（图 7.2.25），按照出版时间排序，可以任意升序和降序排列，每种文献均提供收录起止时间和卷期。

图 7.2.25　文献类型

小　结

EV 是久负盛名的应用科学和工程技术文献数据平台，具有学科覆盖面广、检索功能强等特点。EV 检索结果为文摘形式，部分检索结果链接了有关全文数据库，购置了对应全文数据库的高校可以下载浏览全文。

ScienceDirect 和 Springer Link 是世界知名的文献数据检索平台,提供多种文献类型的全文服务,是国内高校购置较多的外文数据库。

本节重点介绍 EV 数据平台,一是因为 EV 是全球检索工具的鼻祖,二是因为 EV 提供的信息量大。需要注意的是:EV 的检索特色是使用规范化的主题词表,但学科检索功能相对不足;而 ScienceDirect 和 Springer Link 都提供学科检索途径,但分类方式各不相同。

本节介绍的外文数据库检索平台功能非常强大,检索界面也经常更新,但万变不离其宗,多种数据库的检索规则和检索方式很少变动且大同小异,容易触类旁通。

习 题

一、实践操作题

1. 比较中外数据库的检索字段有何差别。
2. 比较中外数据库的检索算符有何差别。
3. 比较 EV、ScienceDirect 和 Springer Link 的检索途径。
4. 重复本节检索示例的检索过程。
5. 通过 EV 和 ScienceDirect(或 Springer Link)查询本专业教师发表的论文。

二、讨论题

1. EV 为什么不提供学科检索方式?
2. 为什么表 7.2.1 和表 7.2.6 存在不同?

三、思考题

1. 为什么 EV 侧重使用主题词表?
2. 如何联合使用 EV 和其他全文数据库?

第八章
学位论文检索

学位论文是大学生、研究生在毕业前提交的一份详细的、原创性的研究报告；是为了获取某一学术学位（如学士、硕士或博士学位）而进行的学术研究的成果呈现；是在导师指导下独立进行科学研究的总结性作业，体现了作者的专业学术能力。

通过撰写学位论文，毕业生能够提升独立思考、提出问题、设计研究方案并寻找解决方法的能力。论文撰写过程中，会接触到多种研究方法和工具，学习掌握其应用技巧；论文要求遵循学术伦理，真实报道数据，正确引用他人的文献，培养学术责任感；还要按照学术写作的标准，保证学位论文格式规范。

学位论文对毕业生知识构建的帮助在于：首先，浏览本专业以往的学位论文题目，有助于确定自己的选题；其次，阅读学位论文可以熟悉论文的基本格式和撰写要求；第三，学位论文要求将所学的知识、理论和方法综合应用到实际研究中，有助于提升综合运用知识的能力；第四，学位论文要求在现有研究的基础上，提出自己的独到见解，有助于培养批判性思维和独立思考能力；第五，撰写学位论文要求语句清晰、逻辑性强，能够锻炼写作能力和表达能力；第六，论文写作要求遵守学术规范，有助于培养学术道德观念；第七，撰写学位论文是对在校学术生涯的总结，有助于理解导师的苦心并加深同学间的友谊。

学位论文按写作方法可分为两大类型：一类是总结性论文，在参考大量有关文献的基础上，对某一问题进行系统的叙述和总结；一类是创新性论文，立论独特创新，对人们有一定启发作用，但易有片面性。学位论文按研究方向可分为三大类型：基础研究、应用基础研究和应用研究。

通常情况下，学位论文不公开出版，但电子数据库会收录硕士和博士学位论文。学位论文数据库是高校研究生使用较多的数据库，学位论文数据库具有检索入口多、检索速度快、浏览方便、下载容易等优点。

目前国内主要有两大学位论文数据资源平台：一是知网学位论文数据库；二是万方学位论文数据导航平台。两个数据平台的学位论文来源各有侧重也有交叉，为了保证更高的覆盖率，国内高校图书馆往往一并购置，相互补充。

第一节 知网学位论文数据库

本节重点：学位论文的利用
主要内容：知网学位论文的检索
教学目的：掌握学位论文的检索方法

知网学位论文数据库收录了全国 520 余家培养单位的博士学位论文 50 余万篇，以及 790 余家硕士培养单位的优秀硕士学位论文 550 余万篇。论文最早可上溯至 1984 年，覆盖基础科学、工程技术、农业、医学、哲学、人文、社会科学等各个领域。点击知网主页（图 8.1.1）下方的"学位论文"即可进入学位论文数据库（图 8.1.2）。

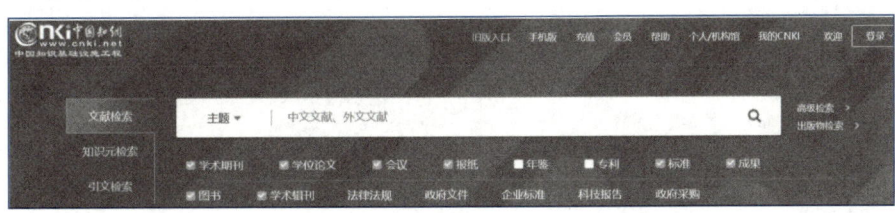

图 8.1.1 知网主页

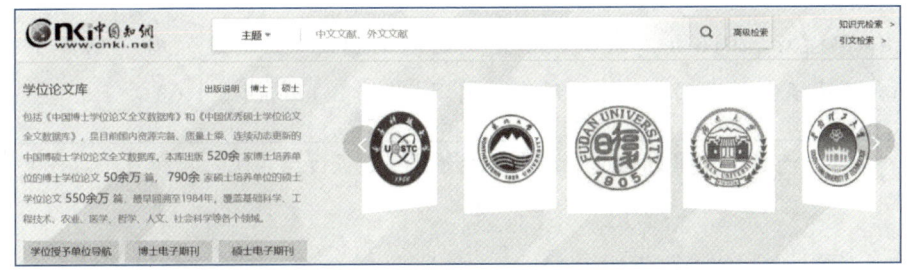

图 8.1.2 学位论文库页面

同知网学术期刊库一样，学位论文库也提供快速检索和高级检索功能。
下面以检索硕士学位论文为例，介绍其主要使用方法。

一、快速检索

快速检索只提供一个检索窗口，可以输入任意检索词。检索窗口左边设有字段选择项，可以限制检索词的检索范围。

检索示例： 查询知网最早在篇名出现"区块链"的硕士学位论文
分析提示：可用"区块链"作为检索词，检索字段选择"题名"（篇名）。

第一步:实施检索过程。输入"区块链",得到 3 252 条检索结果(图 8.1.3)。

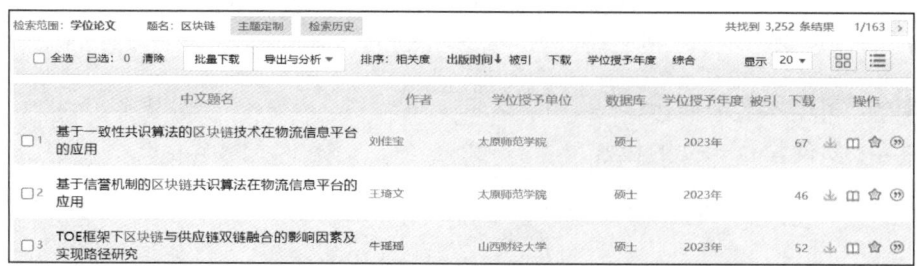

图 8.1.3　检索结果

第二步:整理检索结果。图 8.1.3 的检索结果是默认情况下按出版时间的降序排列,如果检索早期文献,需要选择按出版时间的升序排列(图 8.1.4)。

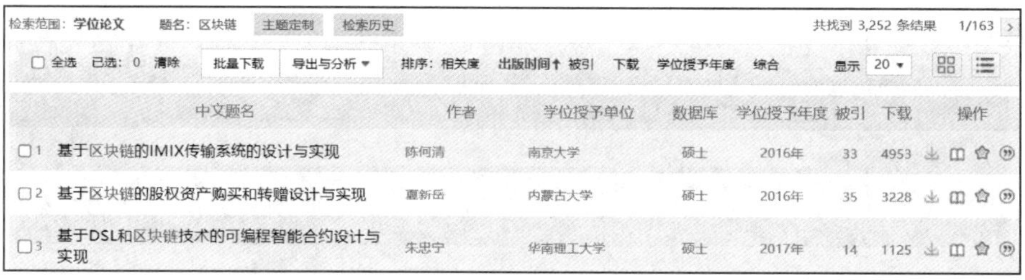

图 8.1.4　检索结果按出版时间升序排列

图 8.1.4 显示,2016 年有两篇硕士论文的题名出现"区块链",哪一篇更早呢?分别点击前两篇硕士论文的题名,得到其文摘页面(图 8.1.5,图 8.1.6)。

图 8.1.5　第一篇硕士论文的文摘

基于区块链的股权资产购买和转赠设计与实现

夏新岳

内蒙古大学

摘要： 现有股权资产的登记和交易完全由第三方平台掌握,没有唯一不可更改的标识来标记,那么第三方平台很容易更改数字资产的信息。股权资产的发布和交易完全依赖第三方平台的信誉度和规模这些可变因素。如果第三方平台被攻击或者遭到运营者恶意欺诈,将能够窃走全部的股权资产。区块链技术通过P2P系统,将股权资产全网广播,让全网验证交易是否有效。每个节点都参与验证,经过验证的交易不能被篡改全网达成共识。所有的交易都存储在区块链上。区块链技术在股权资产防篡改方面有极高的研究价值和广泛的研究前景。本文的主要工作是研究基于区块链技术的股权资产的交易防篡改这个关键问题。提出了一种基于区块链的股权资产系统,用于股权资产的发行、购买和转赠。其一：基于区块链的账户初始化设计与实现。其二：基于区块链的股权资产的购买和转赠设计与实现。本系统采用Java Web技术,主要思想就是将区块链作为底层,股权资产的交易信息写入到区块链,数据库作为后台存储数据信息。全文共分为绪论,相关理论综述,系统总体设计,基于区块链的账户初始化实现,基于区块链的股权资产的购买和转赠实现,总结和展望几个部分。

关键词： 股权资产; 区块链; 标识; 交易;

专辑： 信息科技; 经济与管理科学

专题： 计算机软件及计算机应用; 金融; 证券; 投资

分类号： F832.51;TP311.52

导师： 张珺;

手机阅读　整本下载　分页下载　分章下载　在线阅读

图 8.1.6　第二篇硕士论文的文摘

在浏览两篇论文的文摘后，仍不能确定谁先谁后，继续浏览论文的正文。数据库提供手机阅读、整本下载、分页下载、分章下载、在线阅读 5 种获取方式。

第三步：确定结果。第一篇论文（图 8.1.7）完成时间较第二篇论文（图 8.1.8）的

作 者 姓 名　陈何清

学科、专业名称　工程硕士（软件工程方向）

研 究 方 向　软件工程

指 导 教 师　张 岩　副教授

2016 年 5 月

图 8.1.7　第一篇论文完成于 2016 年 5 月

原 创 性 声 明

本人声明：所呈交的学位论文是本人在导师的指导下进行的研究工作及取得的研究成果。除本文已经注明引用的内容外，论文中不包含其他人已经发表或撰写过的研究成果，也不包含为获得内蒙古大学及其他教育机构的学位或证书而使用过的材料。与我一同工作的同志对本研究所做的任何贡献均已在论文中作了明确的说明并表示谢意。

学位论文作者签名：夏新岳　　指导教师签名：张珺

日　　期：2016-6-08　　日　　期：2016-6-08

图 8.1.8　第二篇论文完成于 2016 年 6 月

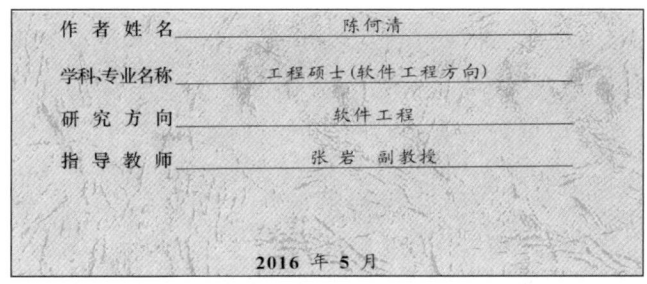

完成时间早一个月,故第一篇论文是知网学位论文库中最早在题名中出现"区块链"的学位论文。

二、高级检索

知网学位论文库的高级检索页面提供文献分类检索和多个字段窗口检索,便于分别从查全率和查准率的角度获取文献信息。点击图 8.1.2 窗口右边的"高级检索"可进入高级检索页面(图 8.1.9)。

图 8.1.9　高级检索页面

高级检索页面设置分三个区域:左栏是文献分类区(默认隐藏),中间是检索区,右栏提供使用说明。文献分类区可从分类途径检索学位论文,便于从宏观上了解学科发展情况;检索区提供检索窗口,用以输入多个检索词,便于准确获得检索结果,同时,与期刊库的高级检索页面一样,也可以增减检索窗口;使用说明介绍多种运算符号的使用方法。

学位论文高级检索页面(图 8.1.9)与期刊论文高级检索页面(图 7.1.7)大同小异,主要不同点如下:

(1)在检索字段窗口增加了"导师"和"第一导师";
(2)时间范围第一个窗口为"学位年度";
(3)增加了优秀论文级别(全国、省级、校级)的选择。

检索示例:搜索有关大数据研究最早的省级优秀学位论文

分析提示:用"大数据"作为检索词,注意检索页面优秀论文级别需选择"省级"。

第一步:实施检索过程。在窗口输入"大数据",左边检索字段选择"题名",右边要求"精确";左下角的"优秀论文级别"选择"省级",得到 3 条检索结果(图 8.1.10);

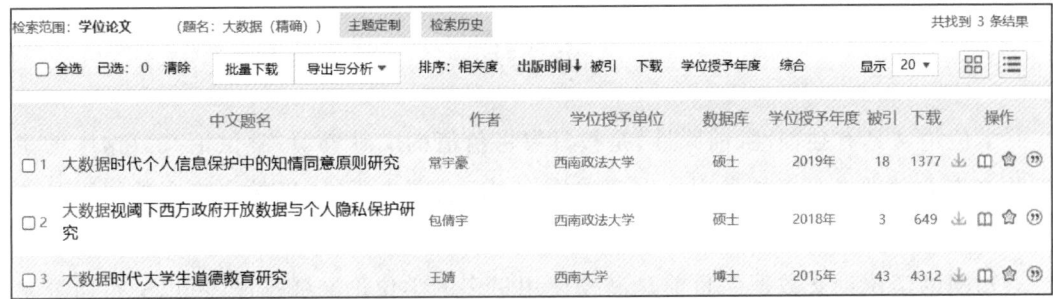

图 8.1.10　检索结果

第二步：选择检索结果。点击第 3 条（即"最早"）进入学位论文文摘页面（图 8.1.11）；

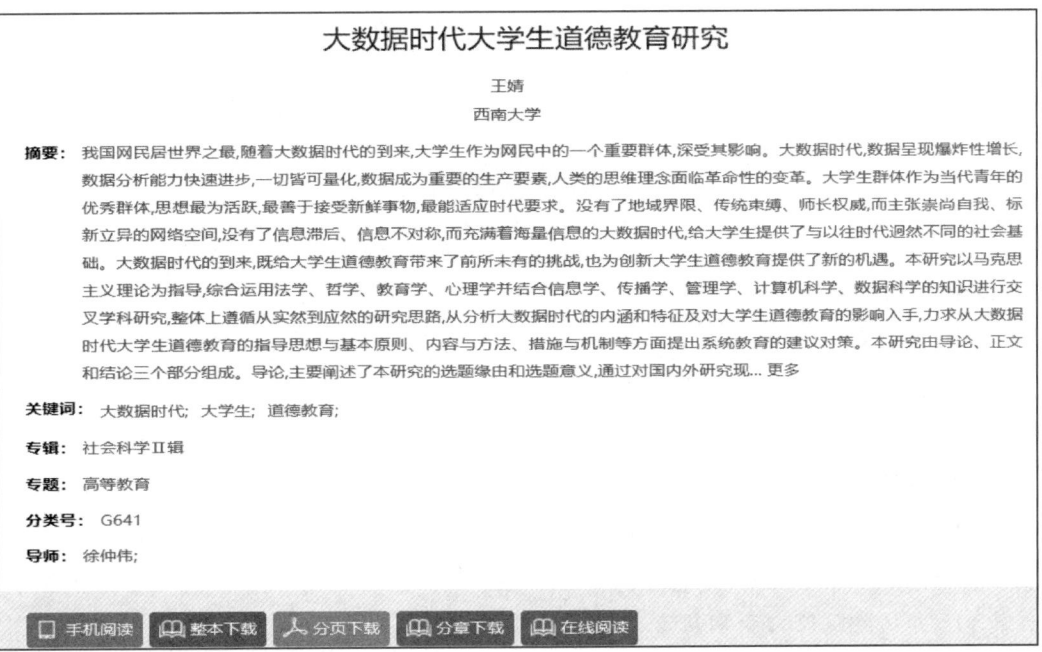

图 8.1.11　文摘页面

第三步：浏览学位论文。可在文摘页面下方选择下载方式，进而阅读学位论文正文。

三、专业检索

学位论文的专业检索页面同期刊论文专业检索页面相似，使用方法相同。

四、分类检索

学位论文的分类与期刊论文分类相同，仍分 10 个专辑（表 7.1.2），分类检索过程相似，不再赘述。

小　结

　　学位论文具有独创性、前瞻性，是极具参考价值的文献资源，学位论文数据库的主要生产者和消费者是高校学生。由于学位论文不公开出版，所以学位论文数据库是获取学位论文的便捷途径。

　　知网的学位论文数据库目前是高校使用最多的学位论文数据库，可以支持研究生论文开题、撰写、科研选题、项目调研、成果创作的全过程。掌握知网学位论文数据库的多种检索途径，尽可能地阅读更多学位论文，对于研究生撰写高质量学位论文非常必要。

　　学位论文要求学生进行独立研究，并产生原创性的知识或对已有知识进行深入探讨，这对研究生的学术成长、专业能力培养和职业发展都具有重要的意义。

习　题

一、实践操作题
1. 重复本节检索示例的检索过程。
2. 检索本校学长学姐的学位论文。
3. 浏览外校本学科的学位论文。
4. 归纳快速检索的实施步骤。
5. 归纳高级检索的实施步骤。

二、讨论题
1. 知网学位论文和期刊论文的检索页面相似说明了什么？
2. 学位论文与期刊论文对毕业生各有何用途？

三、思考题
1. 学位论文为什么不公开出版？
2. 检索数据库里的学位论文对撰写论文有何益处？

第二节　万方学位论文数据库

本节重点：博士论文的检索
主要内容：万方学位论文的检索

教学目的：熟练掌握学位论文的检索方法

万方学位论文数据库收录的学位论文资源包括中文学位论文和外文学位论文，中文学位论文收录始于1980年，收录610余万册，涵盖理学、工业技术、人文科学、社会科学、医药卫生、农业科学、交通运输、航空航天和环境科学等各学科领域；外文学位论文收录始于1983年，累计收录60余万册。

万方主页提供快速检索和高级检索功能。

一、快速检索

万方主页只提供一个检索窗口，输入任意检索词，可以在全部数据库（期刊论文、学位论文、会议论文、图书等）的数亿篇文献中检索相关文献，也可从窗口上方选择单一文献的数据库。

点击检索窗口上方的"学位"即可进入学位论文数据库，把鼠标放在检索窗口上，窗口下方会出现备选的检索字段下拉列表（图8.2.1）。

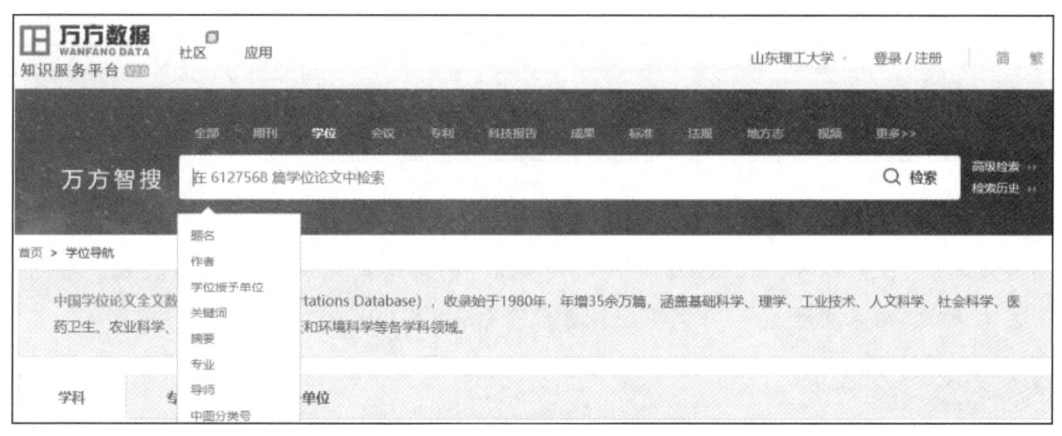

图 8.2.1　万方主页检索窗口

检索示例：检索人工智能应用于机械设计的学位论文

分析提示：可选择"人工智能"和"机械设计"作为检索词，"人工智能"的概念比"机械设计"更宽泛，故作为首选；为了保证专指度，检索字段宜选择"题名"。

第一步：实施检索过程。在"题名"字段输入"人工智能"（图8.2.2），点击检索镜，获得检索结果2 240条（图8.2.3）。

点击图8.2.3右边的"展开更多"，右栏可显示研究趋势图，趋势图显示与人工智能相关的论文近年来呈井喷式增长。再把鼠标放在研究趋势图上，即可显示具体某一年的发文数量，例如，2021年发文数达到503篇（图8.2.4）。

第八章　学位论文检索

图 8.2.2　选择检索字段并输入检索词

图 8.2.3　题名含"人工智能"的检索结果

图 8.2.4　右栏显示分析页面

第二步：深入检索。在图 8.2.4 左上方"题名"的窗口输入"机械设计"（图 8.2.5），点击右上方的"结果中检索"，得到 1 条检索结果（图 8.2.6）。

图 8.2.5　在"题名"窗口输入"机械设计"

图 8.2.6　题名含"人工智能"和"机械设计"的检索结果

第三步：获取正文。万方提供在线阅读、下载阅读2种获取正文的途径（图8.2.6）。点击“在线阅读”，则可在线阅读学位论文（图8.2.7）；点击“下载”即可本地阅读学位论文。另外，选择“引用”则可把该文作为参考文献的标准格式导出（图8.2.8），作为撰写论文的参考文献。

摘　要

CAD技术自60年代产生以来，广泛应用到各行各业，尤其在机械领域得到了长足发展。人工智能技术的出现赋予了CAD技术的智能化。由于机械设计领域中有很多难以用一般方法明确表示的经验知识，传统的基于规则推理的方法应用在机械设计领域中遇到了困难。近年来出现了基于实例推理的方法，它以实例的形式存储知识，解决了基于规则推理系统知识难于收集的“瓶颈”。基于实例的推理是人工智能发展的新技术，将其应用于设计领域中，就形成了基于实例的设计方法。

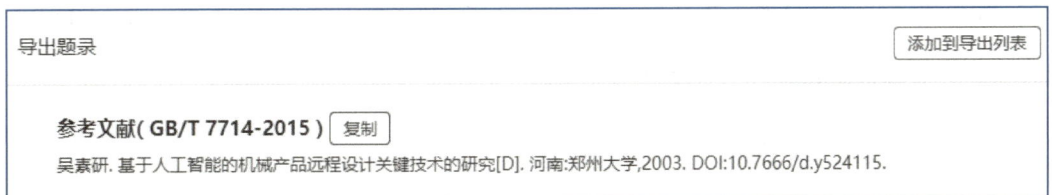

图8.2.7　学位论文正文

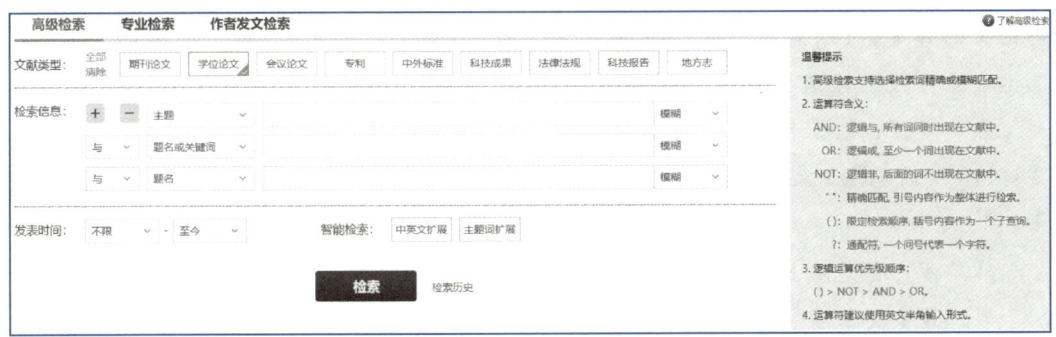

图8.2.8　学位论文的标准参考文献格式

二、高级检索

主页检索窗口右边设有“高级检索”功能，高级检索页面（图8.2.9）默认提供3排检索窗口，点击第一排左边的“+”号或“-”号，可以增加或减少一排窗口，最多可达6排窗口。每个窗口前提供主题、题名或关键词、题名、作者、作者单位、关键词、摘要、中图分类号等14种检索字段选择（图8.2.10）。在检索窗口输入检索词后，首先在左侧选择检索字段，然后对右栏的“精确”和“模糊”做出选择。如果是输入多个检索词，还要选择检索词左边的逻辑运算功能（与、或、非）。

图8.2.9　高级检索页面

第八章 学位论文检索

图 8.2.10 高级检索页面 6 个检索窗口及 14 种检索字段

高级检索页面还提供"专业检索"和"作者发文检索"两个标签。专业检索页面用于多个检索词编写检索式进行检索；作者发文检索页面是新增加的功能。

如要进一步了解高级检索功能，可点击右上角的"了解高级检索"查看（图 8.2.11）。

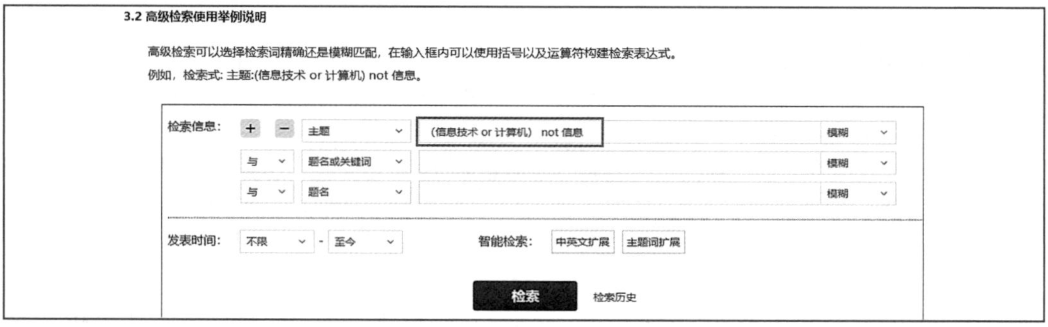

图 8.2.11 了解高级检索页面

检索示例：检索王小云院士的博士论文

分析提示：王小云是谁？从搜索引擎得知她是全球密码学界的传奇人物，她的博士生导师是著名数学家潘承洞教授。故选择"王小云"和"潘承洞"作为检索词。

同时选择两个人名作为检索词时，最容易在检索字段犯错。此例中，王小云是博士论文的作者，所以第一排检索字段应该选择"作者"；"潘承洞"是王小云的导师，第二排检索字段应该选择"学位-导师"；

第一步：实施检索过程。在第一排窗口输入"王小云"，右边选择"精确"；第二排窗口输入"潘承洞"，右边选择"精确"（图 8.2.12）；点击"检索"按钮，得到 2 篇学位论文（图 8.2.13）。

第二步：选择博士论文。在图 8.2.13 中选择第一篇博士论文点击（图 8.2.14）。

第三步：获取学位论文。点击图 8.2.14 左上角的"网络来源"，进入国家图书馆页面（图 8.2.15）。

第二节　万方学位论文数据库

图 8.2.12　检索页面

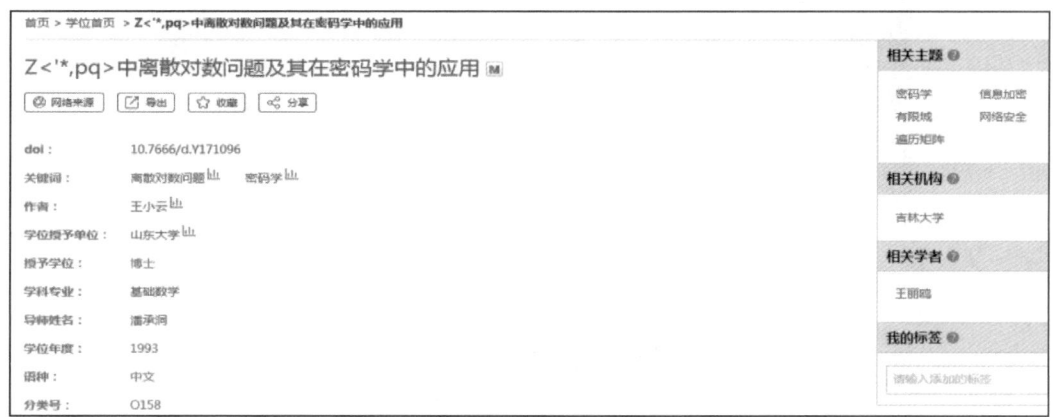

图 8.2.13　检索结果页面

图 8.2.14　王小云的博士论文

第八章 学位论文检索

图 8.2.15　国家图书馆页面

在图 8.2.15 下方选择"在线阅读"点击(图 8.2.16),得到博士论文原文(图 8.2.17)。

图 8.2.16　博士论文的 4 个选择按钮

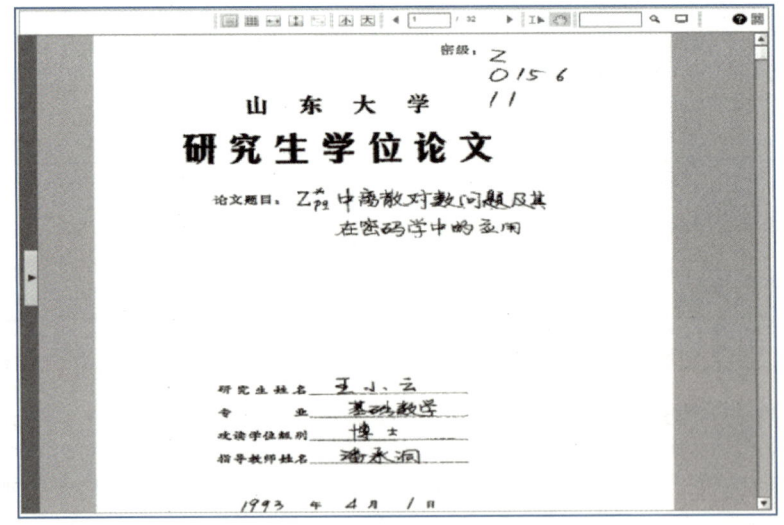

图 8.2.17　王小云的博士论文

小　结

万方的学位论文数据库是国内最早建设的学位论文数据库,与知网的学位论文数据库相比,在高校的覆盖面上存在差异,收录的学位论文也有差异,因此两大数据库内容可相互补充。

学位论文撰写都有规范的格式,各高校的要求大同小异。硕士论文要求体现研究生的科研能力,一般要求 3 万~5 万字。博士论文不限字数,要求必须做出独创的研究和贡献,经过该领域的专家审查通过后,才能授予作者博士学位;博士论文的参考文献也非常详尽全面,有助于减少同类研究文献检索的时间。

博士论文属于国家图书馆收藏的文献,可以在国家图书馆网站浏览。

习 题

一、实践操作题

1. 重复本节检索示例的检索过程。
2. 检索本校学长学姐的学位论文。
3. 检索并浏览本专业的博士论文。
4. 通过检索,找出哪所高校撰写的关于新能源汽车的博士论文最多(写出检索步骤)。
5. 检索北京交通大学有关新能源汽车的博士论文(写出检索式)。

二、讨论题

1. 知网和万方学位论文数据库的主要异同点有哪些?
2. 知网和万方学位论文数据库的资源类型有何侧重?

三、思考题

1. 高校师生常用的学位论文数据库有哪些?
2. 为什么博士论文要由国家图书馆收藏?

第九章
技术文献检索

科学和技术是两个词义相差很大的术语。科学是运用范畴、定理、定律等形式反映现实世界各种现象的本质、特性、关系和规律的知识体系。技术是人类改变或控制其周围环境的手段或活动，泛指根据生产实践经验和科学原理而发展形成的各种工艺、操作过程、方法、器具和技能。与科学文献侧重于揭示理论研究的成果不同，技术文献侧重于理论研究成果的实际开发和应用。

技术文献对大学生知识构建的重要作用包括：首先，技术文献提供了技术领域的最新发展和趋势，有助于了解技术进步的现状；其次，技术文献包括实验数据、测试方法和实践经验，有助于提高实验设计的能力；第三，技术文献提供技术设计、解决方案和案例研究，有助于了解工程实际问题；第四，技术文献可以激发学生的创新思维，使他们在学术和实践中产生新的想法和解决方案；第五，技术文献引用了许多技术标准和操作规范，有助于培养严谨的工作态度；第六，技术文献的来源与科学文献不同，检索技术文献有助于熟悉相关管理网站。

专利文献和标准文献是典型的技术文献，受到广大科技工作者的优先关注。专利文献的公开性很强，网上的专利文献资源十分丰富，不仅检索方便，而且具有极大的开发潜力和使用价值，这是专利文献区别于其他文献的重要特点之一。标准文献的公开性往往与标准级别有关，标准级别越高公开性也越高，网上的标准文献检索也很方便，只是标准文献的获取也与标准级别有关，低级别的标准文献往往难以获取。

技术文献的公开性高于科学文献，但公开性强并不等于免费使用，除许多失效专利和国家级以上标准之外，大多数技术文献的使用都是需要付费的。

第一节　专利文献检索

本章重点：专利文献检索
主要内容：专利基础知识与网上专利文献检索
教学目的：熟悉国内外专利文献的检索方法

专利属于技术范畴,是一种受专利法保护的发明。专利技术不能无偿使用,但专利文献可以从网上免费获得。专利文献集技术信息、经济信息和法律信息于一体,具有数量巨大、内容广博、格式统一、形式规范等特点,在传播发明创造、促进技术进步方面有着独特的作用。

一、专利基础知识

专利(patent)一词来源于拉丁文,具有公开和垄断双重含义。专利是专利法中最基本和最核心的概念,通常有专利权(发明人拥有的知识产权)、专利文献(专利说明书等)和专利技术(领先的工艺设备)三种含义。

(一) 专利的种类

《中华人民共和国专利法》第二条：发明创造专利的种类包括发明、实用新型和外观设计(表9.1.1)。

表 9.1.1　专 利 的 种 类

种　类	发　　明	实 用 新 型	外 观 设 计
含　义	对产品、方法或者其改进所提出的新的技术方案	对产品的形状、构造或者其结合所提出的适于实用的新的技术方案	对产品的整体或者局部的形状、图案或者其结合以及色彩与形状、图案的结合所作出的富有美感并适于工业应用的新设计
保护年限	20年(特殊情况例外)	10年	10年 15年(2021年6月1日后)

(二) 专利权的特点

专利权的特点可归纳为独占性、地域性和时效性(表9.1.2)。

(三) 专利权的授予条件

(1) 发明和实用新型专利权的授予条件,包括新颖性、创造性和实用性(表9.1.3)。

表 9.1.2 专利权的特点

特　点	说　　明
独占性	指专利权人对其权利的客体(即发明创造)享有占有、使用、收益和处分权。除法律另有规定,任何单位和个人未经专利权人许可,都不得营利性实施其专利
地域性	专利权只在授权地域内有效,即依一国法律取得的专利权只在该国领域内受到法律保护,在其他国家或地区不受保护
时效性	专利权只在法定期限内存在,期限届满后专利权就不再存在,该发明创造即成为人类的共同财富,任何人都可以自由利用

表 9.1.3 发明和实用新型专利权的授予条件

条　件	说　　明
新颖性	指该发明或者实用新型不属于现有技术;也没有任何单位或者个人就同样的发明或者实用新型在申请日以前向国务院专利行政部门提出过申请,并记载在申请日以后公布的专利申请文件或者公告的专利文件中
创造性	指与现有技术相比,该发明具有突出的实质性特点和显著的进步,该实用新型具有实质性特点和进步
实用性	指该发明或者实用新型能够制造或者使用,并且能够产生积极效果

(2)授予专利权的外观设计,应当不属于现有设计;也没有任何单位或者个人就同样的外观设计在申请日以前向国务院专利行政部门提出过申请,并记载在申请日以后公告的专利文件中。与现有设计或者现有设计特征的组合相比,应当具有明显区别。不得与他人在先取得的合法权利相冲突。

(四)专利的申请原则

专利的申请有三个原则:先申请原则、优先权原则和单一性原则(表9.1.4)。

表 9.1.4 专利的申请原则

原　则	说　　明
先申请原则	同样的发明创造只能授予一项专利权。两个以上的申请人分别就同样的发明创造申请专利的,专利权授予最先提出申请的人
优先权原则	申请人自发明或者实用新型在外国第一次提出专利申请之日起十二个月内,或者自外观设计在外国第一次提出专利申请之日起六个月内,又在中国就相同主题提出专利申请的,依照该外国同中国签订的协议或者共同参加的国际条约,或者依照相互承认优先权的原则,可以享有优先权

续 表

原 则	说 明
优先权原则	申请人自发明或者实用新型在中国第一次提出专利申请之日起十二个月内,或者自外观设计在中国第一次提出专利申请之日起六个月内,又向国务院专利行政部门就相同主题提出专利申请的,可以享有优先权
单一性原则	一件发明专利或者实用新型专利申请应当限于一项发明或者实用新型。属于一个总的发明构思的两项以上的发明或实用新型,可以作为一件申请提出。 一件外观设计专利申请应当限于一项外观设计。同一产品两项以上的相似外观设计,或者用于同一类别并且成套出售或者使用产品的两项以上外观设计,可以作为一件申请提出

(五) 国际专利分类表

国际专利分类法(International Patent Classification,简称 IPC)是世界上通用的专利文献分类法,《国际专利分类表》是专利文献分类和检索工具,它将所有技术分成 8 个部,分别由 A 到 H 中的一个大写字母表示(表 9.1.5),目前通行使用的是 2019 年修订版。

表 9.1.5 国际专利分类表的部

部 号	部 类	部 号	部 类
A	人类生活必需	E	固定建筑物
B	作业;运输	F	机械工程;照明;加热;武器;爆破
C	化学;冶金	G	物理
D	纺织;造纸	H	电学

每个部下再按照大类、小类、组、小组逐级展开,组成 5 级分类结构。一个完整的分类号由代表部、大类、小类、大组或小组的符号构成。如:

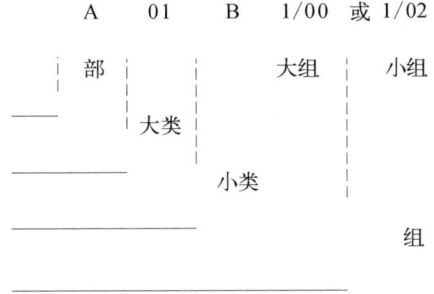

(六) 外观设计分类表

外观设计分类表也称洛迦诺分类表。该分类表不是以工业品外观设计自身的特点、形式为依据,而是依照与工业品外观设计结合在一起的产品来进行分类。

一个外观设计分类号,由阿拉伯数字、大写英文字符和短横线组合而成。如:

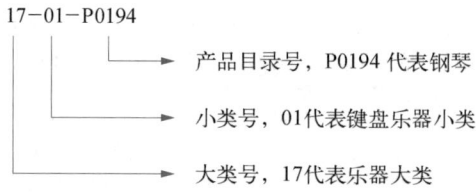

（七）专利文献

专利文献泛指各国专利局及国际性专利组织在审批专利过程中产生的官方文件及其出版物的总称。专利出版物主要有:专利申请说明书、发明专利说明书、实用新型专利说明书、外观设计说明书、专利公报、专利索引以及上述文献的电子形式出版物等。

狭义的专利文献是指专利说明书,专利说明书是专利文献的核心。

（八）专利文献的特点

1. 技术新、出版快,领先其他文献

大多数国家采用先申请制,申请人在一项发明创造完成之后,总是以最快速度提交专利申请,所以新技术信息基本是最先出现在专利文献中。

2. 格式统一规范,文字精练严谨

各国出版的专利说明书基本按国际统一的格式印刷,著录项目采用统一的识别代码,并标注统一的国际专利分类号。专利说明书有三个统一,即内容和写法有统一的格式,审查有统一的标准,文献的编排有统一的分类。

3. 内容详细真实,更有参考价值

专利文献对技术信息的揭示主要体现在申请人必须按照专利法的有关规定,对发明创造作出清楚、完整的说明,要求以所属技术领域的技术人员能够实现为准。所以,专利文献较其他文献更加详尽、具体和实用。

4. 数量大、内容广,三种信息合一

专利文献集专利技术、法律和经济信息于一体,不仅记载着发明的技术内容,而且记载着权利归属和保护范围等信息。世界知识产权组织的统计表明,世界上每年发明创造成果的90%~95%都可以在专利文献中查到,而且许多发明成果仅通过专利文献公开,并不见诸其他科技文献。

（九）专利文献的作用

专利文献属于技术类文献,与科学类文献相比,在企业决策与竞争、技术开发方面作用突出。具体表现在以下4个方面:

1. 传播发明创造,促进技术进步

发明创造通过专利文献得以传播,人们由此可以获得最新技术信息,扩大利用新技术的概率,进而起到促进全社会技术进步的作用。

2. 警示竞争对手,保护知识产权

人们申请专利的目的是寻求对其发明创造的保护,最担心的是竞争对手侵犯其专利权,所以通过专利文献公布信息,可以获得法律保护。

3. 借鉴权利信息,避免侵权纠纷

任何竞争对手都要尊重他人的知识产权,杜绝恶意侵权行为,避免无意侵权过失,专利文献可以起到借鉴权利信息的作用。

4. 提供技术参考,启迪创新思路

企业是创新的主体,专利是创新的成果。研究专利文献中记载的发明创造,有助于启发企业研究人员的创新思路,提高创新的起点,实现创新目标。

二、国家知识产权局网站

国家知识产权局网站(https://www.cnipa.gov.cn/)是我国官方专利信息发布和专利知识传播网站(图9.1.1)。该网站发布的信息不仅权威性强、数据可靠,而且还设有众多传授专利知识的教学视频。

图9.1.1　国家知识产权局主页标题栏

网站导航栏设有机构、新闻、政务、服务、数据和互动6个栏目,其中政务、服务和数据3个栏目的主要内容如表9.1.6所示。

表9.1.6　国家知识产权局网站导航栏内容

栏　目	内　　容
政务	政策文件、政府信息公开、法律法规、发展规划、政策解读、政策图解
服务	政务服务平台和公共服务。其中政务服务平台主要有专利、商标的办事服务和检索服务
数据	专利执法统计、统计报告查询、世界五大知识产权局年度统计报告、统计分析成果

(一) 统计报告查询

统计报告查询位于数据栏目中,提供发明、实用新型和外观设计三种专利的月度报告和统计年报(图 9.1.2)。月度报告既能快速报道截至某月国内外三种专利的授权状况,也报道职务发明和非职务发明三种专利的授权状况。统计年报全面报道国内外三种专利的申请和授权情况,可一次提供近 5 年的统计数据。

图 9.1.2　数据栏目页面

检索示例:查询 2023 年前 6 个月国内发明专利的授权情况

分析提示:首先选择"数据"栏目,然后选择"统计报告查询"。

第一步:选择栏目。选择图 9.1.2 页面右边"统计报告查询"上栏的"国家知识产权局审查注册登记月度报告",年份选择"2023 年度",月份选择"6 月",点击"查询"(图 9.1.3)。

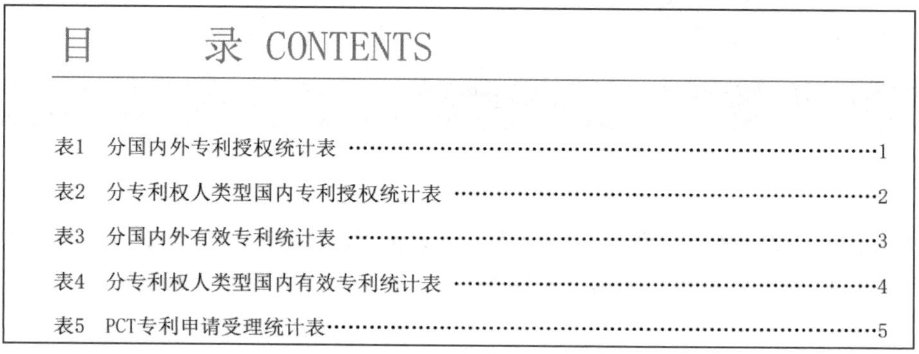

图 9.1.3　月度报告页面

第二步:选择表格。图 9.1.3 包括 10 个表,按顺序排列。此例应选择"表 1　分国内外专利授权统计表"(图 9.1.4)。

第三步:检索数据。浏览表格得知,截至 2023 年前 6 个月国内发明专利授权共 382 774 项。

检索示例:查询 2022 年度国内外申请发明专利多少件

第一步:选择栏目。选择图 9.1.2 页面右边"统计报告查询"下栏的"国家知识产权局统计年报",年份选择"2022",点击"查询"(图 9.1.5)。

表1 分国内外专利授权统计表

2023年1-6月　　　　　　　　　　　　　　　　单位：件

按国内外分组		发 明		实用新型		外观设计	
		授权量	构成	授权量	构成	授权量	构成
合计	小计	432632	100.0%	1104223	100.0%	344000	100.0%
	职务	426005	98.5%	1033185	93.6%	228557	66.4%
	非职务	6627	1.5%	71038	6.4%	115443	33.6%
国内	小计	382774	100/88.5	1101424	100/99.7	339194	100/98.6
	职务	376747	98.4%	1030502	93.6%	223994	66.0%
	非职务	6027	1.6%	70922	6.4%	115200	34.0%
国外	小计	49858	100/11.5	2799	100/0.3	4806	100/1.4
	职务	49258	98.8%	2683	95.9%	4563	94.9%
	非职务	600	1.2%	116	4.1%	243	5.1%

注：1. 本报表中，专利授权量均按照授权公告日统计。
2. 本报表中，国内和国外按照申请人（权利人）来源地划分。

图 9.1.4　分国内外专利授权统计表

图 9.1.5　统计年报页面

第二步：选择表格。统计年报页面共有9项，选择第一项"专利申请状况"点击（图9.1.6）。

第三步：检索数据。选择"1－1 分国内外三种专利申请/授权/有效量（2022年）"点击进入，浏览表格得知，2022年国内外共申请发明专利1 619 268项（图9.1.7）。

第九章 技术文献检索

- 1-1 分国内外三种专利申请/授权/有效量（2022年）
  Patent Applications, Patent Grants and Patents in Force of Three Kinds Originated from Home and Abroad (2022)
- 1-2 分国内外三种专利申请年度状况
  Annual Patent Applications of Three Kinds Originated from Home and Abroad
- 1-3 分地区国内发明专利申请量
  Patent Applications for Invention Originated from Home by Origin

图 9.1.6　专利申请页面

1-1 分国内外三种专利申请/授权/有效量（2022年）
Patent Applications, Patent Grants, and Patents in Force of Three Kinds Originated from Home and Abroad (2022)

单位：件　　　　　　　　　　　　　　　　　　　　　　　　　　　　　　　　　　　　(Unit: piece)

		发明 Invention		实用新型 Utility Model		外观设计 Industrial Design	
		数量 Number	构成 %	数量 Number	构成 %	数量 Number	构成 %
合计 Total	申请量 Application	1619268	30.2%	2950653	55.0%	794718	14.8%
	授权量 Grant	798347	18.5%	2804155	64.9%	720907	16.7%
	有效量* In Force	4212188	23.6%	10835261	60.6%	2831512	15.8%
国内 Domestic	申请量 Application	1464605	28.2%	2944139	56.8%	777663	15.0%
	授权量 Grant	695591	16.6%	2796049	66.6%	709563	16.9%
	有效量 In Force	3351453	19.9%	10781169	64.0%	2708070	16.1%
国外 Foreign	申请量 Application	154663	86.8%	6514	3.7%	17055	9.6%
	授权量 Grant	102756	84.1%	8106	6.6%	11344	9.3%
	有效量 In Force	860735	82.9%	54092	5.2%	123442	11.9%

图 9.1.7　分国内外三种专利申请/授权/有效量（2022年）

（二）专利信息检索

在网站主页的中下方"政务服务"模块设有专利、商标、地理标志和集成电路布图设计 4 个可选页面（图 9.1.8）。

图 9.1.8　政务服务页面

专利页面设有专利检索、专利审查信息查询等功能入口,注册后点击"专利检索"可进入"专利检索及分析|常规检索"页面(图9.1.9)。页面只有一个检索窗口,页面标题栏设有检索、分析、热门工具和中文等下拉菜单,各菜单的内容如表9.1.7所示。

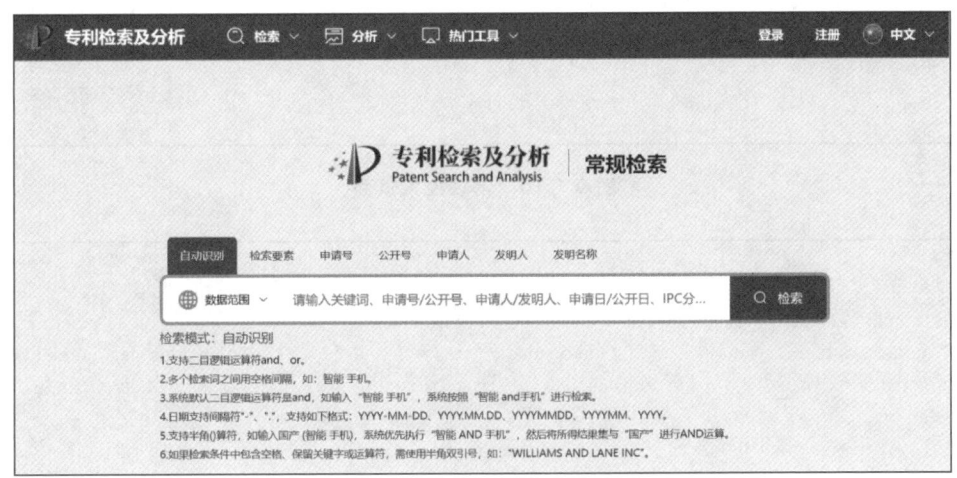

图9.1.9 专利检索与分析页面

表9.1.7 导航栏下拉菜单的内容

菜 单	内 容
检索	常规检索、高级检索、命令行检索、药物检索、导航检索、专题库检索
分析	维护分析文献库、申请人分析、发明人分析、区域分析、技术领域分析、中国专项分析、高级分析、日志报告
热门工具	同族查询、引证/被引证查询、法律状态查询、国家/地区/组织代码查询、关联词查询、双语词典、分类号关联查询、申请人别名查询
中文	中文、英文、法文、德文、俄文、西班牙文、日文、阿拉伯文、葡萄牙文

1. 常规检索

常规检索页面(默认页面)只有一个检索窗口,用以输入检索词。检索词可以是关键词、申请号/公开号、申请人/发明人、申请日/公开日、IPC分类号等,还可以是包含字段代码的检索式。检索窗口的左边有一个地球图标,设有数据范围下拉菜单以供选择,包括专利的3种类型和主要国家/地区/组织。检索窗口上方有自动识别、检索要素、申请号、公开号、申请人、发明人和发明名称等检索途径的限定(图9.1.10)。

2. 高级检索

使用高级检索功能需要先注册,注册成功后可进入高级检索界面。高级检索提供多个检索窗口,可以选择合适的检索词在对应的检索窗口输入(图9.1.11)。

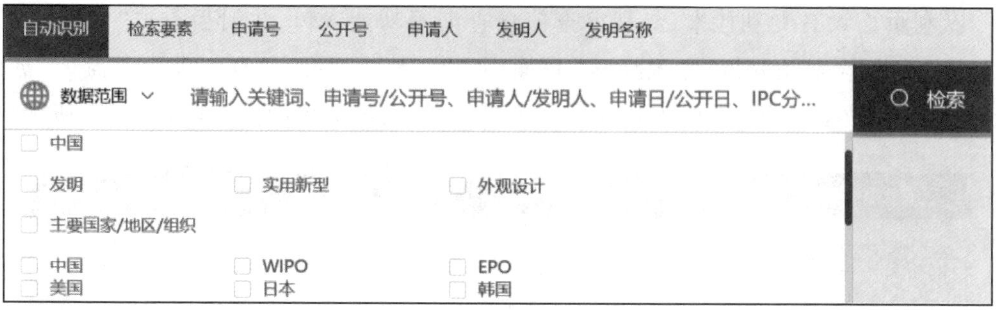

第九章 技术文献检索

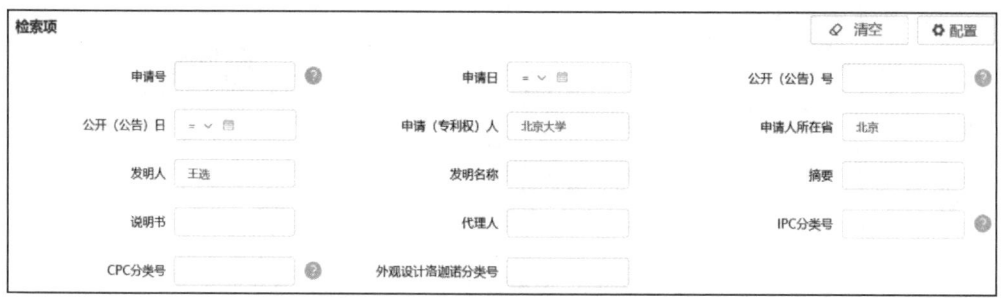

图 9.1.10　常规检索页面

图 9.1.11　高级检索页面

检索示例：查询北京大学王选院士的发明专利

分析提示：王选院士号称当代"毕昇"，他的专利记录了汉字排版技术的进程。

第一步：输入检索词。在申请（专利权）人窗口输入"北京大学"，在发明人窗口输入"王选"（图9.1.11），点击下方的"检索"按钮。

第二步：浏览检索结果。检索可得到王选教授申请的10项专利，浏览并选择检索结果（图9.1.12）。

图 9.1.12　检索结果

第三步:选择需要的专利。勾选其中一项专利,点击图9.1.12左上角的"详览",可进入文献浏览页面(图9.1.13)。

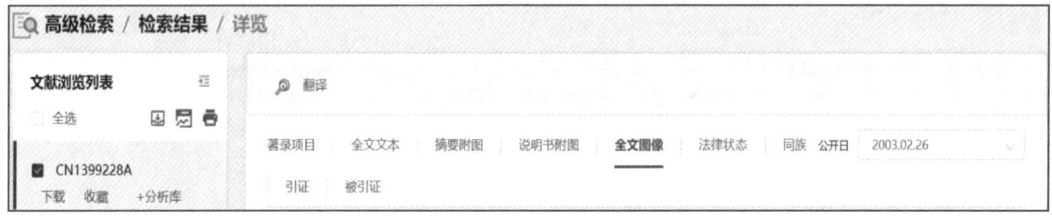

图9.1.13 文献浏览页面

第四步:获得专利全文。图9.1.13的左栏提供专利文献下载,上方提供全文文本或全文图像(图9.1.14)的浏览。

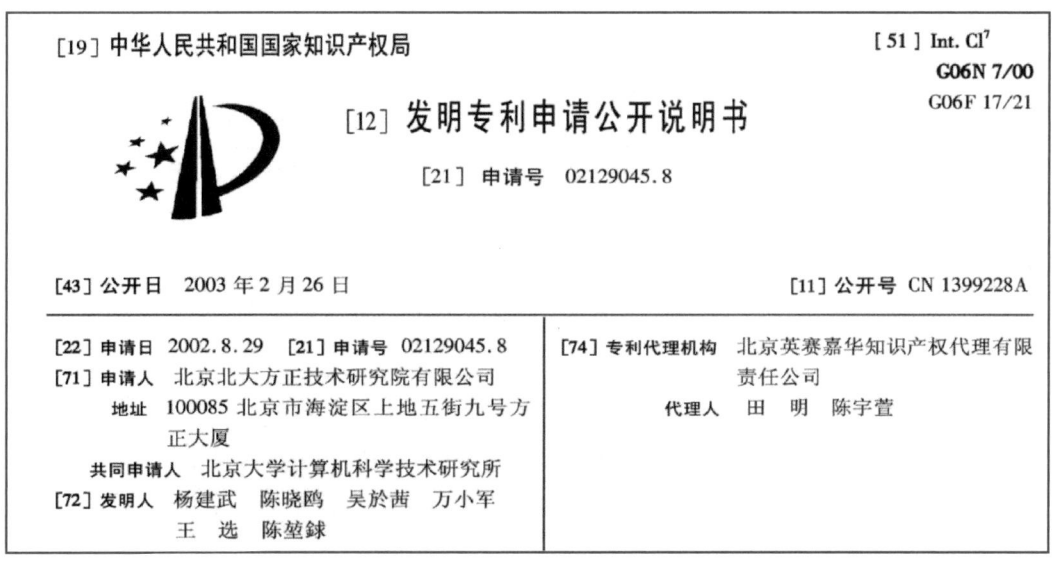

图9.1.14 说明书全文图像

(三)国外专利文献检索

国家知识产权局主页右下方相关链接中设有"相关网站"(图9.1.15),下设"国外主要知识产权网站"页面,提供国际组织、多边合作、地区组织和国家局(部分)4个级别的选择链接(图9.1.16)。

图9.1.15 相关链接

第九章　技术文献检索

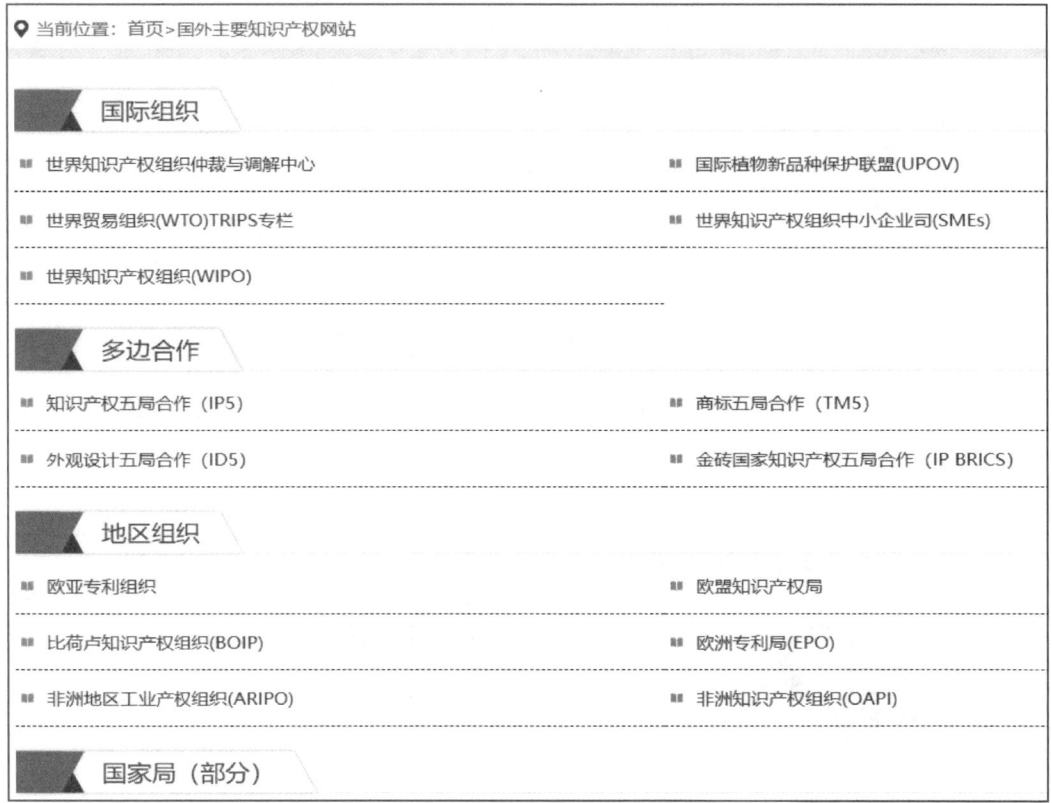

图 9.1.16　国外主要知识产权网站页面

检索示例：快速检索美国专利（简介）

分析提示：查询英美发达国家的专利有助于我国引进西方先进技术。

第一步：选择国别。在国家局（部分）中选择"美国"，可进入美国知识产权局页面（图 9.1.17）。

图 9.1.17　美国知识产权局页面

第二步：选择专利查询。选择图 9.1.17 右下方"Find It Fast"点击，则出现下拉菜单（图 9.1.18）。

第三步：实施检索过程。选择图 9.1.18 中的"Patent Public Search"点击，出现说明页面和两种专利检索途径的选择（图 9.1.19）。

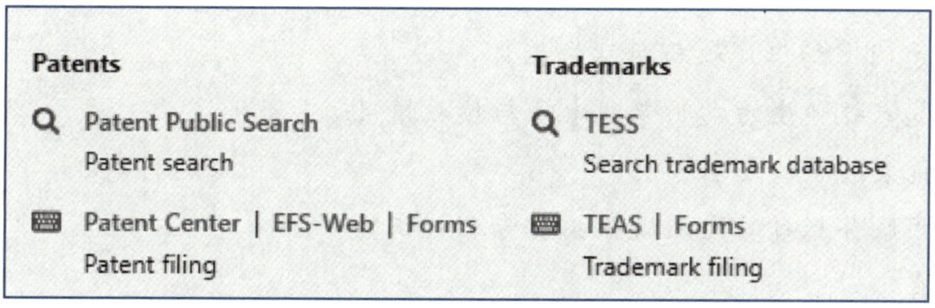

图 9.1.18　下拉菜单

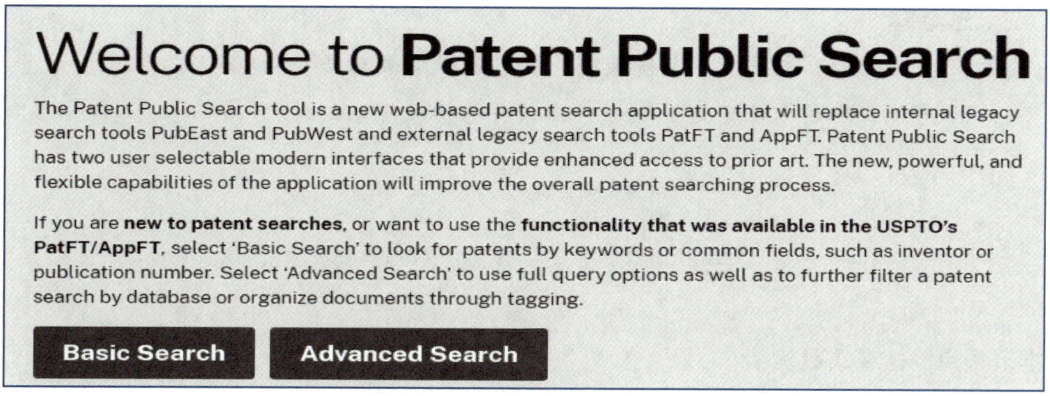

图 9.1.19　说明页面

小　结

专利分为发明、实用新型和外观设计三种类型。申请专利是为了获得专利权,根据专利法的先申请原则,取得发明成果后应该先申请专利,再发表相关信息。检索专利是为了获取专利文献;专利文献的特点是集技术、法律和经济信息于一体。

国家知识产权局网站提供专利基础知识、专利法律法规、专利统计信息、专利文献检索,以及专利申请指南、专利审查信息查询、专利数据查询等项服务。

各国专利文献的检索方法并不相同,如要检索某个国家的专利信息,可以先通过国家知识产权局网站文献服务栏目的"公益讲座",选择有关国家的专利检索介绍进行自学,然后再进入相关国家专利检索系统的网站进行检索。

习　题

一、实践操作题

1. 重复本节检索示例的检索过程。

2. 熟悉国家知识产权局网站的栏目。
3. 浏览本校师生的发明专利申请与授权情况。
4. 查询袁隆平的发明专利。
5. 利用服务栏目的文献服务扩展专利知识。

二、讨论题

1. 技术文献和科学文献的用途有什么不同？
2. 发明成果申请专利后如何保障关键技术不被泄露？

三、思考题

1. 为什么专利文献可以免费获得而科学文献需要付费？
2. 为什么专利申请日越早越好？什么特殊情况可以例外？

第二节 标准文献检索

本节重点：标准文献检索
主要内容：标准知识与标准文献检索
教学目的：熟悉国内外标准文献的检索方法

《中华人民共和国标准化法》第一条："为了加强标准化工作,提升产品和服务质量,促进科学技术进步,保障人身健康和生命财产安全,维护国家安全、生态环境安全,提高经济社会发展水平,制定本法。"显然,标准涉及国家建设和社会发展的方方面面,其重要性是不言而喻的。

第二条："本法所称标准(含标准样品),是指农业、工业、服务业以及社会事业等领域需要统一的技术要求。"标准是以科学、技术和实践经验的综合成果为基础,对具有多样性、相关性特征的重复事物和概念,经有关方面协商一致,由主管机构批准,以特定的程序和形式发布的统一规定。其目的是在经济、技术、科学研究和管理工作等领域中,取得全面的、最佳的效果。

标准文献是一种规章性文献,受法律约束。标准文献反映全世界或一个国家的技术政策、生产和标准化水平,是了解世界或一个国家工业发展情况的重要参考资料。

一、标准的基础知识

（一）标准的类型

标准的类型有多种划分方式(表9.2.1)。

表 9.2.1　标准类型的划分方式

划　分	类　型	说　明
按范围划分	国际标准	国际标准机构发布的标准
	区域标准	区域性标准机构发布的标准
	国家标准	国务院或其标准化行政主管部门发布的标准
	行业标准	国务院有关行政主管部门制定的标准
	地方标准	省级政府标准化行政主管部门制定的标准
	团体标准	社会团体协调相关市场主体共同制定的标准
	企业标准	企业制定的内部标准
按内容划分	基础标准	术语、符号、代号、制图、文件格式等
	产品标准	品种、技术要求、检验规则、包装、储存等
	方法标准	试验方法、检验规则、操作程序、工作方法、工艺规程等
按对象划分	技术标准	对标准化领域中需要协调统一的技术事项所制定的标准
	管理标准	对标准化领域中需要协调统一的管理事项所制定的标准
	工作标准	对工作的责任、权利、程序、检查、考核所制定的标准
按约束力划分	强制性标准	用行政和法律手段强迫实施的标准
	推荐性标准	推荐、提倡与自愿使用相结合的标准（行业标准、地方标准）
	指导性文件	在技术发展中提供参考的指南性文件

（二）标准的特点

标准的特点主要是系统性、针对性和实效性（表 9.2.2）。

表 9.2.2　标准的特点

特　点	说　明
系统性	标准的编写格式、分类方法、报批手续都有专门的规定和固定的标准代号
针对性	标准针对特定的范围和事项
约束性	标准在一定条件下具有法律性质（与其他文献类型相区别）
时效性	标准要随着产品的更新换代不断进行修改、补充、替代或废除

（三）标准的编号

标准的编号通常由"代号+顺序号+年份"三部分组成（表9.2.3）。

表9.2.3 标准的编号

级别	编号	示例
国际标准	国际组织代号+顺序号+年份	ISO/TS 17948—2014 中药文献元数据
国家标准	国家标准代号+顺序号+年份	GB 12982—2004 国旗
行业标准	部门代号+顺序号+年份	ZC 0007—2004 专利文献号标准
地方标准	省（市）代号+顺序号+年份	DB11/T 064—2017 北京市行政区划代码
团体标准	团体代号+顺序号+年份	T/ZAS 4001—2020 高等院校毕业论文在线答辩管理规范
企业标准	Q/企业代码+顺序号+年份	Q/QDQSW 0001S—2019 烤鸭

（四）国际标准分类

国际标准分类（International Classification of Standards，ICS）有41个大类，用两位数字表示（表9.2.4）。

表9.2.4 国际标准文献分类法的41个大类

01	综合、术语学、标准化、文献	03	社会学、服务、公司（企业）的组织和管理、行政、运输	07	数学、自然科学
11	医药卫生技术	13	环保、保健和安全	17	计量学和测量、物理现象
19	试验	21	机械系统和通用件	23	流体系统和通用件
25	机械制造	27	能源和热传导工程	29	电气工程
31	电子学	33	电信、音频和视频工程	35	信息技术、办公机械
37	成像技术	39	精密机械、珠宝	43	道路车辆工程
45	铁路工程	47	造船和海上构筑物	49	航空器和航天器工程
53	材料储运设备	55	货物的包装和调运	59	纺织和皮革技术
61	服装工业	65	农业	67	食品技术
71	化工技术	73	采矿和矿产品	75	石油及相关技术
77	冶金	79	木材技术	81	玻璃和陶瓷工业

续 表

83	橡胶和塑料工业	85	造纸技术	87	涂料和颜料工业
91	建筑材料和建筑物	93	土木工程	95	军事工程
97	家用和商用设备、文娱、体育	99	(没有标题)		

（五）中国标准分类

中国标准分类法是将标准分为24个大类，类号分别用大写字母表示（表9.2.5）。

表9.2.5 中国标准文献分类法的24个大类

A	综合	B	农业、林业	C	医药、卫生、劳动保护
D	矿业	E	石油	F	能源、核技术
G	化工	H	冶金	J	机械
K	电工	L	电子元器件与信息技术	M	通信、广播
N	仪器、仪表	P	土木、建筑	Q	建材
R	公路、水路运输	S	铁路	T	车辆
U	船舶	V	航空、航天	W	纺织
X	食品	Y	轻工、文化与生活用品	Z	环境保护

（六）中国行业标准分类

中国行业标准目前分为71个类目，类号分别用两位大写字母表示（表9.2.6）。

表9.2.6 中国行业标准的71个类目

AQ	安全生产	BB	包装	CB	船舶	CH	测绘
CJ	城镇建设	CY	新闻出版	DA	档案	DB	地震
DL	电力	DY	电影	DZ	地质矿产	EJ	核工业
FZ	纺织	GA	公共安全	GC	国家物资储备	GH	供销合作
GM	国密	GY	广播电影电视	HB	航空	HG	化工
HJ	环境保护	HS	海关	HY	海洋	JB	机械
JC	建材	JG	建筑工程	JR	金融	JT	交通
JY	教育	LB	旅游	LD	劳动和劳动安全	LS	粮食

续　表

LY	林业	MH	民用航空	MT	煤炭	MZ	民政
NB	能源	NY	农业	QG	轻工	QC	汽车
QJ	航天	QX	气象	RB	认证认可	SB	国内贸易
SC	水产	SF	司法	SH	石油化工	SJ	电子
SL	水利	SN	出入境检验检疫	SW	税务	SY	石油天然气
TB	铁路运输	TD	土地管理	TY	体育	WB	物资管理
WH	文化	WJ	兵工民品	WM	外经贸	WS	卫生
WW	文物保护	XB	稀土	XF	消防救援	YB	黑色冶金
YC	烟草	YD	通信	YJ	减灾救灾与综合性应急管理	YS	有色金属
YY	医药	YZ	邮政	ZY	中医药		

二、国家标准化管理委员会网站

国家标准化管理委员会是国务院授权的履行行政管理职能,统一管理全国标准化工作的主管机构。国家标准化管理委员会网站(http://www.sac.gov.cn)的导航条设置组织机构、新闻、信息公开、办事服务、互动交流和专题等栏目(图9.2.1)。

图 9.2.1　国家标准化管理委员会网站主页

其中,办事服务栏目设有国家标准化公开和标准服务平台等内容(图 9.2.2)。

图 9.2.2　办事服务栏目

（一）国家标准化公开

国家标准化公开页面的全称是"国家标准全文公开系统"，页面导航条分别提供强制性国家标准、推荐性国家标准和指导性技术文件的检索。导航条下方设有国家标准的检索窗口，用于检索词检索，检索词可以是标准号或标准名称（图9.2.3）。

图 9.2.3　国家标准全文公开系统

检索示例：查找国徽的国家标准

课题分析：国家标准是强制执行的标准，是完全公开的，应该比较容易获得。"国徽"没有同义词，作为检索词可保证专指度。

第一步：输入检索词。在检索窗口输入"国徽"（图9.2.3）。

第二步：获取检索结果。点击窗口右边的"检索"，得到2条检索结果（图9.2.4）。

序号	标准号	是否采标	标准名称	类别	状态	发布日期	实施日期	操作
1	GB 15093-2008		国徽	强标	现行	2008-06-19	2009-06-01	查看详细
2	GB 15093-1994		国徽		强标	废止	1994-06-22	1994-10-01	查看详细

图 9.2.4　检索结果

第三步：选择检索结果。第一条标准的状态是"现行"，选择标准号"GB 15093—2008"点击（图9.2.5）。

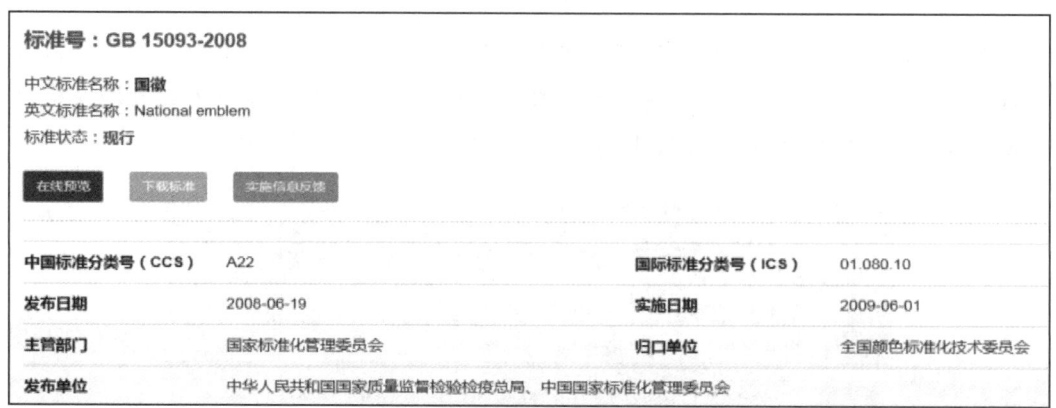

图 9.2.5 "国徽"标准的预览和下载页面

第四步：浏览标准内容。图 9.2.5 提供了国徽的标准号、中英文名称和标准状态，也提供了在线预览或下载标准两种选择，还提供中国标准分类号（CCS）和国际标准分类号（ICS）等信息（图 9.2.6）。

 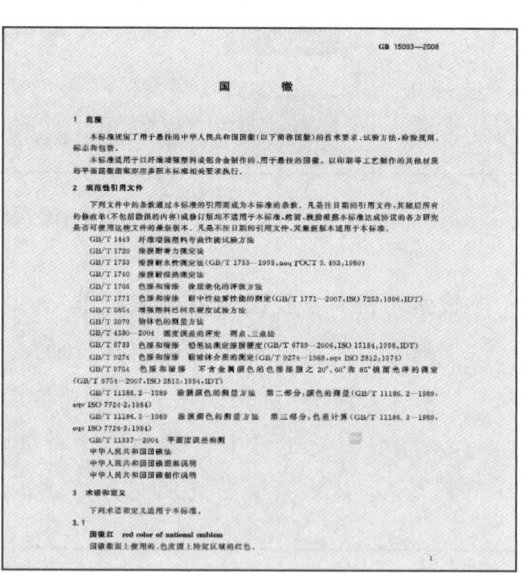

图 9.2.6 国徽标准内容

（二）标准服务平台

标准服务平台全称为"全国标准信息公共服务平台"（以下简称平台），主要提供国际国内各种标准的信息服务（图 9.2.7）。

平台页面导航条提供国家标准、行业标准、地方标准、团体标准、企业标准、国际标准、国外标准和技术委员会等检索栏目，用于不同级别和类别标准的检索。导航条下方设有标准文献检索窗口，可以输入检索词来检索各种标准。

第二节 标准文献检索

图 9.2.7　标准服务平台页面

1. 检索窗口的使用

（1）快速检索。平台的检索窗口用于输入检索词，窗口左边提供检索字段选择，包括国家标准计划、国家标准、行业标准和地方标准等，检索过程与国家标准检索相似。

（2）高级检索。平台等检索窗口右下方提供高级检索，可以输入多个检索词并选择相应的检索条件（图 9.2.8）。

图 9.2.8　高级检索页面

2. 平台导航条的使用

平台导航条提供的国内不同级别标准的检索，大部分可以免费获取；其中国际标

第九章 技术文献检索

准和国外标准栏目只提供检索结果,如需获取标准原文则需要付费;技术委员会栏目公开各级标准的编制信息,特别是及时报道最新标准制定情况。

下面以行业标准、国际标准和技术委员会栏目为例进行介绍。

(1) 行业标准的检索。在平台页面的导航条选择"行业标准"点击,即可进入"行业标准信息服务平台"页面(图9.2.9)。该平台是新增设的,极大地缓解了过去行业标准查询的困难。

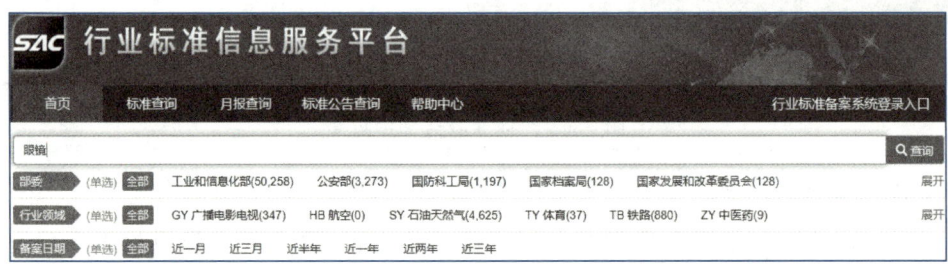

图 9.2.9　行业标准信息服务平台

行业标准信息服务平台的导航条提供标准查询、月报查询和标准公告查询 3 种查询方式,导航条下方设有检索窗口,窗口下方又把行业标准按照部委或行业领域进行细分,以便从多个途径查询行业标准。

检索示例:查询有关眼镜的行业标准

课题分析:大学生的视力保护非常重要,佩戴眼镜是保护眼睛的常用方法,但选择合适的眼镜则需要了解有关行业标准。

第一步:输入检索词。在检索窗口输入"眼镜"(图9.2.9)。

第二步:获得检索结果。点击"查询",得到大量检索结果(图9.2.10)。

#	标准号	标准名称	行业领域	状态	批准日期	实施日期	备案号	备案日期
1	GA/T 2000.265-2019	公安信息代码 第265部分:佩戴眼镜特征代码	公共安全	现行	2019-08-28	2019-10-01	74528-2020	2020-08-26
2	HG/T 5505-2018	偏光眼镜片用三醋酸纤维素酯(TAC)硬化薄膜	化工	现行	2018-10-22	2019-04-01	65256-2018	2018-11-27
3	QB/T 2506-2017	眼镜镜片 光学树脂镜片	轻工	现行	2017-01-09	2017-07-01	57027-2017	2017-02-06
4	SJ/T 11593-2016	主动快门式立体眼镜技术规范	电子	现行	2016-01-15	2016-06-01	54925-2016	2016-06-22
5	SJ/T 11591.4.1.1-2016	立体显示器件 第4-1-1部分:眼镜式立体显示器件测量方法 光学和光电	电子	现行	2016-01-15	2016-06-01	54897-2016	2016-06-22
6	QB/T 4957-2016	金属眼镜框丝	轻工	现行	2016-04-05	2016-09-01	54842-2016	2016-05-17
7	WS 219-2015	儿童少年矫正眼镜卫生要求	卫生	现行	2015-11-08	2016-05-01	54397-2016	2016-04-01

图 9.2.10　检索结果页面

第三步：选择检索结果。选择第7条"儿童少年矫正眼镜卫生要求"点击进入标准信息页面（图9.2.11）。

图 9.2.11　标准信息页面

第四步：获取标准原文。点击图9.2.11右上角的PDF图标，即可下载标准原文（图9.2.12）。

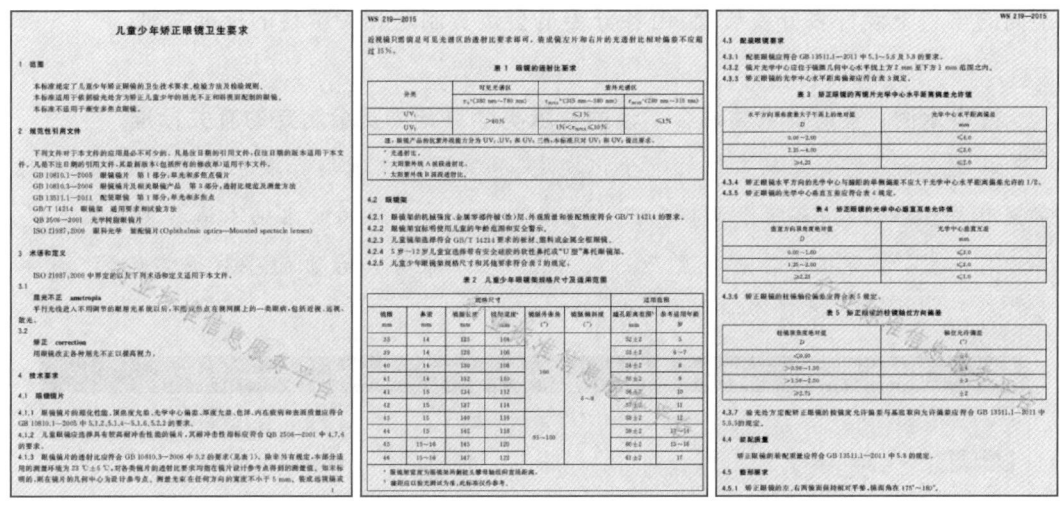

图 9.2.12　WS 219—2015 儿童少年矫正眼镜卫生要求

（2）国际标准的查询。在全国标准信息公共服务平台页面的下方有国际标准化的栏目（图9.2.13），选择左栏国际标准化组织下方的绿色圆形图标（ISO标准查询）点

图 9.2.13　国际标准化栏目

第九章 技术文献检索

击,即可打开国际标准检索页面(图 9.2.14),在检索窗口输入标准名称或编号,即可查询国际标准信息,获取国际标准文献需要付费。

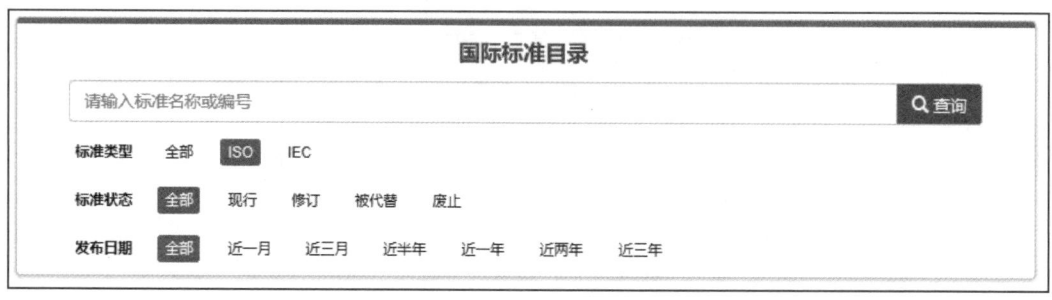

图 9.2.14 国际标准检索窗口

(3)技术委员会的查询。技术委员会是制定标准的组织机构,技术委员会又根据不同的学科下设许多分委员会,由各分委员会负责制定相关学科的标准文献。

检索示例:查询技术委员会下设的文献类学科分委员会制定的有关标准

课题分析:随着文献载体的电子化发展,有关图书文献类标准也在发生变化,及时掌握有关标准信息,有助于调整和规范学术文献创作中使用的名词术语和文献格式。

第一步:浏览技术委员会页面。点击图 9.2.7 服务平台页面导航条右边的"技术委员会",进入技术委员会页面(图 9.2.15)。

图 9.2.15 技术委员会页面

第二步：查询相关的技术委员会。在技术委员会名录中找到“TC4（信息与文献）”，点击进入相应页面，发现该委员会的名称为“全国信息与文献标准化技术委员会”（图 9.2.16）。

TC4 全国信息与文献标准化技术委员会

全国标准化技术委员会

全国信息与文献标准化技术委员会编号TC4，由国家标准化管理委员会筹建及进行业务指导。

本届届号第8届，现任秘书长潘云涛。

负责专业范围为信息和文献。

目录

1 基础信息
2 秘书处信息
3 本届委员
4 下设分委会（SC）
5 相关国标计划
6 相关国家标准
7 相关的标准解读视频课程
8 相关行业标准

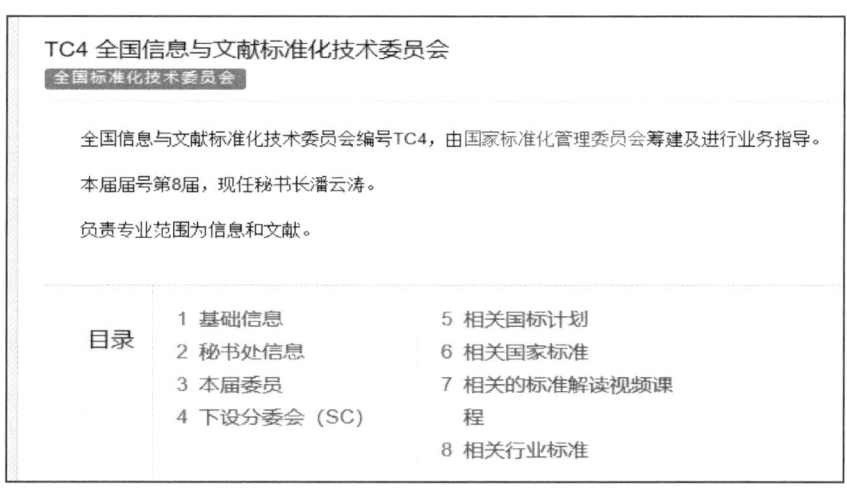

图 9.2.16　TC4　全国信息与文献标准化技术委员会页面

第三步：浏览相关国家标准。图 9.2.16 页面的名录有相关国家标准和相关行业标准，点击“相关国家标准”（图 9.2.17）。

相关国家标准

搜索

#	标准号	标准中文名称	发布日期	实施日期	标准状态
1	GB/T 22466-2023	索引编制规则（总则）	2023-05-23	2023-12-01	即将实施
2	GB/T 42309-2023	修复过程中易损毁类纸质档案加固方法	2023-03-17	2023-10-01	即将实施
3	GB/T 2659.1-2022	世界各国和地区及其行政区划名称代码 第1部分：国家和地区代码	2022-12-30	2023-07-01	现行
4	GB/T 7713.2-2022	学术论文编写规则	2022-12-30	2023-07-01	现行
5	GB/T 19688-2022	信息与文献 数据交换和查询书目数据元目录	2022-12-30	2023-07-01	现行
6	GB/T 42107-2022	国家科技重大专项文件归档与档案管理规范	2022-12-30	2023-07-01	现行
7	GB/T 42108-2022	信息与文献 组织机构元数据	2022-12-30	2023-07-01	现行
8	GB/T 2659.2-2022	世界各国和地区及其行政区划名称代码 第2部分：行政区划代码	2022-12-30	2023-07-01	现行
9	GB/T 42211-2022	糟朽、脆弱报纸或期刊棉网修复加固方法	2022-12-30	2023-07-01	现行
10	GB/T 34112-2022	信息与文献 文件（档案）管理体系 要求	2022-07-11	2023-02-01	现行

显示第 1 到第 10 条记录，总共 130 条记录 每页显示 10 条记录　‹ 1 2 3 4 5 … 13 ›

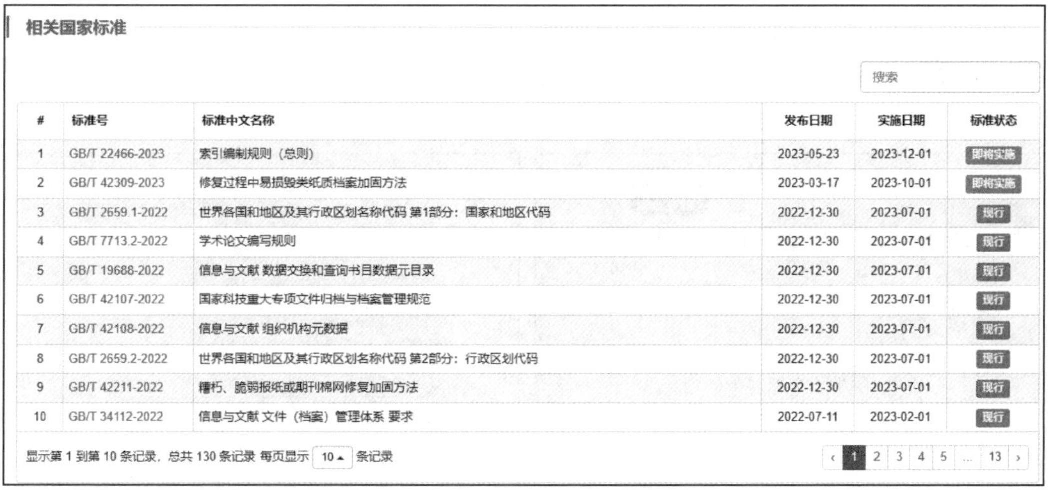

图 9.2.17　相关国家标准页面

第四步：选择国家标准阅读。选择“学术论文编写规则”前的标准号“GB/T7713.2—2022”点击，即可进入标准的信息页面（图 9.2.18）。

第五步：打开标准全文。点击图 9.2.16 右边的“全文”按钮，进入获取标准的选择页面（图 9.2.19），点击“在线预览”，即可浏览标准全文（图 9.2.20）。

第九章 技术文献检索

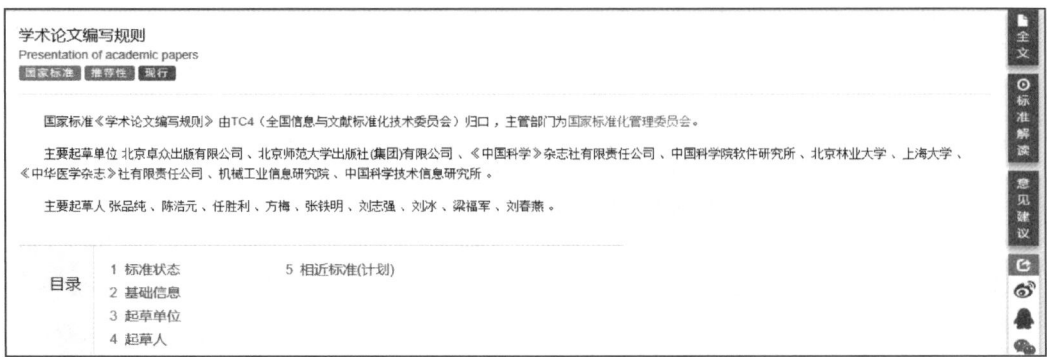

图 9.2.18 标准信息页面

图 9.2.19 标准原文选择页面

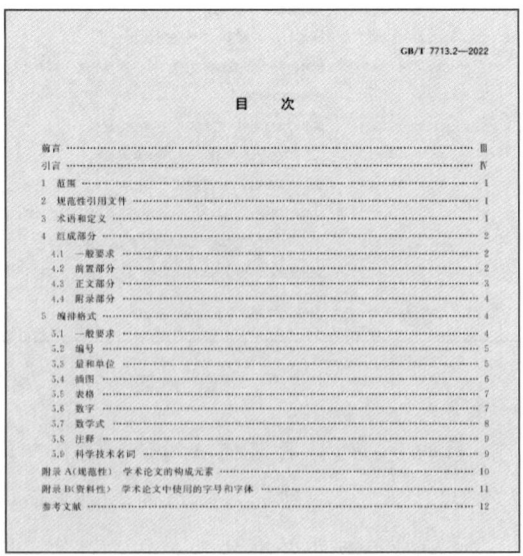

图 9.2.20 标准原文

三、其他标准文献检索网站

（一）知网标准数据总库简介

知网的标准数据总库提供国家标准、行业标准和标准题录的检索。标准题录全称为《国内外标准题录数据库》，与通常的标准库相比，知网的《国内外标准题录数据库》每项标准都在题录中将与该标准相关的最新文献、科技成果、专利等信息集成起来，可以完整地展现该项标准产生的背景、最新发展动态、相关领域的发展趋势，是知网标准数据总库的重要特色之一（图9.2.21）。

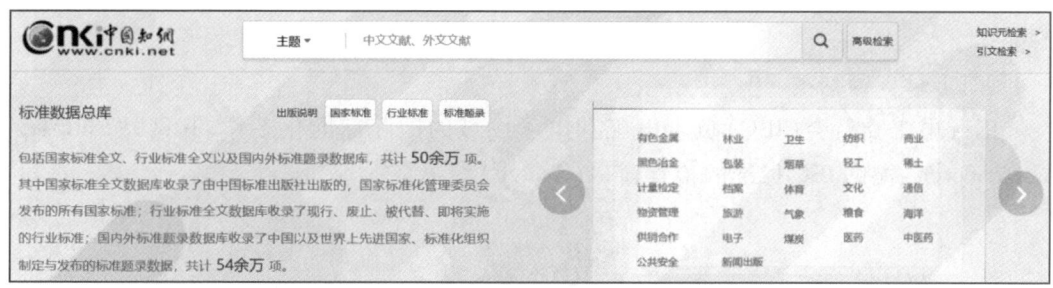

图 9.2.21　知网标准数据检索页面

（二）使用读秀检索标准文献

读秀具有标准文献检索功能（图9.2.22），提供国家标准、行业标准、地方标准、团体标准的信息服务，并通过全国图书馆参考咨询服务平台的文献传递功能获取标准原文。

图 9.2.22　读秀的标准文献检索窗口

读秀的不足之处在于所提供的标准信息要比国家标准化管理委员会网站收录的时间滞后，而且不提供企业标准信息。

第九章 技术文献检索

(三) 使用搜索引擎查询

搜索引擎能够提供多种文献碎片,也包括少量标准文献。在全国标准信息服务平台不能提供标准全文的情况下,可以使用标准名称或标准号作为检索词,在搜索引擎上查询,往往会有意想不到的结果。

四、国际标准化网站

(一) ISO 网站

国际标准化组织(ISO)负责除电工和电子领域之外的国际化标准工作,其网站(http://www.iso.org/home.html)提供该组织标准化活动的最新信息和 ISO 标准检索。

(二) IEC 网站

国际电工委员会(IEC)负责电工和电子领域的国际标准化工作,其网站(http://www.iec.ch)提供 IEC 标准的检索窗口(Search)。

小 结

本节重点介绍了国家标准化委员会网站的全国标准信息服务平台,该平台的功能非常全面。特别是新增设了行业标准、地方标准、企业标准和团体标准的检索,可提供国内外技术标准的检索服务,为广大师生和科技工作者提供了极大的方便。

知网的标准数据库的标准题录是其一大特色,可以展现该项标准产生的背景、最新发展动态、相关领域的发展趋势。

读秀具有标准检索功能,并通过高校图书馆的文献传递业务获取标准全文。

本节最后简单介绍了国际标准化组织(ISO)、国际电工委员会(IEC),提供了其网站的网址。

习 题

一、实践操作题

1. 重复本节检索示例的检索过程。
2. 浏览全国标准信息服务平台的其他功能。
3. 检索强制性国家标准《学生宿舍卫生要求及管理规范》对大学宿舍的书桌椅要求。
4. 利用知网检索《儿童少年矫正眼镜卫生要求》。
5. 利用读秀检索《西红柿炖螃蟹》的标准号。

二、讨论题

1. 标准文献对国家建设和社会发展有哪些重要作用?
2. 标准文献对大学生的专业学习有什么帮助?

三、思考题

1. 高校规章制度是不是标准文献?
2. 标准文献与专利文献的各自用途有何差异?

第十章
国家科学基金介绍

基础研究是整个科学体系的源头,是所有技术问题的总机关。

| 首 页 | 机构概况 | 政策法规 | 项目指南 | 申请资助 | 共享传播 | 国际合作 | 信息公开 |

🔊 通知声明　　　　　>> 更多

- 国家自然科学基金委员会严正声明（05-20）
- 国家自然科学基金委员会2024年第二季度政府网站和政务新媒体自查报告（07-15）
- 2024年度国家自然科学基金原创探索计划项目宣讲视频（06-19）

🔊 指南通告　　　　　>> 更多

中国共产党第二十次全国代表大会

政务微信

国家科学基金主要包括国家自然科学基金、国家社会科学基金和国家博士后基金,分别由国家自然科学基金委员会、全国哲学社会科学工作办公室和中国博士后科学基金会负责管理。

国家自然科学基金和国家社会科学基金资助设有青年项目,旨在减轻年轻科技人员的经济压力,让他们更全心地投入科学探索和创新,有助于优秀青年脱颖而出,非常受青年科技人才的欢迎。

国家科学基金资助对青年学者有重要的支持作用。首先,基金资助能够帮助青年学者开阔视野,有助于提升其人生奋斗目标;其次,基金资助能够改善科研条件,减轻经济压力;第三,基金鼓励科研探索和创新,有助于培养青年学者的科研能力和创新精神;第四,基金需要竞争获得,有助于培养青年学者的竞争意识;第五,基金资助代表了对科研的奖励和认可,能够激发青年学者更高的热情并追求卓越;第六,基金支持参加学术会议,有助于增进交流和拓宽视野;第七,资助项目需要经过评委们的严格审查,发表学术成果时容易得到认可,有助于论文的发表和奖励的评审;第八,基金项目有助于提升单位和个人的知名度。

综上所述,国家科学基金提供了重要的资源和机会,对青年学者未来的发展有着积极的促进作用。本章分别对国家自然科学基金、国家社会科学基金和国家博士后基金进行介绍。

第一节　国家自然科学基金

本节重点：国家自然科学基金项目申报
主要内容：国家自然科学基金委网站介绍
教学目的：熟悉国家自然科学基金项目的申报程序

国务院于1986年2月14日正式批准成立国家自然科学基金委员会(简称自然科学基金委，英文名称为National Natural Science Foundation of China，缩写为NSFC)，其主要职能是运用国家财政投入的自然科学基金，资助自然科学基础研究和部分应用研究，发现和培养科技人才，发挥自然科学基金的导向和协调作用，促进科学技术进步和经济、社会发展。

一、NSFC主页的查询功能

NSFC的网站主页标题栏右侧浓缩概括了国家自然科学基金的使用原则，右上角设有检索窗口，标题栏下方有导航条(图10.1.1)。

图10.1.1　国家自然科学基金委员会网站主页

(一) 导航条简介

NSFC网站(http://www.nsfc.gov.cn/)主页的导航条主要包括机构概况、政策法规、项目指南、申请资助、共享传播、国际合作和信息公开等栏目。

1. 机构概况

国家自然科学基金委员会机构设置除行政部门外，业务部门分为9个科学部：数学物理科学部、化学科学部、生命科学部、地球科学部、工程与材料科学部、信息科学部、管理科学部、医学科学部和交叉科学部。

2. 政策法规

国家自然科学基金委员会的政策法规十分健全，包括《国家自然科学基金条例》《国家自然科学基金委员会章程》等。

(1)《国家自然科学基金条例》是 2007 年制定的,共 7 章 43 条,对基金项目的组织、申请、审批、资助、管理、监督和处理等各方面进行了详细的规定。

(2)《国家自然科学基金委员会章程》第十八条明确指出:国家自然科学基金委员会遵循公开、公平、公正的资助原则,资助国内高等学校、科学研究机构和其他具有独立法人资格、从事基础研究和应用基础研究的公益性机构的科学技术人员开展相关研究。

为了培养青年科学技术人才,国家自然科学基金委员会设立了专项资金。资助项目的受理、遴选和确定流程如下:

初步审查项目申请→同行专家通讯评审→会议评审专家组会议评审→委务会议批准。

(二)通知发布

1. 项目指南

项目指南每年发布一次,旨在使单位和申请人更好地了解科学基金的资助政策,引导申请人正确选择项目类型、研究领域及研究方向,申请科学基金项目资助。

2. 申请资助

国家自然科学基金资助体系包括多种资助项目(图 10.1.2),普通高校重点关注的是面上项目和青年系列项目。

科学基金资助体系

面上项目	重点项目	重大项目	重大研究计划项目
国际(地区)合作研究项目		青年科学基金项目	
优秀青年科学基金项目		国家杰出青年科学基金项目	
创新研究群体项目		地区科学基金项目	
联合基金项目		国家重大科研仪器研制项目	
基础科学中心项目	专项项目	数学天元基金	
外国学者研究基金项目		国际(地区)合作交流项目	

图 10.1.2 国家自然科学基金资助体系

二、项目的申请

国家自然科学基金资助自然科学基础研究和部分应用研究。基础研究主要包括基本理论、基本数据等,部分应用研究主要包括应用基础研究和富有创造性的新技术、新流程及新元器的雏形等。

(一)项目的选择

国家自然科学基金资助体系的项目种类很多,大多数普通高校的中青年教师关注的是面上项目、青年科学基金项目,少数突出新秀也力争优秀青年科学基金项目和国家杰出青年科学基金项目。

1. 面上项目

面上项目支持从事基础研究的科学技术人员在科学基金资助范围内自主选题,开展创新性的科学研究,促进各学科均衡、协调和可持续发展。

2023年资助面上项目20 321项,平均资助强度53.14万元/项,平均资助率为17.56%。2023年度资助力度与2022年度持平。

申请人应当具备以下条件:

(1) 具有承担基础研究课题或者其他从事基础研究的经历;

(2) 具有高级专业技术职务(职称)或者具有博士学位,或者有两名与其研究领域相同、具有高级专业技术职务(职称)的科学技术人员推荐。

2. 青年科学基金项目

青年科学基金项目支持青年科学技术人员在科学基金资助范围内自主选题,开展基础研究工作,培养青年科学技术人员独立主持科研项目、进行创新研究的能力,激励青年科学技术人员的创新思维,培养基础研究后继人才。

2023年度资助青年科学基金项目22 879项,平均资助率17.23%。2023年资助额度为30万/项(资助期限为1年的,资助经费为10万元;资助期限为2年的,资助经费为20万元)。

申请人应当具备以下条件:

(1) 具有从事基础研究的经历;

(2) 具有高级专业技术职务(职称)或者具有博士学位,或者有两名与其研究领域相同、具有高级专业技术职务(职称)的科学技术人员推荐;

(3) 申请当年1月1日男性未满35周岁,女性未满40周岁。

3. 优秀青年科学基金项目

优秀青年科学基金项目支持在基础研究方面已取得较好成绩的青年学者自主选择研究方向开展创新研究,促进青年科学技术人才的快速成长,培养一批有望进入世界科技前沿的优秀学术骨干。

2023年资助优秀青年科学基金项目630项,每项资助经费200万元,资助期限为3年。

申请人应当具备以下条件:

(1) 具有中华人民共和国国籍;

(2) 申请当年1月1日男性未满38周岁,女性未满40周岁;

(3) 具有良好的科学道德;

(4) 具有高级专业技术职务(职称)或者博士学位;

（5）具有承担基础研究课题或者其他从事基础研究的经历；

（6）与境外单位没有正式聘用关系；

（7）保证资助期内每年在依托单位从事研究工作的时间在9个月以上。

4. 国家杰出青年科学基金项目

国家杰出青年科学基金项目支持在基础研究方面已取得突出成绩的青年学者自主选择研究方向开展创新研究，促进青年科学技术人才的成长，吸引海外人才，培养和造就一批进入世界前沿的优秀学术带头人。

该项目2023年资助415项，每项资助经费400万元（数学和管理方向每项资助280万元），资助期限为5年。

申请人应当具备的条件，除第二条要求未满45周岁外，其他条件与优秀青年科学基金项目相同。

（二）项目的申请程序

1. 申请开户

首次申请国家自然科学基金项目的申请人，向依托单位管理员或经依托单位授权的二级单位管理员提供个人姓名、职称和邮箱信息，由管理员创建账号，激活完善个人信息后使用。

2. 在线填表

申请人在规定时间内登录科学基金网络信息系统（以下简称信息系统），按照各类型项目的撰写提纲及相关要求撰写申请书。完成申请书撰写后，在线提交电子申请书及附件材料，下载打印最终的PDF版本申请书，并保证纸质申请书与电子版内容一致。

3. 递交材料

申请人应及时向依托单位提交签字后的纸质申请书原件以及有关证明信、推荐信和其他特别说明要求提交的纸质材料原件等附件。

三、项目的审批

国家自然科学基金的项目评审严格实行"依靠专家，发扬民主，择优支持，公正合理"的评审原则，采用同行专家通讯评审和会议评审两级评审制度。审批程序如下：

（一）初审

按项目申报要求的内容进行复查，合格者进入初评程序。

（二）通讯评议

（1）自然科学基金委应当从评审专家库中随机选择同行专家对已经受理的项目申请进行通讯评审。选取专家的具体数量按有关项目管理办法执行。

（2）自然科学基金委应当向评审专家发送评审材料，并对通讯评审意见的撰写提出具体要求。评审材料包括项目申请材料以及通讯评审意见撰写说明或者指导文件等。

（3）评审专家应当按要求认真阅读申请材料，依照有关项目管理办法中规定的评审标准作出判断，撰写评审意见，并按照要求及时向自然科学基金委反馈评审意见。

（三）会议评审

（1）自然科学基金委应当从评审专家库中选取一定数量的评审专家，组建会议评审专家组对项目申请进行会议评审。自然科学基金委应当在会议评审前通知评审专家。

（2）评审专家应当从科学价值、创新性、社会影响以及研究方案的可行性等方面对基金资助项目申请进行独立判断和评价，提出评审意见。

（3）评审专家应当在充分讨论的基础上对项目申请独立进行记名或者无记名投票表决。投票结果应当现场公布。

另外，对因国家经济、社会发展特殊需要或者其他特殊情况临时提出的基金资助项目申请，只进行通讯评审或者会议评审。

四、项目的结题

项目负责人应实事求是地撰写《国家自然科学基金资助项目结题/成果报告》（以下简称《结题/成果报告》），并保证填报内容真实、数据准确，同时要注意知识产权保护。

（1）登录信息系统，按要求撰写《结题/成果报告》，并将附件材料电子化后一并在线提交；

（2）下载并打印最终的 PDF 版本《结题/成果报告》，向依托单位提交签字后的纸质《结题/成果报告》原件（不含附件材料）；

（3）会同科研、财务等部门及时清理账目与资产，如实编制《国家自然科学基金项目决算表》，确保决算数据真实、准确，资金支出合法、有效。

五、信息的查询

（一）网站信息查询

在国家自然科学基金委主页右上角有快速搜索窗口，可以输入任意检索词搜索站内信息（图 10.1.1）。

检索示例：浏览国家自然科学基金委员会在"十四五"期间的立项指南

课题分析：国家基金在"十四五"期间资助的重点是什么？这是青年学者需要关注的科研方向。

第一步：选择检索词。把"十四五"作为检索词既简单又能保证专指度（图 10.1.3）。

第二步：获取检索结果。点击"搜索"得到检索结果（图 10.1.4），然后按照时间倒序排列。

EN　请输入关键字　搜索

图 10.1.3　快速搜索窗口

排序：按相关度　按时间 ▼　　搜索位置：全文　标题　　时间不限 ▼　　5 个相关结果

通知通告　国家自然科学基金委员会关于发布国家自然科学基金"十四五"第三批重大项目指南及申请注意…　2023-7-25

国科金发计〔2023〕55号　　国家自然科学基金委员会（以下简称自然科学基金委）按照新时期科学基金深化改革总体部署，根据"十四五"发展规划明确的优先发展领域，经广泛征求科学家和相关部门意见建议，利用各级专家咨询委员会、双清论坛等开展深入研讨和科学问题凝练，形成了"十四五"第三批9个科学部75个重大项目指南（见附件），现予发布，请申请人和依托单位按本项目指南所述要求和注意…

图 10.1.4　检索结果

第三步：浏览检索结果。选择第 1 篇"国家自然科学基金委员会关于发布国家自然科学基金'十四五'第三批重大项目指南及申请注意事项的通告"点击浏览(图 10.1.5)。

国家自然科学基金委员会关于发布国家自然科学基金"十四五"第三批重大项目指南及申请注意事项的通告

日期 2023-07-25　来源：　作者：　【大 中 小】　【打印】　【关闭】

国科金发计〔2023〕55号

国家自然科学基金委员会（以下简称自然科学基金委）按照新时期科学基金深化改革总体部署，根据"十四五"发展规划明确的优先发展领域，经广泛征求科学家和相关部门意见建议，利用各级专家咨询委员会、双清论坛等开展深入研讨和科学问题凝练，形成了"十四五"第三批9个科学部75个重大项目指南（见附件），现予发布，请申请人和依托单位按本项目指南所述要求和注意事项提出申请。

图 10.1.5　"十四五"第三批重大项目指南页面

第四步：浏览重大项目指南。选择附件 9 大科学部的重大项目指南进行浏览，拓宽自己的科学视野，了解项目申请的有关事项，如选择新增的交叉科学部重大项目指南(图 10.1.6)。

附件 9

交叉科学部重大项目指南

2023 年交叉科学部共发布 7 个重大项目指南，拟资助 6 个重大项目。项目申请的直接费用预算不得超过 1500 万元/项。

图 10.1.6　交叉科学部重大项目指南说明

(二) 项目申请与查询

导航条的"申请资助"页面提供申请受理和项目查询(图 10.1.7),如要申请项目可点击左栏的"申请受理"浏览进入(图 10.1.8);如要搜索历年国家自然科学基金项目获批的情况,可选择中栏的"项目检索与查询"点击查询(图 10.1.9)。

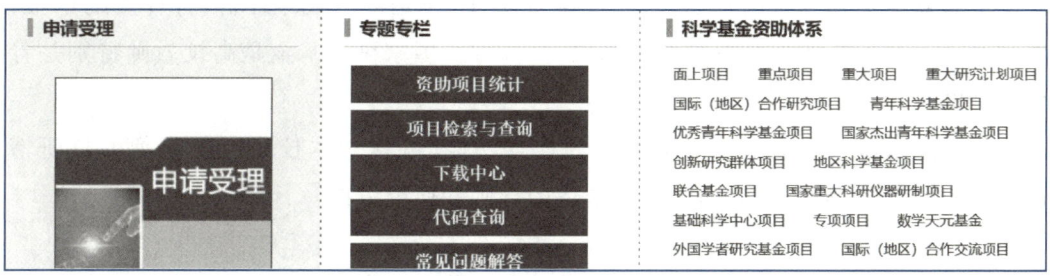

图 10.1.7　申请受理页面

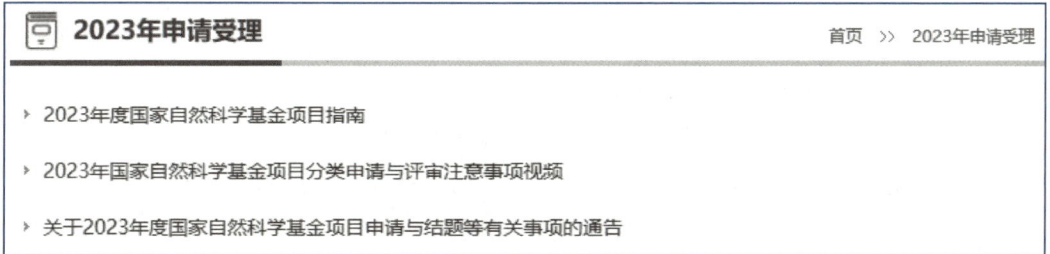

图 10.1.8　申请受理页面

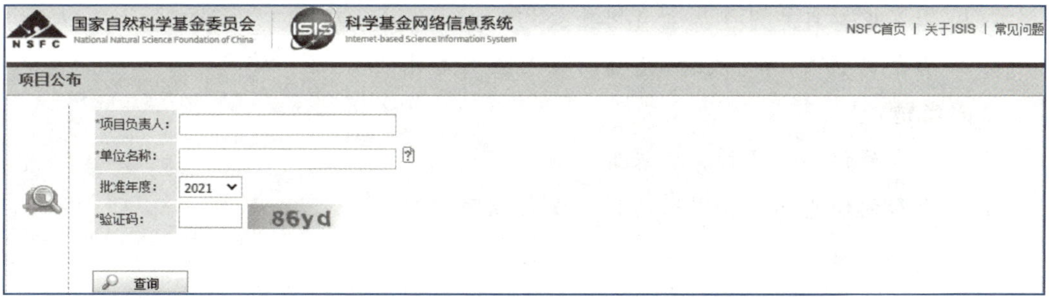

图 10.1.9　项目检索与查询页面

小　结

国家自然科学基金委员会负责管理国家自然科学基金,基金资助原则是"鼓励探索,突出原创;聚焦前沿,独辟蹊径;需求牵引,突破瓶颈;共性导向,交叉融通"。基金会组织基金项目评审和验收工作。

科学技术是第一生产力。国家自然科学基金立足于提高国家未来科技竞争力的目标,大力支持青年学者独立主持科研项目,培养了一大批功底扎实、锐意进取的学科带头人。

国家科学基金不仅是从事科学研究最重要的经费来源,而且是衡量同行认可度的一个最客观的指标。无论是职称评定、岗位聘任,还是学术人才评价、各种奖励申报,都把获得基金支持作为最重要的指标之一。因此,国家科学基金是高校教师特别是青年教师的立足之本。

利用国家自然科学基金网页提供的搜索功能,可搜索本校研究生导师的科研情况,也有助于报考研究生的同学选择合适的导师和研究方向。

习 题

一、实践操作题
1. 浏览国家自然科学基金委员会网站。
2. 浏览《国家自然科学基金条例》熟悉项目申报程序。
3. 浏览国家自然科学基金"十四五"发展规划对青年科研人员的资助政策。
4. 查询本校已经承担的国家自然科学基金项目。
5. 查询重大项目"基于反铁磁的高密度存储器基础研究"的承担高校。

二、讨论题
1. 国家设立自然科学基金有何重要意义?
2. 青年、"优青"和"杰青"基金的资助差别是什么?

三、思考题
1. 国家为何设立多种青年基金?
2. 个人的理想如何和国家的科技发展相联系?

第二节 国家社会科学基金

本节重点: 国家社会科学基金项目申报
主要内容: 国家哲社办网站介绍
教学目的: 熟悉国家社科项目的申报程序

国家社科基金于1986年经国务院批准设立。2018年1月,中央决定成立全国哲学社会科学工作领导小组,下设全国哲学社会科学工作办公室(以下简称哲社办,www.nopss.gov.cn/),主要职能是:负责组织制定国家哲学社会科学发展战略和中长期规划,研究制定实施有关专项规划;负责管理国家社会科学基金(NSSFC),组织基金项目评审和成果转化应用等工作。

国家社会科学基金与国家自然科学基金一样,是我国在科学研究领域支持基础研究的主渠道,面向全国,重点资助具有良好研究条件、研究实力的高等院校和科研机构中的研究人员。

国家社科基金设立以来,推出了一大批有深度、有分量的研究成果,国家社科基金项目的导向性、权威性和示范性作用越来越明显。

国家社科基金是高校评比的指标之一,在科研机构的职称评审中也占有决定性地位。因此,能否获批基金成为青年教师在科研院校立足的重要因素。

一、哲社办主页的查询功能

哲社办网站主页经过更新(图10.2.1),标题栏上方有"旧版网站入口",右上角设有检索词输入窗口,标题栏下方是导航条。

图 10.2.1　全国哲学社会科学工作办公室主页

(一)导航条简介

导航条设有 11 个栏目,应重点关注的是政策制度、通知公告和资料下载等栏目。

1. 政策制度

政策制度栏目的重点是《国家社会科学基金管理办法》和《国家社会科学基金项目资金管理办法》。

《国家社会科学基金管理办法》强调:国家社科基金用于资助哲学社会科学研究和培养哲学社会科学人才,重点支持关系经济社会发展全局的重大理论和现实问题研究,支持有利于推进哲学社会科学创新体系建设的重大基础理论问题研究,支持新兴学科、交叉学科和跨学科综合研究,支持具有重大价值的历史文化遗产抢救和整理工作,支持对哲学社会科学长远发展具有重要作用的基础建设等。

《国家社会科学基金项目资金管理办法》明确规定:项目负责人是项目资金使用的直接责任人,对资金使用的合规性、合理性、真实性和相关性承担法律责任。

2. 通知公告

通知公告栏目能够及时发布项目立项和结项信息。如：2023 年 9 月 22 日发布的"关于 2023 年国家社科基金年度项目和青年项目立项名单的公示"，公示了 2023 年立项的国家重点和一般项目 3 578 项，青年项目 1 212 项。

3. 资料下载

资料下载栏目主要列出国家社科基金申报和鉴定全过程需要填写的各种报表（审批书、申请书、代码表、意见表、评估表等），并提供网上下载。

（二）管理平台

管理平台全称为"社科基金科研创新服务管理平台"，位于主页中部右侧，设有项目查询、项目申报、项目评审、经费管理、项目管理和选题征集等 6 项内容（图 10.2.2）。

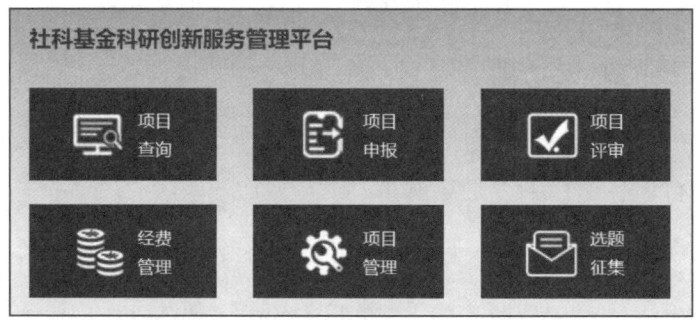

图 10.2.2　管理平台页面

1. 项目查询

项目查询页面分为左右两部分，左边部分用于已经立项的项目查询；右边部分用于搜索正式出版的科研成果（图 10.2.3）。

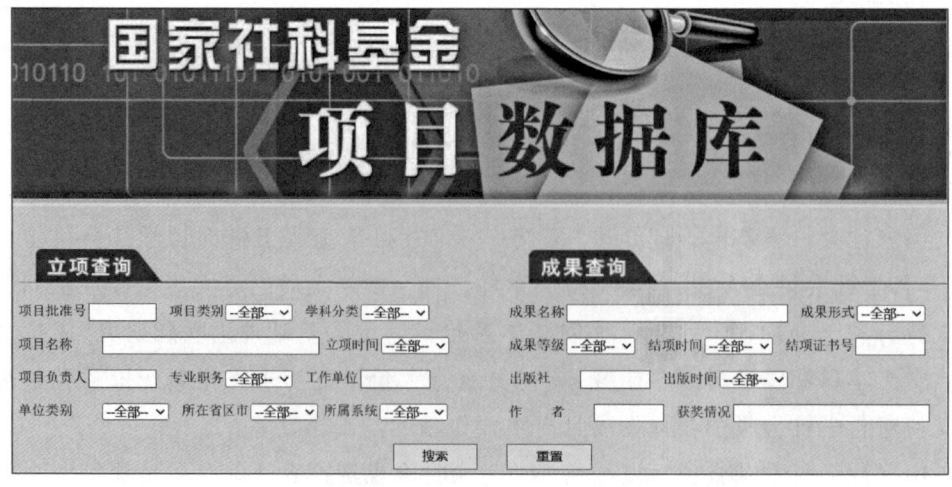

图 10.2.3　项目查询页面

检索示例：查询葛敬民完成的国家社科基金项目

检索过程：选择“葛敬民”作为检索词，输入“立项查询”栏下的“项目负责人”框内，点击“搜索”，得到检索结果（图 10.2.4）。

	项目批准号	项目类别	学科分类	项目名称	立项时间	项目负责人	专业职务
1	06BTQ006	一般项目	图书馆、情	高校图书馆硕士研究生培养的机制、模式、特色研	2006-07-01	葛敬民	正高级

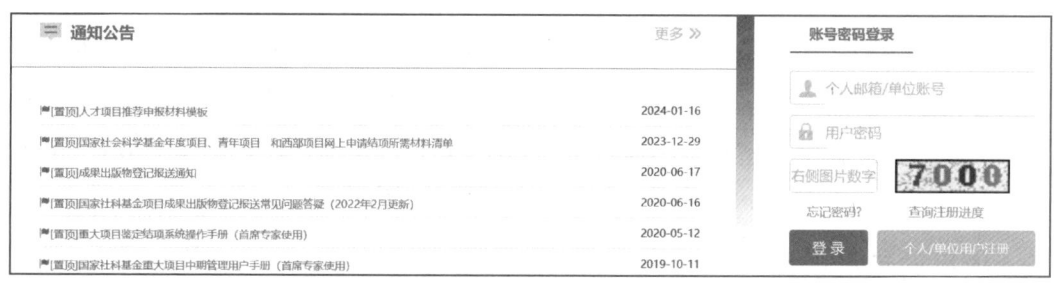

图 10.2.4　检索结果

2. 申报注册

项目申报页面用于科研人员网上申报科研项目，页面左边是通知公告，右边是注册和登录入口（图 10.2.5）。

图 10.2.5　项目申报页面

二、项目的申报

国家社科基金项目的选题，要以我国改革开放和社会主义现代化建设中的重大理论问题和实践问题作为主攻方向，积极探索中国特色社会主义经济、政治、文化的发展规律，注重基础研究、新兴边缘交叉学科和跨学科综合研究，积极推进理论创新，支持具有重大价值的历史文化遗产的抢救和整理工作。

国家社科基金主体部分包括重大项目和年度项目等。

（一）重大项目

重大项目是目前国家社科基金项目资助体系中层次最高、资助力度最大、权威性最强的项目类别，主要包括应用对策类、基础理论类和跨学科类三大类。

重大项目以国家社科基金特别委托项目的方式，经全国社科规划领导小组负责人审定，单独立项，委托研究。

（二）年度项目

国家社科基金年度项目每年评审一次，由研究者按照当年发布的《国家社会科学基金项目××年度课题指南》选题申请，一般每年 12 月中下旬发布“指南”，次年 3 月初前受理申

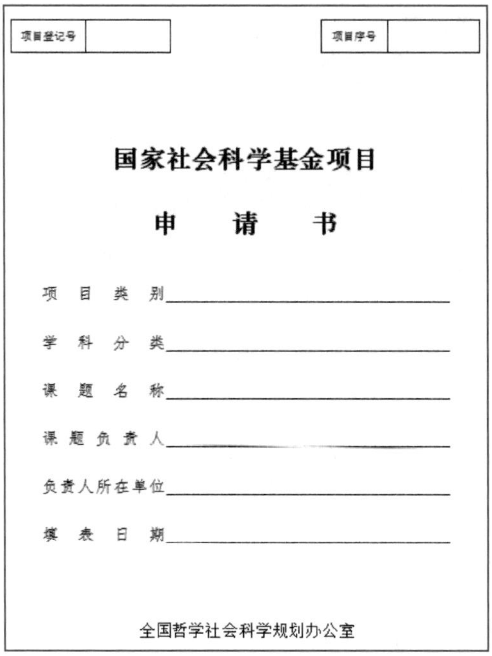

项目登记号　　　　项目序号

国家社会科学基金项目

申　　请　　书

项　目　类　别______

学　科　分　类______

课　题　名　称______

课　题　负　责　人______

负责人所在单位______

填　表　日　期______

全国哲学社会科学规划办公室

图 10.2.6　国家社科基金项目申请书

请。申报者按要求填报当年最新版《国家社会科学基金项目申请书》(图 10.2.6)。

国家社科基金年度项目设有重点项目、一般项目、青年项目 3 个资助类别。

1. 重点项目

申报重点项目,申请人须具有副高级以上(含)专业技术职称(职务)或者博士学位。

2. 一般项目

申报一般项目,申请人须具有副高级以上(含)专业技术职称(职务)或者具有博士学位。

3. 青年项目

申请青年项目,申请人的年龄不得超过 35 周岁;不具备副高级以上(含)专业技术职称(职务)或者博士学位的申请者,不再需要专家书面推荐。

三、项目的审批

全国哲学社会科学工作领导小组下设 23 个学科评审组,并代行国家社会科学基金学科评审组职责,其成员由全国哲学社会科学工作领导小组聘任,聘期一般为 5 年,在 5 年内可以根据需要对部分成员作适当调整。

23 个学科评审组包括：马列 · 科社、党史 · 党建、哲学、理论经济、应用经济、管理学、统计学、政治学、社会学、人口学、法学、国际问题研究、中国历史、世界历史、考古学、民族问题研究、宗教学、中国文学、外国文学、语言学、新闻学与传播学、图书馆 · 情报与文献学、体育学等。

另外,教育学、艺术学、军事学三个学科的规划、申报、评审、管理、鉴定结项等工作,分别由全国教育规划办公室、全国艺术规划办公室、全军哲学社会科学规划办公室办理。

审批程序如下：

(1) 资格审查。按项目申报要求的内容进行复查,合格者进入初评。

(2) 初评。将《国家社会科学基金项目申请书》分送 5 名同行专家评审。专家依据统一制定的评估指标体系写出评审意见并评分,在规定时限内返回评审意见。全国社科规划办按评审意见和分值择优选出拟立项数三倍数量的申请书,提供会议评审。

（3）会议评审。进入会议评审的申请书，先由学科评审小组筛选提出建议立项名单，然后在该学科评审组全体会议上介绍情况，进行充分讨论，最后以无记名投票方式产生拟立项项目。

学科评审组成员须有三分之二以上出席方能进行评审和表决，出席成员的三分之二以上同意方能通过。

四、项目的结题

国家社科基金项目的成果形式为研究报告、论文、专著等，研究报告、论文的完成时限一般为 1 年，专著一般为 2—3 年。除重要的基础研究外，鼓励以研究报告、论文为项目的最终成果形式。

项目研究工作完成后，项目负责人通过本单位科研管理部门向省社科规划办或在京委托管理机构索取并填写《国家社会科学基金项目鉴定结项审批书》（图 10.2.7），经所在单位科研管理部门和财务部门审核合格后，连同 5 套最终成果报送鉴定组织者。

（1）全国社科规划办、省社科规划办和在京委托管理机构分别建立相应的通讯鉴定专家库，组织鉴定时随机挑选。通讯鉴定专家一般应具有高级专业技术职务或相当于高级专业技术职务，思想作风正派，有较高学术水平。

（2）每个项目的通讯鉴定专家须选定 5 人。

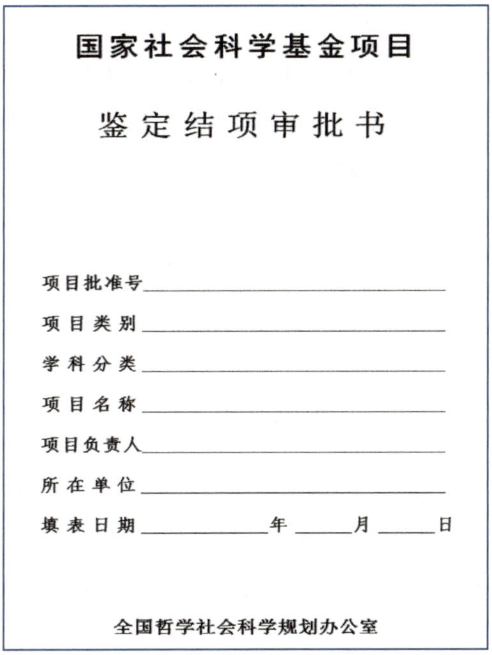
国家社会科学基金项目

鉴定结项审批书

项目批准号＿＿＿＿＿＿

项目类别＿＿＿＿＿＿

学科分类＿＿＿＿＿＿

项目名称＿＿＿＿＿＿

项目负责人＿＿＿＿＿＿

所在单位＿＿＿＿＿＿

填表日期＿＿＿＿年＿＿月＿＿日

全国哲学社会科学规划办公室

图 10.2.7　国家社科基金项目结项审批书

小　结

全国哲学社会科学工作办公室负责管理国家社会科学基金，组织基金项目评审和验收工作。国家社科基金项目面向全国，公平竞争，择优立项。

国家社科基金项目具有导向性、权威性和示范性，培养了一大批功底扎实、锐意进取的学科带头人，尤其是注意扶植青年社科研究工作者。有志向的年轻人应该大胆、积极申报国家社科项目。

习 题

一、实践操作题

1. 浏览全国哲学社会科学工作办公室网站。
2. 浏览"政策制度"栏目中的《国家社会科学基金管理办法》。
3. 查询本校已经承担的国家自然科学基金项目。
4. 浏览"成果集萃"栏目,感受社科成果的百花齐放。
5. 浏览首页的"学人风采"栏目,学习大家之风范。

二、讨论题

1. 申报国家社科基金项目有何重要意义?
2. 为什么国家社科基金没有"优青"和"杰青"项目?

三、思考题

1. 为什么申请人应具有副高级以上专业技术职务?
2. 为什么鼓励以研究报告和论文为项目的最终成果形式?

第三节 中国博士后科学基金

本节重点: 中国博士后科学基金资助申报
主要内容: 中国博士后科学基金会网站介绍
教学目的: 熟悉中国博士后科学基金资助的申报程序

中国博士后科学基金的设置目的在于资助博士后研究人员中的优秀者,以利于他们完成科研工作任务,并迅速成长为各类高水平专业人才。

中国博士后科学基金会(https://www.chinapostdoctor.org.cn/home,图 10.3.1) 1990 年 5 月正式成立,主要职能是扩大基金来源,加大对博士后研究人员的投入力

图 10.3.1 中国博士后科学基金会主页

度,承担中国优秀博士后评选工作,管理与监督基金经费的使用,开展博士后科技成果转化等项服务。

中国博士后科学基金会网站的导航条提供机构介绍、政策文件、服务大厅、博士后基金会等9个栏目,网页右上角提供检索窗口。

由于各个栏目下的内容多有重复,所以本节重点介绍其中的"博士后基金会"栏目。

一、博士后基金会页面的查询功能

在图 10.3.1 的导航条中点击"博士后基金会",可进入中国博士后科学基金会页面(图 10.3.2),该页面仍提供导航条和检索窗口两种检索途径。

图 10.3.2　博士后基金会页面

(一)导航条简介

博士后基金会页面导航条设有基金会介绍、政策文件、办事指南、常见问题、办事指南等7个栏目,下面主要介绍政策文件、办事指南和资料下载3个栏目。

1. 政策文件

政策文件栏目包括博士后日常服务、中国博士后科学基金、博士后创新人才支持计划、博士后国(境)外交流项目和博士后新设站等内容。下面仅对中国博士后科学基金栏目进行介绍。

中国博士后科学基金栏目包括政策法规和资助指南两部分。

(1)政策法规。政策法规部分内容较少,目前只有一个通知:"关于印发《中国博士后科学基金资助规定》的通知"。通知中说:国家设立中国博士后科学基金,旨在资助具有创新能力和发展潜力的优秀博士后研究人员,促使他们在科研工作中开展创新研究,迅速成长为推动国家科技进步和经济社会发展的各类创新型人才。

(2)资助指南。资助指南为博士后研究人员提供了关于申请博士后基金资助的详细信息和指导,包括资助项目、申请条件、申请流程、所需材料、评审标准等方面的说明,帮助研究人员全面了解博士后基金的申请要求和流程。

中国博士后科学基金资助指南(2024 年度)提供的数据表明:2023 年资助博士后研究人员 10 366 人,资助金额 91 461 万元。

2. 办事指南

该栏目主要包括博士后人员进站办事指南、博士后人员出站及落户办事指南和博士后人员子女相关事务办事指南等内容。

3. 资料下载

该栏目提供进站审核表、博士后研究人员工作期满审核表、博士后研究人员退站审核表等。

（二）检索窗口简介

检索窗口位于页面右上角，提供检索词输入途径，便于使用关键词检索。如在图10.3.2的检索窗口输入"博士后基金有哪些资助项目？"，点击检索镜，即可得到检索结果：面上资助（含"地区专项支持计划"）、特别资助、博士后创新人才支持计划（日常经费+博士后基金）、博士后基金天津联合资助（2024年新变化）、优秀学术专著出版资助。（图10.3.3）。

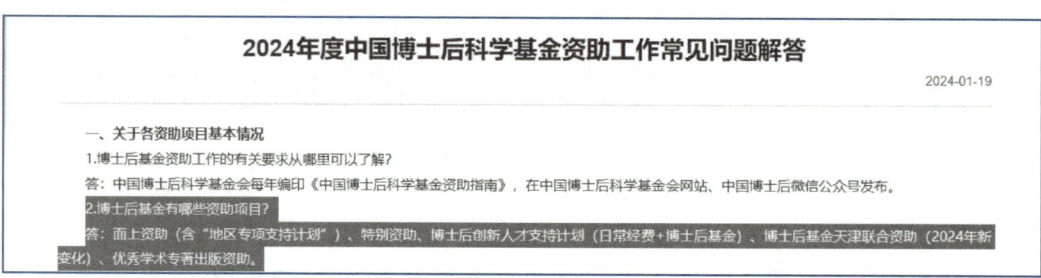

图 10.3.3　检索结果

按照同样方法查询"博士后基金各资助项目的资助标准是多少？"，可查得：面上资助分为自然科学和社会科学两类，资助标准为自然科学8万元、社会科学5万元。特别资助标准为自然科学18万元、社会科学15万元。优秀学术专著出版资助标准为每部12万元。

二、博士后科学基金资助的申报

《中国博士后科学基金资助规定》要求申请人必须在申请书中做出承诺：尊重科研规律，弘扬科学家精神，遵守科研伦理道德和作风学风诚信要求，认真开展科学研究工作。

以下对面上资助和特别资助的申请进行介绍：

（一）面上资助

面上资助是给予博士后研究人员在站期间从事自主创新研究的科研启动或补充经费。对从事基础研究的博士后研究人员给予适当倾斜。

在面上资助中实施"地区专项支持计划"，对在西部地区、东北地区及经济欠发达地区、边疆民族地区和革命老区博士后设站单位从事研究工作的博士后研究人员予以资助倾斜。

1. 申请条件

（1）具备良好思想品德、较高学术水平和较强科研能力，无科研失信行为。

（2）进站 18 个月内可多次申请，每站只能获资助一次。

（3）申请项目应具有基础性、原创性和前瞻性，具有重要科学意义和应用价值。项目非涉密，且为本人承担。

（4）入选国家各类博士后国（境）外派出项目的人员（学术交流项目除外），在完成派出工作或提前结束国（境）外研究工作后，继续在国内开展博士后研究工作的，由所在设站单位出具证明后可申请。

2. 申请材料

申请材料是《中国博士后科学基金面上资助申请书》，申请书模板位于"中国博士后科学基金资助指南（××××年度）"的附录部分（图 10.3.4，图 10.3.5）。

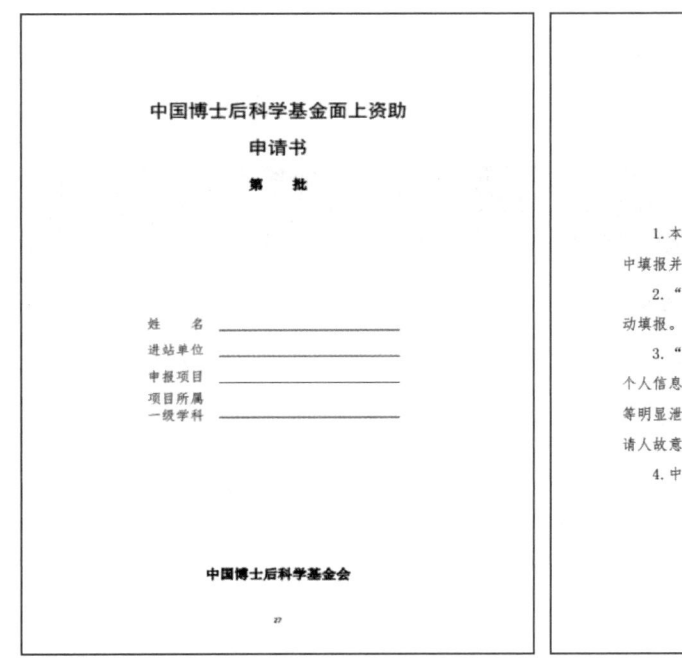

图 10.3.4　申请书封面　　　　图 10.3.5　填报须知

3. 提交申请

申请人登录中国博士后科学基金会网站的"中国博士后科学基金管理信息系统"（未进站人员申请博士后创新人才支持计划应先注册，见图 10.3.6；已在博士后进出站办公系统注册的，请直接登录，见图 10.3.7，图 10.3.8），按要求填写相关申请信息，在线生成申请书并提交。

第十章　国家科学基金介绍

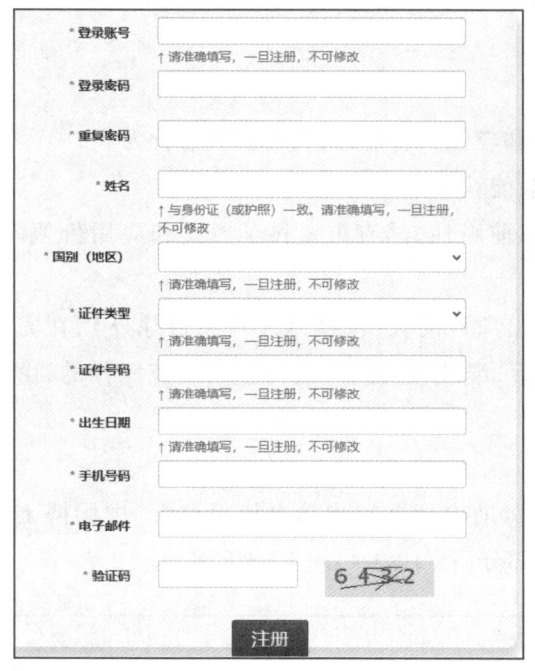

图 10.3.6　注册页面

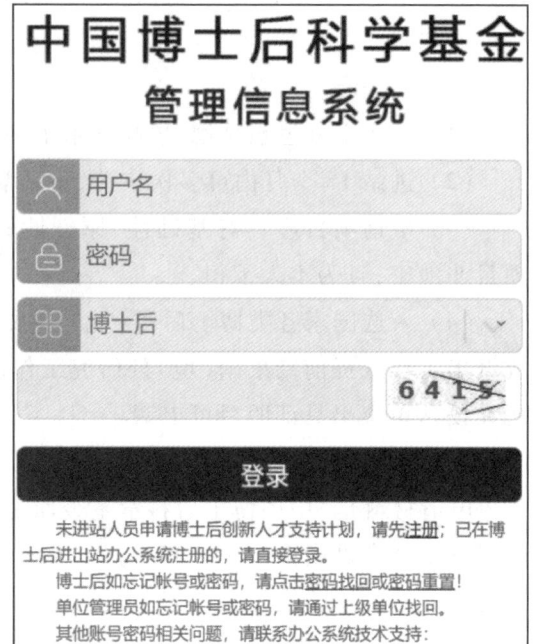

图 10.3.7　登录页面

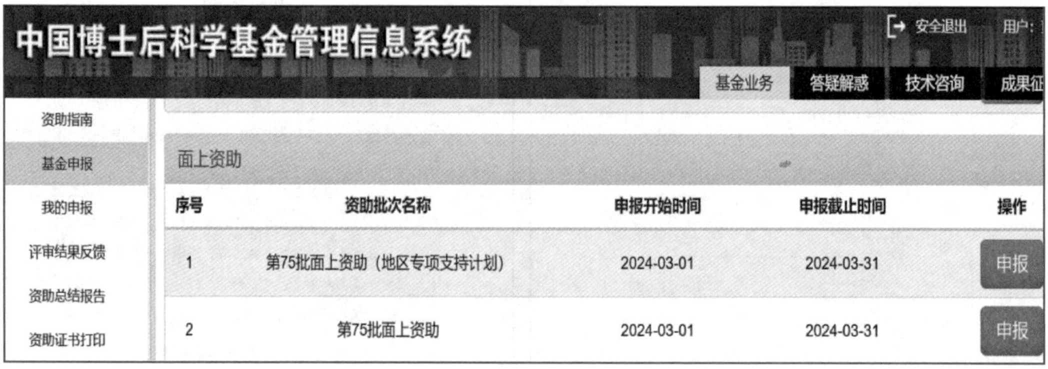

图 10.3.8　中国博士后科学基金管理信息系统页面

4. 材料审核

设置院系分级管理权限的流动站设站单位及园区工作站设站单位须先由院系或工作站分站审核，再提交至设站单位审核。设站单位网上审核申请材料并提交至中国博士后科学基金会。设站单位应认真核查申请人科研诚信情况，在科研失信惩戒期内的，不予同意。

（二）特别资助

特别资助是为激励在站博士后研究人员增强创新能力，对表现优秀的博士后研究人员实施的资助。由专家会议评审确定资助对象。

1. 申请条件

（1）进站满 4 个月。

（2）已取得突出的科研成果，或在项目成果转化方面已取得较好的成效。发展潜力大，在站期间表现出较强的创新能力。无科研失信行为。

（3）申请项目应具有突出的学术价值或创新性。可以是获得中国博士后科学基金面上资助项目的延续和深化，但必须有创新点或创新成果，且为非涉密项目。

（4）设站单位择优推荐。各单位按照在站博士后研究人员人数的 1/20 推荐；不足 20 人的，推荐 1 人。

（5）设站单位推荐时，可将下列条件作为优先推荐条件：获得中国博士后科学基金面上资助、国家自然科学基金或国家社会科学基金等资助；作为主要研究人员参加国家重大科技项目；获得省部级以上科技奖励或学术荣誉称号；设站单位引进的优秀留学回国人才；设站单位重点培养的学术技术带头人或后备人才。

（6）每站只能获资助一次。入选国家各类博士后国（境）外派出项目的人员（学术交流项目除外），在完成派出工作或提前结束国（境）外研究工作后，继续在国内开展博士后研究工作的，由所在设站单位出具证明后可申请。

2. 申请材料

申请材料包括《中国博士后科学基金特别资助申请书》和科研成果材料。所有申请材料均不需提交纸质材料。

3. 提交申请

申请人登录"中国博士后科学基金管理信息系统"，按要求填写相关申请信息，在线生成申请书，上传相关证明材料并提交。

4. 材料审核

同面上项目。

（三）与地方联合资助（略）

（四）优秀学术专著出版资助（略）

三、博士后科学基金项目的审批

（一）面上资助

中国博士后科学基金会组织专家通讯评审。通讯评审采取网上匿名评审形式。具体程序为：

（1）按照申报项目所属二级学科进行分组；

（2）为每个评审组随机匹配同行专家；

（3）评审专家根据评审指标（表 10.3.1，表 10.3.2）按百分制打分；

（4）计算每位申请人的得分，在评审组内排序；

（5）根据当批次资助名额，在各评审组中按照分数从高到低遴选拟资助人员。

表10.3.1　面上资助评审指标

序号	指标项	评价内容	分值
1	学术绩效	已取得的科研成果	30
2	创新能力	研究内容的创新性、选题的自主性、学科交叉情况	60
3	研究基础和条件保障	研究基础和平台情况	10

表10.3.2　面上资助（工作站）评审指标

序号	指标项	评价内容	分值
1	学术绩效	已取得的科研成果	20
2	技术创新能力	解决关键技术（问题）情况自主创新技术的占比技术（方案）的稳定性和成熟度	60
3	研究基础	研究基础和科研条件	10
4	对工作站的贡献	解决本单位重大、关键技术难题情况创新效益情况（博士后成果取得的经济、社会效益与影响，或对国家、行业发展重大决策的支撑作用，如参与起草的政策建议、研究报告及被采纳情况）	10

（二）特别资助

中国博士后科学基金会组织专家会议评审。

具体程序为：

（1）按照申报项目所属一级学科进行分组；

（2）为每个评审组聘请同行专家；

（3）根据参评人数，将资助名额按比例分配至各一级学科；

（4）组织召开专家评审会议。评审专家审阅材料（评审指标见表10.3.3），开展评议并投票确定拟资助人员。

表10.3.3　特别资助评审指标

序号	指标内容
1	申请人是否已取得突出的科研成果，在项目成果转化方面是否已取得了突出成效
2	申请人是否具有较大发展潜力，在站期间的研究工作是否表现出突出的创新能力

(三)与地方联合资助(略)

(四)优秀学术专著出版资助(略)

四、博士后科学基金资助的使用

(一)经费拨付

中国博士后科学基金会在评审结果公布后30个工作日内,按照资助标准及时拨付资助经费。

(二)经费使用

资助经费适用范围限于设备费、材料费、测试化验加工费、燃料动力费、差旅/会议/国际合作与交流费、出版/文献/信息传播/知识产权事务费、劳务费、专家咨询费以及其他合理支出。在上述经费范围内,不设具体经费的比例限制,由获资助博士后研究人员自主统筹使用,其中,劳务费的支付范围为参与研究过程的相关人员(如在校研究生)和临时聘用人员。

(三)经费管理

设站单位对资助经费单独立账、代为管理。

获资助博士后研究人员出(退)站时,设站单位须及时清理账目与资产,报中国博士后科学基金会。用资助经费所购固定资产收归设站单位所有。

中国博士后科学基金会对基金使用绩效进行评价,对资助经费使用情况和设站单位管理情况定期开展抽查工作,对违规使用经费的设站单位及获资助人员按照相关规定予以处理。

小 结

国家设立中国博士后科学基金,旨在资助具有创新能力和发展潜力的优秀博士后研究人员,促使他们在科研工作中开展创新研究,迅速成长为推动国家科技进步和经济社会发展的各类创新型人才。

中国博士后科学基金资助主要包括面上资助、特别资助、与地方联合资助和优秀学术专著出版资助等方式。

中国博士后科学基金资助指南在每年基金资助申报开始前30日面向社会公布。

申请中国博士后科学基金项目需要在"中国博士后科学基金管理信息系统"注册,登录后在线生成各种申请书。

中国博士后科学基金资助无须结题,只需提交"中国博士后科学基金资助总结报告"即可出站。

习 题

一、实践操作题
1. 浏览中国博士后科学基金委员会网站。
2. 浏览网站导航条中的服务大厅栏目。
3. 浏览博士后科学基金资助指南。
4. 浏览面上资助申请表的各项内容。
5. 查询近年来本校博士后获各项资助情况。

二、讨论题
1. 申报博士后科学基金资助的重要意义?
2. 申报博士后科学基金资助的竞争力度?

三、思考题
1. 为什么博士后科学基金资助无须结题?
2. 为什么面上资助和特别资助可以同时申请、同时获得?

附录：网络信息检索常用网站

[1] 中华人民共和国中央人民政府(https://www.gov.cn/)
[2] 全国人民代表大会(www.npc.gov.cn/)
[3] 中国人民政治协商会议全国委员会(www.cppcc.gov.cn/)
[4] 中华人民共和国教育部(https://www.moe.gov.cn/)
[5] 中华人民共和国科学技术部(https://www.most.gov.cn/)
[6] 国家统计局(https://www.stats.gov.cn/)
[7] 国家知识产权局(https://www.cnipa.gov.cn/)
[8] 国家标准化管理委员会(https://www.sac.gov.cn/)
[9] 中国国家图书馆(https://www.nlc.cn/)
[10] 国家自然科学基金网站(https://www.nsfc.gov.cn/)
[11] 全国哲学社会科学工作办公室(www.nopss.gov.cn/)
[12] 国家科学技术奖励工作办公室(https://www.nosta.gov.cn/pc/zh/index.html)
[13] 中国博士后网站(https://www.chinapostdoctor.org.cn/home)
[14] 联合国(https://www.un.org/zh/)
[15] 百度(https://www.baidu.com/)
[16] 360搜索(https://www.so.com/)
[17] 搜狗搜索(https://www.sogou.com/)
[18] 百度学术(http://xueshu.baidu.com/)
[19] 百度翻译(https://fanyi.baidu.com/)
[20] 文心一言(https://yiyan.baidu.com/welcome)
[21] 爱课程(http://www.icourses.cn/home/)
[22] 学堂在线(http://www.xuetangx.com/)
[23] 国家高等教育智慧教育平台(https://higher.smartedu.cn/)
[24] MeTeL教学资源平台(http://www.metel.cn/)
[25] 清华大学图书馆(https://lib.tsinghua.edu.cn/)
[26] 山东理工大学图书馆(https://lib.sdut.edu.cn/)

附录：网络信息检索常用网站

［27］超星数字图书馆（https://hn.sslibrary.com/）
［28］读秀学术搜索（https://www.duxiu.com/）
［29］中国知网（https://www.cnki.net/）
［30］万方数据知识服务平台（https://www.wanfangdata.com.cn/）
［31］EV（https://www.engineeringvillage.com/）
［32］Springer Link（https://link.springer.com/）
［33］ScienceDirect（https://www.sciencedirect.com/）
［34］美国专利商标局（https://www.uspto.gov/）
［35］国际标准化组织（https://www.iso.org/home.html）
［36］国际电工委员会（https://www.iec.ch/homePage）

参 考 文 献

[1] 《中国大百科全书》总编委会.中国大百科全书[M].2版.北京：中国大百科全书出版社,2009.
[2] 上海辞书出版社.辞海[M].7版.上海：上海辞书出版社,2019.
[3] 国家图书馆《中国图书馆分类法》编辑委员会.中国图书馆分类法[M].5版.北京：国家图书馆出版社,2010.
[4] 花芳.文献检索与利用[M].2版.北京：清华大学出版社,2014.
[5] 邓发云.信息检索与利用[M].3版.北京：科学出版社,2022.
[6] 黄如花.信息检索[M].3版.武汉：武汉大学出版社,2019.
[7] 徐红云.网络信息检索[M].广州：华南理工大学出版社,2018.
[8] 潘燕桃,肖鹏.信息素养通识教程[M].北京：高等教育出版社,2019.
[9] 葛敬民.实用网络信息检索[M].7版.北京：高等教育出版社,2022.
[10] 刘培兰.现代信息检索与利用教程[M].上海：上海交通大学出版社,2023.
[11] 孙平,伊雪峰.科技写作与文献检索[M].北京：清华大学出版社,2023.

郑重声明

高等教育出版社依法对本书享有专有出版权。任何未经许可的复制、销售行为均违反《中华人民共和国著作权法》，其行为人将承担相应的民事责任和行政责任；构成犯罪的，将被依法追究刑事责任。为了维护市场秩序，保护读者的合法权益，避免读者误用盗版书造成不良后果，我社将配合行政执法部门和司法机关对违法犯罪的单位和个人进行严厉打击。社会各界人士如发现上述侵权行为，希望及时举报，我社将奖励举报有功人员。

反盗版举报电话　（010）58581999　58582371
反盗版举报邮箱　dd@hep.com.cn
通信地址　北京市西城区德外大街4号　高等教育出版社知识产权与法律事务部
邮政编码　100120

教学资源服务指南

扫描下方二维码，关注微信公众号"高教社极简通识"，学生可学习名校通识课，教师可学习教师培训课程、免费申请课件和样书、观看直播回放等。

 名校通识课

点击导航栏中的"名校通识"，点击子菜单中的"课程专栏"，即可选择相应课程进行学习。

 教师培训

点击导航栏中的"教师培训"，点击子菜单中的"培训课程"，即可选择相应课程进行学习。

教学资源服务指南

课件申请

点击导航栏中的"教学服务",点击子菜单中的"资源下载",注册并填写相关信息即可申请课件。

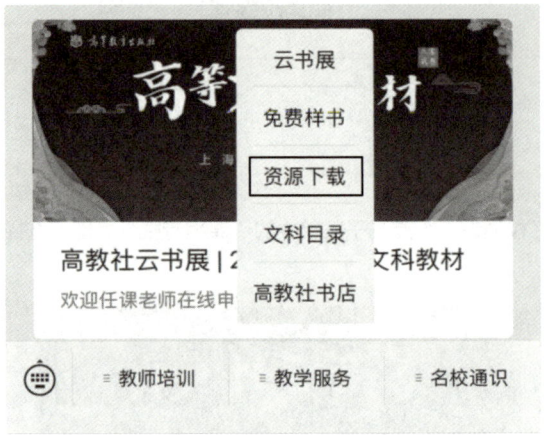

样书申请

点击导航栏中的"教学服务",点击子菜单中的"免费样书",填写相关信息即可免费申请样书。

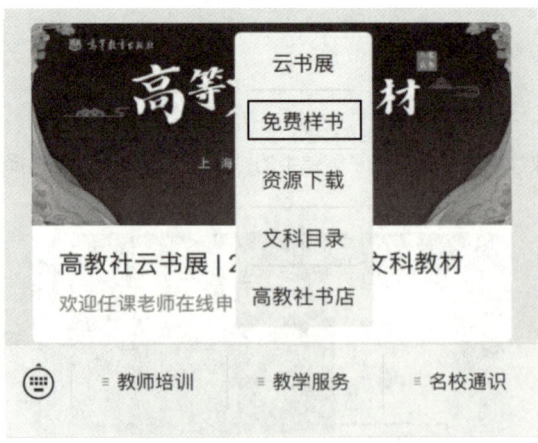